東京審判

日暮吉延

黃耀進、熊紹惟——譯

目錄

第一章

如何看待東京審判

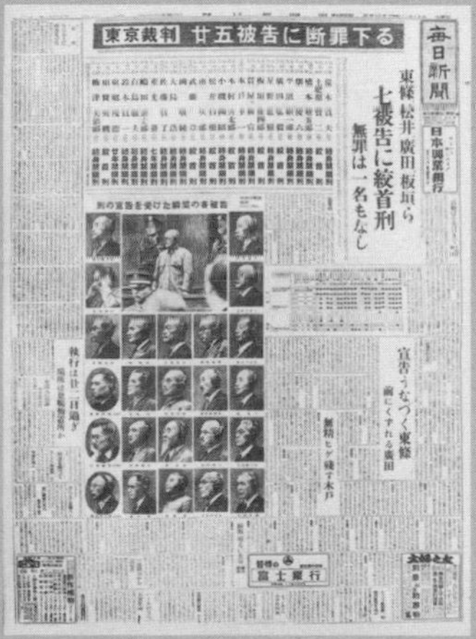
毎日新聞

東京裁判　廿五被告に断罪下る

東條 松井 廣田 板垣ら
七被告に絞首刑
無罪は一名もなし

宣告うなづく東條
涙にくずれる廣田

富士銀行

報導東京審判的《每日新聞》，昭和二十三年
（一九四八年）十一月十三日。

1．靖國神社的合祀問題

◎東京審判結束已歷六十多年

「東京審判」正式名稱為「遠東國際軍事法庭」。

東京審判是一個國際問題。自一九四六年五月至一九四八年十一月日本占領期間[01]，由同盟國中十一國（美國、英國、中國、蘇聯、法國、荷蘭、加拿大、澳大利亞、紐西蘭、印度與菲律賓）組成遠東國際軍事法庭，起訴戰前日本的軍政首領——即二十八名所謂的「甲級戰犯」[02]——的史上首次戰爭犯罪審判。

歷時約兩年半的審判結果是：法庭「多數意見」認定日本的「犯罪軍閥」自一九二八年以來，擘畫統治東亞及太平洋的「共謀」，開啟侵略戰爭，從而宣告判決時的二十五名被告全員有罪。

另一方面，自一九四五年十一月二十日至一九四六年十月一日間，由美英法蘇在德國組成「紐倫堡審判」（Nuremberg Trials，正式名稱為「歐洲國際軍事法庭」），審判納粹的軍政首領。

日德雙方的審判結果，都是「對戰敗國的軍政首領個人，透過國際審判追究其國際法上的刑事責任」，為史上首開先例的戰後處置。

自東京審判開庭日起，至今已經過六十多年。二〇〇六年朝日新聞社在日本國內做了「東京審判開庭六十年」的輿論調查，在對「到底知道多少『東京審判』內容」的問題中，百分之五十三的人選擇「雖然知道有審判一事，但對內容毫無所悉」，百分之十七則「連有審判都不知道」，合計百分之七十投了「不知道」一票。（《朝日新聞》二〇〇六年五月二日）筆者雖無興致悲憤慨歎「忘卻東京審判十分危險」，然而，這數字仍相當令人訝異。

日本在六十年間逐漸淡忘此事，便足以讓我們就此事冷靜討論，然而現實恰恰相反，特別是近年「靖國問題」泛政治化。首相小泉純一郎自二〇〇一年八月十三日起，連續六年參拜靖國神社，當時遭到中國（中華人民共和國）與韓國（大韓民國）大肆抨擊。一九九〇年代後半起，中國的江澤民政權持續藉由「歷史」問題抨擊日本，日本傳媒交相使用「甲級戰犯」、「東京審判」這樣的用語，而審判的「肯否論爭」一如以往，爭論未止。

如果這論爭是冷靜產生的，大概也能帶來些迴響。然而，肯否論爭不外乎千篇一律、甚且重複著錯誤認知而已。一九八〇年代以來，雖然就東京審判陸續發現新事實，卻僅止步於專業人士的世界，未普及於一般人。因此，本書的問世正是為此而生。

◎素樸的理解是出發點

話說回來，為何日本首相參拜靖國神社會引起軒然大波呢？

「批判的急先鋒」中國特有的說法是：「因為甲級戰犯合祀在裡面。」然而在這個問題上，日本國內意見分歧。儘管本書並未處理甲級戰犯的合祀爭議，但就東京審判後戰犯如何處置的問題，仍舊抱持莫大關注。因此，先讓我們來看看戰犯被合祀於靖國神社的過程。

早在占領期，戰犯遺族就有期望將戰犯合祀在靖國神社的想法。

例如，一九五一年十二月十二日在參議院法務委員會，東京留守家族會的今村久會長（前陸軍大將今村均的夫人）曾說道：「對於因戰犯身分而遭處刑，至今仍無法享祀於靖國神社的諸位，我等身為苟活於世上的遺族，亦感到痛心，臉上無光。」

靖國神社是「對戰歿者賦予戰死意義的場所」。（波多野澄雄〈遺族的迷走〉）因此，希望將戰爭中「犧牲」的戰犯也合祀在靖國神社裡，是相當素樸、直接的理解出發點。

日本恢復主權後，一九五三年至五四年間陸續修正公共援護法，戰犯受死刑或死於獄中者，得用「因公殉職」（公務死）辦理。同時，也因為掌握此時勢的日本遺族會（一九五三年三月創會）以及戰犯援助團體的陳情，厚生省（現在的厚生勞動省）與靖國神社自一九五六年開始，共同推動合祀事務。

此時，對於戰犯合祀一事積極處理的是厚生省。讀者或許會對厚生省的積極要求感到疑惑，事情是這樣的：

日本占領期間的「非軍事化」政策讓帝國陸海軍為之解體。一九四五年十二月一日，日本政府按照盟軍占領當局的命令，將舊陸軍省和海軍省分別改為第一復員省和第二復員省，負責安置復員的舊陸海軍軍人。兩省在一九四六年六月十四日合併為復員廳，前第一復員省改為復員廳第一復員局、前第二復員省改為復員廳第二復員局，繼續負責剩餘舊日本陸海軍人員的復員事務。

一九四七年十月十五日，復員廳被撤銷，第一復員局由厚生省移管；第二復員局一度由總理府直屬，一九四八年廢止後由厚生省復員局接管。因此，一九四八年一月一日起，第一和第二復員局合併為厚生省復員局，負責最後的舊日本陸海軍人員的復員工作。

自此之後，此機構的編隸多有更迭。首先是負責歸國問題的厚生省復員局（中央責任官廳，一九四八年一月一日）；接著成為厚生省外局[03]的歸國援助廳復員局（一九四八年五月三十一日）；主權恢復後又重回內局、陸續成為厚生省歸國援護局（一九五四年四月一日）、厚生省援護局（一九六一年六月一日）。然而，舊陸軍直到一九六四年六月二十七日移動到霞之關為止，一直以「援護局市谷廳舍」為據點，獨立地存在著。

這就是舊時代的軍人被劃歸厚生省的來龍去脈。

◎態度積極的舊軍人與態度消極的靖國神社

一九五八年四月九日，「關於合祀基準的準備會」由厚生省歸國援護局的復員課（一復、舊陸軍）兩人、同業務第二課（二復、舊海軍）兩人和靖國神社的五人組成。

當中舊陸軍請求：「希望神社方面研究一下，何不個別審議乙級以下戰犯，在不礙事以及不引人注目的情況下列入合祀。」然而靖國神社這邊——主管靖國神社營運方針的崇敬者總代會[04]卻以「討論看看」的態度來敷衍。

一九五八年九月十二日，厚生省歸國援護局列舉「二百位」因職務而犧牲、因虛構或捏造的起訴理由而遭罪、甚至是被錯抓的乙丙級戰犯，希望在「不引人注目的情況下」將「外地被處死刑者」合祀在一起。事實上，早在六月時，遭逮捕於外地而在判決確定前即死亡的乙丙級戰犯，就已經援用「死亡於外地者」的合祀基準，合祀了「當中約三分之一」。

從舊軍人的角度來看，乙丙級審判仍有大量駁回對被告有利之證據、量刑顯著不均衡等問題。乙丙級的審判和甲級審判一樣，都是被「勝者的審判」所宣判，因此合祀被視為理所當然。

舊軍人態度積極，加上戰犯境況為之一變——中級戰犯受刑者全員從巢鴨監獄假釋，並在一九五八年四月七日透過減刑而結束刑期。乙丙級中最後的囚犯也在五月三十日假釋出獄，於同年年底結束刑期——在戰犯全員釋放的前提下，厚生省歸國援護局將合祀訂為接下來的政策目標。

另一方面，當時的靖國神社，特別戒慎國內左派的批判，將新聞報導所帶來的「國民的回應」視為「至關重要的問題」，考量到必須取得「宮內廳方面」的事前認可，展現審慎以對的態度。

歸國援護局開始送交乙丙級戰犯的「祭神名票」（預定合祀者的調查書）給靖國神社，是在全體戰犯刑期終了後的三個月，也就是一九五九年三月十日這天。依據「靖國神社合祀事務合作綱要」（一九五六年四月十九日載），受理祭神名票並決定最終合祀者的是靖國神社。一九五九年四月六日，靖國神社第一次合祀在外地審判、因刑致死的三百四十六名乙丙級戰犯，然而這件事並未公諸於世，其目的是希望在等待輿論變化的同時，合祀一事能不受抵制而「自然過渡」。

如上述所言，靖國神社起初對乙丙級戰犯的合祀一事心裡無底，就在一九五九年四月六日的第一次合祀之後，同年十月十七日祭祀了四百七十九名，一九六六年十月十七日祭祀一百五十名，第四次是一九六七年十月十七日、祭有四十名，最終合祀乙丙級戰犯共計九百八十四名。（《井上忠男檔案》靖國偕行文庫）

◎「不合祀就是認同東京審判的結果」

甲級戰犯的情況需要更進一步的慎重。在乙丙級合祀結束後的一九六六年二月八日，十二名甲級戰犯的祭神名票才得以送交。在東京審判中遭到絞刑者有以下七名：

土肥原賢二
廣田弘毅
板垣征四郎
木村兵太郎
松井石根
武藤章
東條英機

於判決後病死者有以下五名：

平沼騏一郎
小磯國昭
白鳥敏夫

東鄉茂德
梅津美治郎

審判期間病死的松岡洋右與永野修身，由於不適用「戰傷病者戰歿者遺族等援護法」，因此畫歸為「內地未決死歿者」[05]，在祭神名票中並不屬於「甲級戰犯」。

一九六九年一月三十一日，厚生省援護局與靖國神社就十二名甲級與十名「內地未決死歿者」達成共識，「遵照總代會的意思，決定合祀並避免公諸於外」。儘管試圖斷然實行，卻未能順利執行。一九七〇年六月二十五日的會議中，又因「衡酌諸情」而予以「擱置」。（豐田隈雄《戰爭審判餘錄》、國立國會圖書館調查及立法考查局編《新編靖國神社問題資料集》）

然而，五日後的六月三十日，靖國神社崇敬者總代會態度強硬地決定了合祀甲級戰犯的方針。總代會對遲遲不決斷的厚生省與靖國神社大感惱怒，決定施加壓力。

曾於一九三六年至一九八八年服侍昭和天皇的前侍從長德川義寬說，雖然總代會也有慎重以待者，但前甲級戰犯嫌疑人青木一男[06]堅不讓步，主張「不合祀就是認同東京審判的結果」。也因此靖國宮司筑波藤麿（山階宮菊麿王的第三王子）不得不回應：「謹承尊意。的確是慎重檢討之時。」

◎合祀的決斷

雖然合祀已成既定事實，何時施行卻是「宮司裁量」，而持慎重論的筑波宮司似乎盡可能地拖延實施。直至筑波猝逝，松平永芳（前宮內大臣松平慶民之子）於一九七八年七月繼任宮司，包含松岡與永野在內的十四名甲級戰犯才在同年十月十七日得以合祀。

德川義寬回憶：「我曾抱怨『（甲級戰犯的合祀）對一般人來說也能意識到有問題吧』，那頭（靖國神社）則說『只會讓遺族知道』，『不會對外提及』。」對於繼任宮司的前海軍大佐松平永芳，就像高松宮宣仁親王（曾任大本營海軍參謀）所說的，「正好合適，但可不是這樣就算了喔」一般，松平永芳激烈的性格與青木一男一樣，確信「只有否定『錯都在日本身上』的東京審判史觀，才能做到日本的精神復興」。由此可知，甲級戰犯的合祀，終究與東京審判的否定論互為表裡。（德川義寬《侍從長的遺言》、秦郁彥《現代史的對決》、保阪正康《所謂「靖國」的煩惱》）

也因為合祀一事未經所有遺族同意便予以實施，東鄉茂德的遺族收到合祀通知時「略感驚訝」，並補充說：「並非所以遺族都希望合祀。」（東鄉和彥《且慢參拜首相》）

一九七九年四月，甲級戰犯合祀一事因報載而曝光，此時的批判聲在短時間內就沉靜了下來。然而，六年之後、也就是戰後四十年，一九八五年八月十五日，首相中曾根康弘因官方身分參拜靖國神社，而招致鄰國強烈反對——中國方面將此事與對日貿易赤字連結，雖然學生自發的強烈反日運動與日俱增，但胡耀邦政權的反應則是一如既往般收斂——甲級戰犯的合祀問題，很容易成為外交上的爭議點。（板垣正《靖國官方參拜的總結》、田中伸尚《靖國的戰後史》、毛里和子《日中關係》）

關於戰犯的靖國合祀，不知名人數很多的乙丙級戰犯，無論是合祀當時或現在，幾乎都沒被視為問題；但是相較於乙丙級戰犯，甲級戰犯現今已被視為「日本戰爭責任的象徵」。

雖說如此，「甲級戰犯」這樣的用語被任意地使用，我認為實際上很多都沒有正確理解。追根究柢，到底什麼是「戰犯」——「甲級戰犯」，的確有確認定義的必要。

2・甲級與乙丙級之間

◎戰後日本的「戰犯」用法

「戰犯」，就是戰爭犯罪的責任人，是「戰爭犯罪者」（war criminals）的簡稱。然而時至今日，這個用語在如下述般使用的情況中卻占壓倒性多數。

> 險些成為「戰犯」的泰利稱讚隊長貝克漢：「他的自由球相信大家都看到了吧。但是，他鏟掉對方球那股奮不顧身的模樣更是精彩。」（《讀賣新聞》二〇〇六年六月二十六日晚報）

這則報導是二〇〇六世界盃的英格蘭對厄瓜多之戰中，英格蘭隊的明星後衛約翰・泰利（John Terry）稱讚隊長大衛・貝克漢（David Beckham），在自己犯下明顯失誤、眼看就要為敵人送上一分之際，是他起死回生的鏟球與奮不顧身的守備拯救了球隊。

只要勝利，多少的失誤都能不予追究；但一旦「失敗」，就將被冠上「戰犯」的污名。這個情況的「戰犯」就是「應予譴責的失敗負責人」，而冠上「甲級」則意謂著「最高等級的失敗負責人」，遭人非難的程度為之提升。這就是在戰後日本普及的、無論誰都能理解的「戰犯」一詞的用法吧。

這個日本語起源於第二次世界大戰後的戰犯審判，但是後來卻半路變質為不正確的意義。也就是在把「敗戰責任」當作問題的這點上，雖然與「甲級戰犯＝開戰負責人」原本的語意相左，然而也沒有極端偏離。如同近代日本的代表性思想家德富蘇峰所批判：「我等對東條等人的不滿在於，將應勝之戰導向敗亡也。」（德富蘇峰《德富蘇峰．終戰後日記》II）戰敗後的日本人就是以「戰敗的最高負責人」來看待甲級戰犯的，而且那些甲級戰犯也自認為抱持著「敗戰責任」。當今「甲級戰犯」的用法，大概就這樣在日本的認知中一錯到底。

◎什麼是「甲級戰犯」？

話說回來，原本的「甲級戰犯」（class A war criminals）指的就是符合國際法、針對侵略戰爭的計畫、準備、開始、施行與共謀的犯罪，從而以「反和平罪」（Crime against Peace，甲級犯罪）於遠東國際軍事法庭遭起訴者，也就是東京審判被告人的通稱。「反和平罪」＝甲級犯罪的負責人，從而被當作「甲級戰犯」。早在一九四五年底的巢鴨監獄，這些人就被其他受刑人稱呼為「甲級的大人物」。（水野徹雄《遙遠的和平》）

理論上「第二次東京審判」若實施的話，其被告應該也被視為「甲級戰犯」；事實上，甲級審判的候補被告們也確實被稱作「甲級戰犯嫌疑人」（在日本則稱為「準甲級」或加上角分符號作「'甲級」[07]。

反過來說，如果無法認定有罪，就應該洗刷此污名。然而得以豁免審判的大川周明、於審判中病歿的松崗洋右與永野修身，若不在「甲級戰犯」之列的話，至今窮究不捨的爭論自然就不存在；就算是這樣，事到如今也無法改變。上述甲級戰犯的定義未能代換為「受有罪宣告者」，就是這個原因。儘管未科處刑罰，他們仍然被稱為戰爭的「犯罪人」，這件事情的本身便揭示了東京審判的特殊性。

此外，東京審判的二十八名被告，除大川周明與白鳥敏夫以外的二十六位，在指控的罪名部分，均有起訴乙級「通例的戰爭犯罪」與丙級「危害人類罪」（Crime against humanity）[08]，並非只有甲級「反和平罪」。因此，在這意義上，單純地將「甲級戰犯」解讀為「東京審判的被告」（國家指導人），較容易理解。

◎「級」的譯語意思

那麼，為何將「反和平罪」稱為「甲級犯罪」呢？

這是日本與德國兩國國際軍事法庭在管轄犯罪上的區分。較早舉行的紐倫堡審判的基本法——《國際軍事法庭憲章》（Charter of the International Military Tribunal）[09]第六條（一九四五年八月八日制定），關於各犯罪的定義有如此描述。

> 以下所載行為或其一係屬本法庭管轄之犯罪，只要違反便產生個人責任。
>
> a、反和平罪：為達成侵略戰爭或違反國際條約、協定、誓約的戰爭計畫、準備、開始、執行，或上述各項行為之一，而參加共同的計畫或謀議。
>
> b、通例的戰爭犯罪：違反戰爭的法規或慣例。此違反包含下述、然不以此為限。殺害、虐待占領地所屬乃至占領地內的一般住民，或包含奴役勞動目的的強制移送、

俘虜，乃至身處海上之人的殺害或虐待，或者殺害人質、掠奪公司財產、恣意破壞城邑聚落，乃至因軍事上需要卻無法正當化之破壞。

c、危害人類罪：戰前或戰爭時對於一般住民所施加之殺人、殲滅、奴役、強制移送及其他非人道的行為，此與有無違反犯行地之國內法無關，皆為本法庭管轄所屬之犯罪行為，又與此相類而施行基於政治、人種、宗教理由之迫害行為。

犯上述諸罪的共同計畫或共謀的擘畫、參與實行的指導人、組織人、教唆人與共犯，無論依據何人之授意，任何使計畫得以完遂之行為皆負有責任。

簡單來說，「甲級」、「乙級」的犯罪類型相當於《國際軍事法庭憲章》第六條的a項、b項。如同筆者在前作《東京審判的國際關係》中所述，「級」的稱呼為class的翻譯。然而，在犯罪的性質上「相較於丙級，甲級來得更為嚴重」，這樣的縱向序列關係在英文中並未展現出來。

但大概所有的人都有「甲級犯罪最惡質」的誤會吧。確實甲級犯罪在日德的國際軍事法庭中最受重視，因為甲級是同盟國最在意的「目標」。在紐倫堡審判中，由於奧斯威辛集中營的集體殺害猶太人一事帶來太多強烈的震撼，「丙級犯罪」＝「危害人類罪」不如說已凌駕「反和平罪」，但檢察方最主要的目標卻是「反和平罪」。

另外，在日本若是將class翻成「類型」或「種」，就不會有等級區別、程度輕重的不必要困擾，就是因為翻譯成「級」，誤解才持續至今。

◎審判為何更重視甲級戰犯？

為何同盟國特別追究、重視甲級犯罪的「反和平罪」——特別在東京審判中更是如此？接下來就試著推敲其中理由。

第一：日德兩審判的共通要點是，同盟國在「反和平罪」的處罰上投入相當程度的關注。為什麼呢？首先必須先知道的是，在一九四五年八月八日的《國際軍事法庭憲章》發布前，「反和平罪」與「危害人類罪」並非國際法上的犯罪。

國際法本是歷經長期漸進的程序而發展，本書第二章將提到，美國在短短的一九四四年秋到隔年的八月間，一口氣革新了國際法。也就是說，「反和平罪」與「危害人類罪」這兩種犯罪類型就是違反了「刑罰不溯及既往原則」的事後法。

這絕對不是後見之明的指責。一九四五年一月，負責美國戰犯處理政策實務的默瑞・伯內斯（Murray C. Bernays）上校就率先發難，指出發動戰爭並不涉及國際法上的犯罪。同年，艾森豪（Dwight D. Eisenhower，後為第三十四任美國總統）元帥另有一番新解：「我們為戰犯的處理制定了新的法律。」

也就是說，同盟國的政策決定者本身也察覺到法律的「創新性」。正因為如此，才殫精竭慮地以「並非法律革新，而是執行革新」的方式加以正當化。

上述「法庭憲章」（Charter）的名稱，也是因為一旦使用「法典」（Code）則有遭致「事後法」的批判之虞，因此使用中立的「憲章」名稱。

然而就此事而言，批評美國「舉措欺瞞」亦不正確。舉例來說，一九四一年八月的《大西洋憲章》（The Atlantic Charter）高唱自由通商、民族自決、國際和平機構等等威爾遜的國際主義理念，其背後也包含戰時支援英國、破壞納粹體制、確保戰後的安全等美國國家利益，但並不能就此認為《大西洋憲章》的理念是無價值的空言。無論如何，國際軍事審判其本質或許為惡，但當時的美國政府樂觀相信，針對發動侵略戰爭的日德軍政首領、追究其個人責任而實行審判，是讓荒野般的國際社會建立「法治」的有效手段。

◎「甲級戰犯」一詞是東京審判特有

第二：依據美國參謀長聯席會議（JCS，Joint Chiefs of Staff）關於對德戰犯審判的基本政策文書「JCS一〇二三／一〇」（一九四五年七月八日作成），「反和平罪」的負責人，因為就「侵略戰爭的共謀」需要一定的知識與權限，所以限定在政治、經濟、軍事上的「高位者」。由於是與高度政策問題相關的國家指導人＝「地位崇高者」的審判，關注度亦為之提高。為此，相較於「乙丙級」，「甲級」可以見到「高位者」的一面。

第三：東京審判中，美國制定方針，無法以「反和平罪」（甲級犯罪）起訴之軍政首領，則不列為被告；反過來說，東京審判的全部被告皆被冠以「甲級犯罪嫌疑」，從而成為「甲級戰犯」。直接的根據在於美國對日戰犯審判的基本政策文件「SWNCC五七／三」（參考本書第二章）明確記載，「為了審判遭『反和平罪』起訴者，盟軍最高司令官總司令部遂設置國際法庭」；又檢察方責成要「重視」「反和平罪」的究責，從一開始就將懲罰的重點放在「攻擊珍珠港的戰爭責任」。

話說回來，同盟國使用「甲級戰犯」這個俗稱，實際上只限日本。相較於日本，

陸軍大將山下奉文

「主要戰犯」的正式名稱與「甲級戰犯」的俗稱並用，德國則僅以「主要戰犯」稱之。至少筆者可說，未發現將德國主要戰犯稱之為「甲級戰犯」的官方文件。

「主要戰爭犯罪者」（major war criminals）的稱呼源自一九四三年十一月一日美英蘇協議的《關於德國暴行宣言》（《莫斯科宣言》）。《莫斯科宣言》（The Moscow Declaration）揭示，透過同盟國各政府的「共同決定」，來處罰「沒有特定地理區域限制的犯罪」——當時納粹的殘暴行為——的「主要戰爭犯罪者」。這個「主要戰犯」指的是地位崇高的政治軍事首領，是為了與傳統違反戰爭法的戰犯＝「非主要戰犯」（minor war criminals）加以區別所創造的用語。

◎什麼是「乙丙級戰犯」？

接下來談談「乙丙級戰犯」的定義。

乙級犯罪為「通例的戰爭犯罪」，丙級為「危害人類罪」，因此「乙丙級戰犯」就是兼具二者的「殘暴行為的責任人」。雖然實行其行為者幾乎都是下級士兵，但也有陸軍大將山下奉文、陸軍中將本間雅晴、陸軍大將今村均等不亞於甲級戰犯的大人物。

乙級的「通例的戰爭犯罪」（Conventional War Crimes），指的是本國國民以外的戰鬥人員或一般住民，所施行違反戰爭慣行法規的行為（虐待俘虜或占領地住民、破壞村營聚落），也就是傳統戰爭法的違反行為。在國際法上，認同交戰國在戰爭結束時以本國法處罰戰爭犯罪（戰時重罪）本人。

日本自甲午戰爭以來，戰時就設置軍事法庭。太平洋戰爭中落入日本軍手中的同盟國空軍，便是被「無律師」、「非公開」、「一審制」的審判加以處罰乃至處刑。

當日本在敗戰後，前述的戰爭審判行為本身便被視為「虐待俘虜」，而成為同盟國乙丙級審判的當事人。（北博昭《軍事法庭》）

丙級「危害人類罪」（Crimes against Humanity），指的是包含「戰前的行為」在內，「對一般住民進行非人道行為」或「迫害」，便視之為國際犯罪者，同樣也是第二次大戰後的新犯罪型態。然而「對一般住民進行非人道行為」亦可由乙級的戰爭法加以處罰，實際的情況中，東京審判將中日戰爭中的南京事件視為違反戰爭法而予以究責。

這樣的話，「危害人類罪」的本質是什麼呢？

◎「危害人類罪」的本質

「危害人類罪」的本質主要在「對本國民的行為」與「戰前的行為」這兩點上。納粹將猶太裔德國人與患病的德國人迫害為無國籍者而集體式殺害，因此產生了「對本國民的行為」與「戰前的行為」無法透過既存的戰爭法加以處罰的問題（但本國民在戰爭時的反叛與間諜行為仍得接受審判）。

如同賽巴斯提安・哈夫納（Sebastian Haffner）與坂本多加雄所抨擊的，這種「為了殺戮的殺戮」，和在為了戰勝的過程中所施行的「戰爭犯罪」，本來就是不同層級的事情。然而同盟國意識到各國輿論強烈希望懲罰，硬是論其為「戰爭犯罪」。因此，「危害人類罪」又從中衍生的「集體殺害罪」。

一九九八年七月十七日國際刑事法院（ICC，Internatioanl Criminal Court）設立的條約《羅馬規約》（Rome Statute of International Criminal Court），也明載得以追究國際法上個人的刑事責任——然而，設置於海牙的國際刑事法院表明，只有在各國國內法院無法正常運作的情形才會審理——在這點上，日本與德國的國際軍事審判，被認為有「首開先例」的意義。

由於同盟國判斷，日本沒有如同納粹般滅絕民族及特定集團的意圖，從而「危害人類罪」不過是所謂的陪襯。結果相當於在德國的審判中稱為「非主要戰犯」者——義大利和奧地利也實施了非主要戰犯審判——因此，日本的殘暴行為責任人被統括為「乙丙級戰犯」。

◎日本非主要戰犯全員都屬「乙級」

在乙級與丙級的區別上，如上述透過「犯罪的性質」來類型化者，亦有不同的理解。

乙級＝負有殘暴行為責任的軍司令官

丙級＝殘暴行為的施行者

如此按照「行為主體」的分類方法，在此成立乙級為上級，丙級為下級的縱向關係。此類型化，本來不過是盟軍最高司令官總司令部（GHQ，General Headquarters）在占領一開始，尚未確知本國方針時向日方傳達的意向。但是，它是否適合對階級敏感的日本人呢？此類型化的區分與理解，就這樣殘留在日本、宛如「有意義的東西」一般在日本開展。

然而，那並不是「審判方＝同盟國」的官方定義。

舉例來說，日本的外交文件中曾經記錄，「以違反戰爭法規慣例論乙級，危害人類罪論丙級來區別實屬正確」，但「兩者事實上近乎重複，又此等被告幾乎都就兩種類型的戰爭犯罪事項遭到起訴審理，所以實際上針對乙丙級戰爭犯罪者，犯罪的上級

負責人以乙級戰犯（嫌疑人）論……直接執行人以丙級戰犯（嫌疑人）論，一般區分如此」。（第十四回公開《外交記錄》）

這樣「實際上的區分」僅僅適用於日本國內。一九五五年八月的國務省文件記載，就日本並未判別乙級與丙級一事，若予以嚴密分類的話，日本人非主要戰犯全員份屬「乙級」。這表示，二戰結束後的「危害人類罪」實際上是納粹的專屬。

3・「文明的審判」論與「勝者的審判」論

◎無法止息的對立

從東京審判一開始，「文明的審判」論（肯定論）與「勝者的審判」論（否定論）便正面衝突著，至今仍是東京審判論的基本結構。（日暮吉延《東京審判的國際關係》）

「文明的審判」論指的是：透過「文明的」審判追究日本的侵略與殘暴行為的責任。這是依據所謂的「美德」而給予審判肯定論的評價。

代表的主張者是紐倫堡審判之父——美國陸軍部長亨利・史汀生（Henry Stimson）。在其強調「法與正義」的論述中，為了打倒侵略者、減少犧牲者，而對日本進行無差別空襲或投下原子彈等等「戰爭方法」，藉由以上無可避免的理由加以正當化。為此日本與德國被狹義地設定為「惡」，同盟國則對軸心國的「惡行」施加「正義的制裁」，在「塑造戰爭性格」上是不可或缺的。

另一方面，「勝者的審判」論（否定論）指的是：透過國際法處罰發動戰爭等等的領袖個人，是屬於事後法的審判，對於同盟國方面的行為不加聞問也屬不公，所以這不過是勝利者「政治的報復」。若按此思維，同盟國只是做賊喊捉賊的卑劣之徒，東京審判也不過就是「惡德」滿盈的審判。

這兩種極端的立場成為麻煩的議題，在直觀簡約的性質上各具觀點。此論爭又複雜地糾結了國族主義（nationalism）、政治的意識形態、感情論、道德的「戰爭責任論」，至今演變成難以消融的「價值對立」。

德國的社會學者馬克思・韋伯（Max Weber）所提倡的「戰爭責任論」，旨在究明導致戰爭的原因。從「結果責任」的觀點俯瞰整體國際關係，審視諸國的政治外交與輿論，也就是審視哪國政府只透過戰爭來追求對外目標的實現。

然而戰後日本的「戰爭責任論」，如同江藤淳所道破，混同了「良心」的問題與「政治」的問題。（山田宗睦等《現代的發現》）東京審判的相關議論也不例外，如同前外務大臣重光葵在一九四七年十一月所說：「戰爭與追放[10]，結果是使得國民一分為二、互相反目的源頭。此政策對日本、對美國，皆有害無益。」也許，冷靜的看法普及於民眾的日子總會到來，但這時間點的早晚仍未可知，可能尚在遙遠的將來，這令人遺憾的對立圖像，此後無疑將持續下去。

◎積累的「事實」

東京審判為「勝者的審判」自屬自明之理，應該不太有辦法證明不是如此吧。雖然日本自身也在戰爭時期透過「軍律法庭」（戰時軍事法庭）來實施違反戰爭法的戰犯審判，但是要想究責開戰責任，除了以「勝者的審判」來制裁「甲級戰犯」以外就不可能實現。然而就「勝者的審判」這點而全面否定東京審判也不正確。國際政治中雖然存在「規範」與「道德」，但日本人的「勝者的審判」論正是由於失敗者的怨恨憤慨，使他們無法認同「勝者的正義」與「日本的錯誤」。這正是問題所在。

另一方面，就「文明的審判」論來說，時至今日，終究史汀生式的肯定論早已消聲匿跡，從戰前日本批判的立場來看「那個人、那個問題是無罪的」，這樣的論調批判著東京審判，更讓「文明的審判」論稍形複雜。如此過度期待「文明的審判」，並以此為媒介批判「權力」，這種作為道德的「戰爭責任論」是聊勝於無嗎？就筆者而言，這是無視現實的狀況與界限的大真論述。

此外，近年有種論述強調，「日美合作」或「占領合作」並不能取代「文明的審判」論或「勝者的審判」論。這種論述意味著，正因為日本的合作，所以不是「單方面勝者的審判」，應稱其為「文明的審判」論的亞型。

透過上述種種議論，如何思考東京審判才算適宜呢？

在這點上，本書採取素樸的立場。確認「事實」，試著大膽地將東京審判放在一旁，客觀地來思考。沒有完全斷罪或正當化東京審判與戰前日本的心理意圖。

舉例來說，在描繪東京審判整體的著作中，偶爾可見死刑執行的淒慘情景，對一般的日本人來說，無法不對同盟國感到義憤。所以，這個審判很奇怪——真的很奇怪沒錯——容易以極端的全面否定論畫上句點。縱然面對著「事實」，思想已然扭曲。

由於稱作「文明的審判」，全面肯定東京審判且全面否定戰前日本，並非是不得不然之舉。反過來說，儘管稱作「勝者的審判」，也不是不認同東京審判的意義。

「文明的審判」論期待正義與規範，「勝者的審判」論則僅用權力關係來解讀審判，說穿了不過是著眼點與立場的差異。因此，「文明的審判」也好，「勝者的審判」也罷，若想試圖弄清出是非曲直，兩者都取決於觀看的立場。因為這兩種面向皆內存於東京審判之中。如此，筆者將東京審判理解為：兼具「文明的審判」與「勝者的審判」兩面向的「國際政治」。不是「文明或勝利者」，而是「暨文明與勝利者」的審判。

藉由上述的觀點，本書的目的在於嘗試詳實地理解，從審判開始前到甲級戰犯釋放後的諸般事實。

◎通往「正義規範」的夢想

美國為首的同盟國實施紐倫堡與東京兩審判，是為了懲罰軸心國的軍政領袖。雖然「懲罰」是兩審判的基本目的，但從此脈絡繼續探究「為了什麼而審判」，便會發現「文明的審判＝規範」與「勝者的審判＝權力」這兩個目的。

前述所列舉的兩種對立的東京審判論，實際上反映了「審判的目的」。

以下將整理各式各樣的論述。（針對審判的目的，同盟國對日德的審判帶來「一致性」，兩者並無不同，因此得以併同討論。）

首先，「文明的審判＝規範」的目的是，國際社會著重於「法律支配」，透過法律來抑止侵略戰爭。故戰爭雖然只是「道德上的惡」，卻仍視之為「國際法上的犯罪」。同盟國透過製造追究「侵略戰爭犯罪」指導者責任的實例，試圖施加拘束力於戰爭抑止的「規範」。依據這個理論，透過「正義的規範」作為確保國際「安全」的措施，從而審判亦為之正當化。

如今再看這理想主義的論述，實在是自以為是的樂觀。然而在當時，絕對不被認為是無稽之談，對於規範的熱情與使命感，對同盟國的當事者來說至少是個「支柱」。如同著名的冷戰研究者約翰．蓋迪斯（John Lewis Gaddis）所說，儘管是「一時的」，但那實實在在是「對國聯及其依據的國際性法律程序的信賴」。（《歷史的冷戰》）如果將當時的思想狀況抽離看待，即便是曾著迷於一九四六年開始的「戰爭抑止」約定的德國存在主義哲學家卡爾．雅斯培（Karl Jaspers），他滿懷希望斷言的「紐倫堡審判是藉由『法律支配』，而成為『不可靠世界秩序的微小先驅』」的想法，最終也不過是會錯意而已。

◎源自於第一次世界大戰的變化徵兆

在當時，「無差別戰爭觀」支配著十九世紀，也就是無法否定國家主權可對外發動戰爭，從而也無法評價戰爭到底是合法或違法，因此產生了超越法律的現象。所以透過歐洲的勢力均衡系統，來調節各國間複雜的「力量與利益」，才是理解戰爭的最適切方式。

因此，十九世紀的戰爭法律規制集中在兵器的限制、俘虜及一般住民的保護等等「戰爭方式」。其次，戰爭終止時，停止追究戰爭犯罪，回復到和平關係。這是讓國際秩序維持安定的樂觀智慧。

但在第一次世界大戰中，戰爭的評價瞬間為之一變。在巴黎和會的美英法義首腦「四人會議」中，英國首相大衛・勞合・喬治（David Lloyd George）與法國總理克里蒙梭（Georges Clemenceau）兩人強烈主張，應該透過國際審判追究前德皇威廉二世（Wilhelm II）開啟「不正義戰爭」的責任。

英法主張的背景是，國內輿論強烈支持讓敵國首領上絞刑台，以及讓德國承擔戰爭的「惡」與「犯罪」，從而確保本國的「安全」。從大戰初始，各國無不對他國的戰爭責任錙銖必較，這便是總體戰下犧牲巨大的結果。

◎克里蒙梭的說法

對此，美國總統伍德羅・威爾遜（Woodrow Wilson）認為，「開啟戰爭為『犯罪』」乃法律先例所無；但擁有如簧巧舌、綽號是「法蘭西之虎」的克里蒙梭，以「缺乏熱情則無事成辦」反駁，斷言「人類最初的審判不外乎當機立斷與野蠻。儘管如此，那仍是偉大壯舉的開端」。

討論為之膠著。義大利首相維托里奧・奧蘭多（Vittorio Orlando）的發言，直指問題的本質：「此時此刻發生的正是歷史，早已不是法律。我等若翻查法典，想要從中找出探求之物，應屬難事。若是就國際道德而討論的話，事情則有所不同。」

於是，最終採用了美國總統威爾遜與國務卿羅伯特・藍辛（Robert Lansing）的構想，締結折衷方案。其結果是，決定以一九一九年六月的《凡爾賽條約》（Treaty of Versailles）第二百二十七條，就「危害國際道德與條約神聖的最高度犯罪」，於特別國際法庭起訴前德皇威廉二世。

希望讀者注意，《凡爾賽條約》第二百二十七條和第二次世界大戰後的「反和平罪」並無直接關聯。它是妥協下的產物——第一次世界大戰的勝利者特意避免「國際法的革新＝事後法」的危險，從而使違反「國際道德」成為「犯罪」，藉由這一曖昧的根據訴諸「政治的審判」。

由於前德皇威廉二世所亡命的荷蘭拒絕引渡，最終起訴無法實現。到了第二次世界大戰，承此失敗的教訓，改由美國主導將發動侵略戰爭「犯罪化」。這除了是理想主義的法律手段，在同盟國形成「安全」國際秩序此一現實的利益考量，亦植根其間。

◎對過錯感同身受

「勝者的審判＝權力」的目的是，透過審判確定「戰爭責任歸屬於德國與日本」。對同盟國來說，在現實上這比「規範」面更為重要。

其效果，首先連結到的就是同盟國的「正當性」。

如果將戰爭的「歷史解釋」確定為「日本的侵略與同盟國的制裁」，則勝利者的「正義」、「正當性」亦不證自明。當然，如同外交評論家清澤洌簡單明瞭的敘述，國際關係並不是「只要一方絕對正確，則另一方就全錯」，實際上，若要開展實際的戰爭，各國就會因應政治軍事的需要來調度戰爭責任的符碼，包括國民整合、同盟關係的中止、敵國懲罰的正當化等等。

第二次世界大戰時，同盟國將軸心國的行動理解為「思慮周延計畫的結果」，以如此簡化的形象非難軸心國的領袖。國際軍事審判正是此解的具體實踐，是為了留下日德「犯罪紀錄」，並證明同盟國正當性的政治裝置。

其次也有使日本「無害化」的考量。確定讓日本對戰爭責任負全責之事，為心理的「非軍事化」＝「安全保障」政策。

例如同盟國最高司令官道格拉斯・麥克阿瑟（Douglas MacArthur）元帥，在占領初期的指令「JCS 一三八〇／一五」第四項 e 中命令，讓全部的日本人，對「敗戰的事實」與「日本不法且不負責任的侵略」所帶來的過錯感同身受。若讓日本人認識到「日本的戰爭」是「犯罪」而予以再教育，日本則可得與戰勝國合作，轉變為和平國家。如此，東京審判被賦予權力政治式的使命，透過區分正邪且公開的法庭來揭示「善惡史觀」。

◎殺一儆百的「教育」理論

或許會有「受東京審判制裁的不是只有甲級戰犯」這樣的疑問湧現。確實東京審判的判決只制裁軍政領袖，而將日本國民置於被害者的地位。順道一提，中華人民共和國（北京政府）基於周恩來的外交判斷，自一九五〇年以來便區分日本軍國主義者與日本國民，維持「侵略中國的責任在當時的日本政府，而不在（作為犧牲者的）日本人民」的官方論調。（毛里和子《日中關係》）一九七二年的中日外交正常化也因此明朗，與東京審判判決的邏輯相同。

簡單來說，區分戰前與戰後，事涉戰後對日政策的執行；因此，豁免日本國民、不對其問責才是上策。然而在兩個國際軍事審判中，日德兩國國民「無責任」，並非是同盟國最原本的想法。

在這點上，美國陸軍部長史汀生採取複雜的手段。因為若罰及國民，日德將舉國對勝利者抱持敵意；若在國際軍事審判上，權宜地僅處罰軍政領袖——「極端的軍國主義者」——也間接明示戰敗國全體的責任。美國陸軍軍法署（JAG，Judge Advocate General's Corps）在一九四六年一月認為，由於「大部分的德國人……必須分攤納粹體制與戰爭的責任」，將犯罪證據擺在德國人眼前，使他們抱持「自責之念」的話，便能阻止納粹復活。

也就是說，這是殺一儆百的「教育」理論。讓東京與紐倫堡兩審判成為「民主化」的觸媒，讓危險的日本與德國從此「無害」的理念得以實現。

◎調和兩個邏輯的關鍵

那麼，「文明的審判」與「勝者的審判」這兩個一看就矛盾的邏輯，使其相互調和的關鍵是什麼呢？

筆者檢討眾多第一手資料的結果，共通點在「安全保障」上，東京審判對同盟國與日本雙方來說，可謂「國際政治的安全保障政策」。

舉例來說，美國的陸軍、國務、司法三首長在一九四五年一月二十二日，向總統富蘭克林．羅斯福（Franklin Delano Roosevelt）提交了一份備忘錄。

備忘錄提及：戰前納粹的殘暴行為，嚴格來說不屬於「戰爭犯罪」，雖然並不違反現行的國際法，但為了「正義」、「戰後的安全保障」、「德國民族的再復歸」，

不得不透過審判加以懲罰。（日暮吉延《東京裁判之國際關係》、美國國務院《美國對外關係》馬爾他和雅爾達會議）

這份資料雖然只針對「危害人類罪」的問題，但綜合其他資料來談，對納粹的「侵略」或「殘暴行為」的懲罰，不只是單純的「報復」，除了透過占領改革，也參雜進「國家改造」、戰後國際秩序的「安全保障」等目標。如同本書第二章所述，這樣的對德政策之後也轉用於日本。

若以此觀之，東京審判不外就是國際政治。當然就「安全保障」的政策來說，不應僅以為藉此便可確保美國與同盟國的安全。說到底，將日德審判當成「戰爭罪惡」的符碼來操作，從而影響戰敗國人民的心理，這樣「無害化」的政策對戰後國際秩序的安定化是有所幫助的。

因此，從將東京審判理解為國際政治的觀點來看，本書將依序檢討東京審判具體的審判過程。

01 日本占領期間：指日本於第二次世界大戰戰敗並無條件投降後，由美國為首的同盟國實施軍事占領的時期，自一九四五年九月二日在日本正式投降後開始，至一九五二年四月二十八日《舊金山和約》生效後結束。這是日本列島第一次被外國人完全占領。

02 原書作「A級戰犯」，考量華文閱讀者習慣，改成「甲級戰犯」。原書所提B級、C級戰犯，也在本版本分別改成乙級、丙級戰犯。

03 外局：是日本行政機關的一種類型，設置於中央政府的內閣府與各省之下，卻自外於內局系統與各省大臣，主要為了負責特殊事務、以及獨立性較強的事務而設置，並具有獨立的法人地位，與台灣的獨立機關類似，功能等同中文地區所稱的「附屬機關」、「部屬機關」或「署」。現在分為合議制的委員會、首長制的廳兩種。

04 日本神社信徒有二種，一為具有血緣乃至地緣連結的「氏子」，此外則稱為崇敬者。實際上，崇敬者總代會和靖國神社為不同組織，然共同支持神社的運作。

05 內地未決死歿者：「內地」為二戰時日本本土的稱呼，相對於海外殖民地而言。「未決」指未完成審判。「死歿」指死亡。

06 青木一男：東條英機內閣任東亞相，審判時被列為甲級戰犯，後於一九五三年當選參議院議員。

07 原文為「ダッシュ」符號，即「dash」之謂也。日本習慣上除了將連接號（「—」、「～」）稱為「ダッシュ」，角分符號（Prime）亦稱之。

08 「危害人類罪」（Crime against humanity）：或譯反人類罪、舊譯違反人道罪。於二〇〇二年七月一日生效的《羅馬規約》將該罪名中文譯名確定為危害人類罪。

09 《國際軍事法庭憲章》（Charter of the International Military Tribunal）亦稱《歐洲國際軍事法庭憲章》、《紐倫堡國際軍事法庭憲章》。

10 追放：「公職追放」之略稱，指免除特定人公共職務（禁止擔任公職）。作為戰後日本民主化的一環，一九四六年一月基於盟軍最高司令官總司令部（GHQ）的備忘錄，議員、公務員及政界、商界、輿論領袖約二十萬的軍國主義者遭免職。自一九五〇年開始解除追放，自一九五二年《舊金山和約》生效後廢止。

第二章

東京審判的結構是如何誕生的？

紐倫堡審判的被告們。圖中站立者為赫爾曼．戈林。

1．以「凡爾賽的失敗」為鑑

◎《大西洋憲章》

十九世紀時，奧地利外交大臣克萊門斯．梅特涅（Klemens Wenzel von Metternich）在拿破崙戰爭後，展現其敏銳的智慧，將法國納入維也納體制。

與此相對照，第一次世界大戰後的《凡爾賽條約》讓德國蒙受了莫大的屈辱，但《凡爾賽條約》也並未要求德國徹底無力化。《凡爾賽條約》除了被解讀為「毀滅」德國外，也有解讀認為條約「不周延」才是問題所在。無論如何，草率行事招致了納粹的抬頭，讓「凡爾賽的和平」為之崩壞。

一九一八年一月八日，美國總統威爾遜發表有名的《十四點和平原則》（Fourteen Points），表示並非要變更「德國的政治制度」。然而，以「凡爾賽的失敗」為鑑，第二次世界大戰後由勝利者占領失敗者的領土，再改造成無害的和平國家這件事上，不得不回歸到國際組織。日本在一九四五年八月十四日接受的《波茨坦公告》（The Potsdam Declaration）也表明了如此的政策。

話說回來，為何實施東京審判必須視日本的軍政領袖為戰犯而加以處罰呢？答案是對德政策的轉用，因為日本接受制定處罰戰犯條款的《波茨坦公告》第十項，所以在敗北後理所當然變成如此。

紐倫堡與東京兩個國際軍事審判的理念，早在一九四一年八月十四日，從美國總統富蘭克林・羅斯福與英國首相邱吉爾（Winston Churchill）所發表的《大西洋憲章》中即可窺見。該憲章著眼在維護戰後國際秩序，展現同盟國的「正義」與軸心國的「邪惡」，此等世界觀簡單明瞭，並畫定「終極破壞」納粹的「邪惡」體制，及以「解除武裝」作為改革的實際目標。

其後旋即在一九四一年十二月八日爆發太平洋戰爭，二十六國（美英中蘇四國，以及二十二個參加對日戰爭的國家）在一九四二年一月初透過《聯合國共同宣言》（Declaration by United Nations）認可《大西洋憲章》的各原則。

經由富蘭克林・羅斯福的提案，反軸心陣營成為所謂的「同盟國」，《大西洋憲章》的原則使得日本也受到波及。

◎欠缺具體策略的戰犯聲明

一九四一年十月二十五日，由於邱吉爾聲明，應該將處罰納粹的「犯罪」行為，列入同盟國的戰爭目的。戰犯的處罰——包含軸心國的軍政領袖在內——成為聯合國的政策課題。

同盟國的首腦們為了提高己方陣營的士氣，數度聲明要處罰納粹戰犯，從而煽動了群眾的報復心。又，當時的「戰犯」，專指「殘虐行為的負責人」，尚請讀者務必注意。

同盟國的各國國民，在戰爭時期的亢奮中，被欠缺理由的激情所驅使，實乃受到納粹殘虐行為的強烈衝擊所致。如此的群眾激情拘束各國政府，使同盟國往嚴格處罰的方針前進。

即便如此，具體的處罰方法卻遲遲未決。

一九四三年十一月一日，美英蘇三國的《莫斯科宣言》表示，處罰「主要犯罪人」的方針，將透過同盟國諸政府「共同決定」。此時就軍政領袖的處罰是否透過國際審判、採用何種審判方式、處罰為何等等，同盟國都沒有共識。

同盟國擔心本國俘虜會受到日德的報復，因此第二次世界大戰直到戰爭終了才處罰戰爭犯罪。尤其美國特別擔心日本軍的報復——相較於德國，成為日本的俘虜後死亡的可能性更高——從而《莫斯科宣言》未立即適用於日本。

◎史汀生——創生紐倫堡審判之父

一九四四年八月到九月間，美國政府實施的政策論爭，讓前述的模糊狀態有所改變。財政部長小亨利・摩根索（Henry Morgenthau Jr.）在徹底無力化德國的政策架構下，訴求將納粹的軍政領袖即決處刑。對此，陸軍部長亨利・史汀生則主張透過「文明的審判」來懲罰。

伴著兩位長官的權力鬥爭，各自麾下的財政部與陸軍部也互不相讓。美國媒體強烈攻擊摩根索的政策，使得富蘭克林・羅斯福總統不得不支持史汀生的政策，至此才讓美國的審判方針轉趨一致。

當然，審判也好、即決處刑也罷，根本的目的都在「懲罰」。但史汀生認為，無論是「報復」或「即決處刑」，都與納粹所為同樣野蠻，不應採用，進而力陳確保「懲

小亨利．摩根索（Henry Morgenthau Jr.）

亨利．史汀生（Henry Stimson）

罰」在法律上、道德上正當性的「審判」方式。

第一點，依據「法律與正義」的審判，一方面箝抑同盟國方面歇斯底里的報復狂熱，一方面也能讓美國在戰後世界維持道德領袖的角色。在史汀生的認知裡，「戰犯審判」與「報復」是對角線的兩端。此觀點可說是史汀生的法律萬能主義理路（在美國的外交舉措上屢屢可見，透過法律規制得以抑制各國野心的信念）。

再來，九一八事變後關東軍進窺北滿，美國對日態度隨之硬化。一九三二年一月七日，時任國務卿的史汀生表示，認同中國的門戶開放政策，但不認同日本破壞《九國公約》（Nine-Power Treaty）[01]與《巴黎非戰公約》（Pact of Paris）[02]的狀態——即「不承認主義」（又稱「史汀生主義」，Stimson Doctrine）。「史汀生曾在致電給英國外交大臣約翰・西蒙（John Allsebrook Simon）的對談中，附和日本違反《九國公約》的論述」。這樣的對談內容當時在橫越大西洋的通訊中尚屬特例。（約翰・愛默生《風雨中的外交官》）

◎「歷史」與「記錄」

第二點，這個審判存在著特殊的使命。即，審理被告個人及「歷史」，以及留下關於納粹「戰爭責任」的「永恆記錄」。

時任英國司法部長、於紐倫堡審判擔任首席檢察官的哈特利・蕭克洛斯（Hartley Shawcross）稱：「本席，……提供權威且公平的記錄。其記錄將使未來的史學家獲得真實，讓將來的政治家取得教訓。」（瑪莎・米諾《復仇與寬恕之間》）連嫌惡法學家的英國經濟學者約翰・梅納德・凱因斯（John Maynard Keynes），都在一九四四年十一月與史汀生進行會談時——此會談是為了向美國取得對英國的援助嗎？——認為將「極度的惡行」「做成記錄是關乎存亡般的重要」，但如果是即刻處決領導者就「無法達

約翰．麥克洛伊（John Jay McCloy）

哈特利．蕭克洛斯（Hartley Shawcross）

成這目的」。以此說法順應美方看法。

這個「歷史」的「記錄」方針，在政治的意義上相當重要。

史汀生期待，若能透過審判來證明納粹的「邪惡」，將為世界及戰敗國國民帶來「教育」的效果，從而抑止日後的反動於未萌，使國際秩序為之安定。其心腹——統籌戰犯處罰政策的陸軍部副部長約翰．麥克洛伊（John Jay McCloy）曾說：「相較於聯合國，國際審判對戰後的安全保障更為重要。」根據傑克森．摩加托（Jackson Maogoto）的見解，蘇聯與法國在贊成美國的國際審判論時，也期待這項好處。（傑克森．摩加托《戰爭與現實政治》）

進一步來說，若將軸心國的「邪惡」

給「記錄」下來，那麼同盟國的「正義」、「正當性」亦不證自明。因此，選擇以審判的方式為之，是《凡爾賽條約》第二三一條的替代方案。該羞辱性的「戰爭責任」（war guilt）條款激怒了德國人，因為戰勝國將第一次大戰的開戰原因歸咎於「德國與其盟友的侵略」。

大規模的戰爭中，往往透過標榜「本國的正當性」與「敵國的戰爭責任」，來創造力量的泉源，其本身不外乎是政治的動機。也因此，透過「國際」審判展示「同盟國的共通懲罰」甚為理想，從而戰勝國迅速地選擇了在法律制度上能夠隨機應變的「軍事」審判。

◎從《倫敦協定》到紐倫堡審判

再來，美國陸軍部具體檢討審判的方法及法律問題時，援用了「英美法」（普通法，Common Law）[03]特有的犯罪概念：「共謀」（conspiracy）（參考第三章第一節），強化透過國際審判來裁斷納粹「殘虐行為」與「侵略戰爭」的構想。

在這過程中，對一九二八年《巴黎非戰公約》的解釋也為之一變。

《巴黎非戰公約》除了禁止一般的侵略戰爭，防衛權的發動則委交紛爭當事國判斷，另一方面對違反條約者的制裁則無明文。也就是說，戰爭雖然被論以「違法」，但仍未到可藉此處罰個人——即「犯罪化」——的程度。

但是，史汀生的陣營重新定義了象徵一九二〇年代共和黨支配的《巴黎非戰公約》，強硬主張違反此條約的國家將喪失國際法上的權利，可用侵略戰爭的「犯罪」予以處罰。

史汀生陣營在同盟國形勢一片大好的情況下，樂觀地相信，此時是實踐「侵略犯罪化」此一美國願望的好時機。至當時為止，戰犯處罰的焦點在於如何處罰納粹的「殘虐行為」，一旦美國陸軍部涉入其中，追究的重心便轉移到「侵略戰爭的開始」。

在開戰問題上，陸軍部軍法總監則持反對意見，認為《巴黎非戰公約》並未將侵略戰爭「犯罪化」，國際法上也未禁止統治世界的「共謀」。美國政府內部的意見衝突由此可見一斑。但是一九四五年一月，美國受到突出部之役（Battle of the Bulge）的馬爾梅第大屠殺（Malmedy Massacre）[04]衝擊，使得美國陸軍部的路線瞬間轉趨一致。

四月十二日富蘭克林・羅斯福總統驟逝，新總統哈瑞・S・杜魯門（Harry S. Truman）也全面支持史汀生的觀點。接著在五月八日，歐洲戰爭以同盟國單方面的勝利告終。在這特殊的情況中，史汀生等人已經不需要再深謀遠慮盤算，便性急地改革國際法。

最終，一九四五年八月八日，以美國的構想為基礎，在美英法蘇四大國的國際同意下，締結了《倫敦協定》（London Charter）[05]，《國際軍事法庭憲章》亦附屬於此。美英法蘇的國際軍事審判——紐倫堡審判——在德國投降五個月後的一九四五年十月十八日，將起訴狀送達柏林。十一月二十日，於美國占領區的紐倫堡開庭。

共二十四名的被告（判決時為二十二名）與六個組織遭到起訴。接著在一九四六年十月一日的判決中，判處有罪者十九名（死刑十二名、無期徒刑三名、有期徒刑四名）、無罪者三名，包括定罪納粹黨（NSDAP，Nationalsozialistische Deutsche Arbeiterpartei，國家社會主義德國工人黨）、秘密國家警察（GESTAPO，Geheime Staatspolizei，漢語音譯「蓋世太保」）、親衛隊（SS，Schutzstaffel）等三組織為「犯罪組織」，其餘像是衝鋒隊（SA，Sturmabteilung）、德國內閣、德國總參謀部和國防軍最高統帥部（OKW，Ober kommando der Wehrmacht）的起訴則遭到駁回。

◎《波茨坦公告》第十項

若從長期來看，如同美國外交官喬治・肯南（George Kennan）在一九五〇年所述，美國並未顧及日本在二戰前的利益，也未放棄自身的遠東政策，這件事傷害了日本人的情感，招致「極端軍國主義」的抬頭。（喬治・肯南《美國外交五十年》）接著美國與日本交戰，戰勝後的占領政策特別以東京審判排除「極端的軍國主義者」。雖然這種宛如「自導自演」般的行動也理所當然引發批判美國的聲音，但就算日本毫無限制地追究原因，把美國當成責難的對象，那也是無可奈何的。

若以短時間來看，自從「不承認主義」（史汀生主義）施行以來，日本便因《九國公約》與《巴黎非戰公約》而引來非難。接下來在一九四一年十二月時，由於美日終於爆發正面衝突，便不可避免地將德國人戰犯的處理政策轉用在日本身上。

一九四五年七月二十六日，美英中三國發表勸告日本投降的《波茨坦公告》（原案由美國作成）。此投降條款的第十項載明：「虐待吾人俘虜者在內的一切戰爭犯罪者，將受到嚴厲的處罰。」

在此之前，富蘭克林．羅斯福總統在一九四二年八月與一九四四年三月的聲明中，暗示將處罰日本戰犯，美英蘇三國首腦構成的《開羅宣言》（Cairo Declaration）也聲明：「制止日本的侵略，且罰之。」（一九四三年十一月二十七日）然而當中都欠缺具體的內容。同盟國在《波茨坦公告》中，首次發表對日本戰犯的明確處罰方針。

一九四六年一月十九日，同盟國最高司令官麥克阿瑟發表相當於《倫敦協定》的《特別宣言》[06]，設置遠東國際軍事法庭。此法院的管轄權，因日本接受《波茨坦公告》而發生。

關於這點，盟軍最高司令官總司令部（GHQ）民政局次長查爾斯．凱茲（Charles Louis Kades）也證言指出：「由於接受《波茨坦公告》意味著日本『無條件投降』，所以沒有任何民政局官員認為，除了憲法修正外，其他占領改革的法律正當性存在著「契約」。」（竹前榮治《GHQ的人們》）

◎可能性的保留

但國務院的分析卻大異其趣。

接受《波茨坦公告》的結果是，同盟國與日本間成立國際法上的「契約」關係。也因此，自一九四三年一月卡薩布蘭卡會議（The Casablanca Conference）上，富蘭克林．羅斯福於發表聲明以來便是同盟國主要原則的「無條件投降」政策（沒有契約因素的勝利者的自由裁量成為可能）也不得不有所修正。身為占領全體，雖然同盟國也明白「無條件投降」較為方便，但一談及戰犯審判，應該還是要「以勝者和敗者的『意見一致』當作法律上的根據」比較好，如此才能堵住針對審判實施的異議申訴。

問題就在勝利者與失敗者的「意見一致」。《波茨坦公告》所稱「所有戰爭犯罪者」，指的到底是傳統上違反戰爭法的行為人，或者包含應該負擔開戰責任的軍政領袖？後來東京審判的辯護方採用前者的解釋，主張遠東國際軍事法庭對「反和平罪」沒有管轄權，然而依據一九四五年八月的資料，美方就《波茨坦公告》第十項所稱的「戰爭犯罪者」，給予相較於過往更為寬泛的解釋，從而將「開戰責任人的處罰」在最小限度上當作一種選擇而予以保留。

《波茨坦公告》第十項條文的調整被認為是陸軍部副部長麥克洛伊的手筆。恐怕麥克洛伊是在還沒締結緊要的《倫敦協定》的情況下，仿照自己剛籌畫的對德戰犯審判的基本政策文書「JCS 一〇六七」（五月十一日制定）中戰爭定義的文字——即

「包含殘虐行為乃至戰爭犯罪，以及會遭制此情況的納粹之企圖和計畫，還有參加實行者」——故意採用曖昧的措詞，藉此預設了處罰日本侵略戰爭及軍政領袖的空間。

在《波茨坦公告》制定者的意圖中，「全部的戰爭犯罪者」除了殘虐行為責任人，也包含了「侵略戰爭的責任人」。

這樣一來，日本政府在一九四五年八月十四日接受《波茨坦公告》，並以九月二日的《降伏文書》——雖然相當於休戰協定，但卻具有「無條件投降」意識——加以確認時，就代表著實施對日本戰犯審判的國際同意與法律根據正式成立了。

2．美國的主導？同盟國的協調？

◎美國對日的基本政策

儘管將對德政策轉用於日本，但是日本與德國在占領型態與國內情況都有所不同，同盟國不得不面臨是否要完全仿照對德政策的問題。由此來看，日本籍戰犯處罰的基本方針，究竟是如何決定的呢？

遠東小委員會（SFE，Subcommittee for the Far East）負責擔任對日政策的企畫，是決定美國占領政策的國務——陸軍（戰爭）——海軍協調委員會（SWNCC，The State-War-Navy Coordinating Committee）的下級機關。在《開羅宣言》發布時，遠東小委員會就針對日本戰犯問題展開檢討。

主要爭議點在於對日本是否實施將戰爭視同犯罪的國際審判。在這點上，國務院認為處罰敵國軍政領袖，將其操作為高度政治行為方屬上策。

然而陸軍部的政策更為優越的結果，導致遠東小委員會八月九日的報告書「SFE一〇六」將對德政策機械式地用於日本。要說哪裡有所不同，僅有兩點。

一、「共謀」的起訴溯及九一八事變（滿洲事變）即將發生前。

二、由於未存在如同德國般的組織性迫害，就「危害人類罪」問責於日本亦屬無用之舉。

雖然八月十三日的遠東小委員會會議中，就「戰爭犯罪者」的範圍有所爭論，最終仍取得共識——針對日本，「戰爭犯罪者」將兼及「反和平罪」與「危害人類罪」的責任人。於是國務——陸軍（戰爭）——海軍協調委員會（SWNCC）於一九四五年八月二十四日提出「SWNCC五七／一」。重點如下：

一、將優先由占領軍直接逮捕，避免嫌疑人因自殺而取得「殉教者」的評價。

二、與對德政策相同，保障「同盟國的對等性」。透過「國際協定」來設立法庭，並由各國出任首席檢察官。

三、將承認或變更判決的權限透過「國際協定」賦予麥克阿瑟。

簡單來說，以「同盟國間的合意」為前提。

◎戰爭犯罪委員會的對日政策

此時，麥克洛伊麾下負責戰犯處理問題的陸軍上校阿米・卡達，將盟國戰爭犯罪委員會（UNWCC，United Nations War Crimes Comission）[07]的「對日政策」報告給華盛頓。

盟國戰爭犯罪委員會（UNWCC）是在對納粹怨意高漲的一九四三年十月二十日，由澳大利亞、比利時、加拿大、中國（中華民國）、捷克斯洛伐克、希臘、印度、盧森堡、荷蘭、紐西蘭、挪威、波蘭、南非、英國、美國、南斯拉夫、法蘭西民族解放委員等十七國政府（蘇聯未參加），於倫敦組成的戰爭犯罪調查機關。

盟國戰爭犯罪委員會的職責是調查戰爭犯罪的證據、製作嫌疑人名單，至於檢察或審判的執行權、限制各政府的政策決定權等等則未規畫。無論如何，盟國戰爭犯罪委員會沒多久便開始獨立運作，甚至試圖介入政策問題。

委員長澳大利亞代表萊特（Robert A. Wright）爵士在《波茨坦公告》後，主張有必要就日本籍戰犯進行討論。接著委員會在八月八日，由美國、英國、中國、法國、荷蘭、加拿大、澳大利亞、紐西蘭、印度等九國，設置遠東太平洋特別委員會，並於八月二十九日採納萊特的建議。

這份對日的政策建議，以特別委員會委員長顧維鈞（時任中國的駐英大使）的原案為基準，大致上援用對德政策。然而另一方面，美國代表約瑟夫・霍森（Joseph V. Hodgson）陸軍中校就像是為了不讓美國的政策受到影響一樣，主張推遲或修正的結果，導致又留下了改變的餘地。概要如下：

一、身為「主要戰爭犯罪者」的軍政領袖，就「通例的戰爭犯罪」、「反和平罪」、「危害人類罪」、「共謀」，受國際法庭管轄並於此審理。

二、追究日本的犯罪企圖。即，採用美國的「共謀」論。

三、設置檢察機關。顧維鈞的原案為，如同紐倫堡審判任命美英法蘇首席檢察官般，遠東太平洋特別委員會成員與蘇聯（未參加UNWCC）共計十國，各自任命首席檢察官——這個部分因為霍森的主張而刪除。

四、設置國際法庭的主體究竟是「同盟國最高司令官」、「管理理事會」，還是「其他機關」尚無定論，法官於上述十國「指派」後「任命」。雖然顧維鈞的原案對此有詳細規定，卻又因霍森而取消。霍森決定讓法官的「任命」由同盟國最高司令官——美國人——的「自由裁量」來形成。

接下來，這份對日政策建議再過不久就要公布，日本政府看了將會察覺到，「日本的戰爭犯罪者將受到與『德國的』相同的處置」。

◎「美國主導論」與「同盟國協調論」

話說回來，阿米・卡達所傳達回美國的盟國戰爭犯罪委員會「對日政策」，並非完整版的政策建議，只是遠東太平洋特別委員會在八月十三日的草案。草案依據是顧維鈞的原案，由各國任命首席檢察官，以及經由國際協定來設置法庭。

美國的根本方針是，擁有「高度政治重要性」的軍政領袖在日德的審判上必須加以「統一」。但是，在這個情況，「SWNCC 五七／一」與盟國戰爭犯罪委員會都一樣，打算將「同盟國間的對等性」帶入日本的個案中。

因此，美國有兩個選擇：

一、是要透過「美國主導」，來掌控法院與檢察機關？

二、還是如同紐倫堡審判，在確保「同盟國間的對等性」的前提下協調？

前者稱為「美國主導論」，後者為「同盟國協調論」。這不僅僅是法庭、檢察機關的設置問題，實際上也牽扯東京審判的定性問題。是一個究竟是「事實上美國審判」、或他國政府亦分配實質任務的「同盟國共同審判」的問題。

最終，由於「同盟國協調論」遲遲未決，「SWNCC 五七／一」在八月二十八日退回到遠東小委員會（SFE），造成遠東小委員會內部產生尖銳的意見矛盾。

一方主張，若賦予麥克阿瑟法庭、檢察機關的設置權，如同紐倫堡審判般可以免除國際交涉，那麼麥克阿瑟的權威亦為之提高。另一方則力陳，透過同盟國的協調將提升法庭的威信，美國的責任亦告輕簡。

雙方爭論在於是否以「同盟國間的合意」為優先，這也是「美國主導論」與「同盟國協調論」對立之所在。

◎國際交涉經驗的成果

在此情況下，陸軍部副部長麥克洛伊於九月七日批判，遠東小委員會（SFE）的國務院夥伴在各國法官直接任命上投注了「不恰當」的重視，將造成「難以處理的法庭」，並力主陸海軍夥伴「美國主導論」的優點。遠東小委員會從而明白，主張「同盟國協調論」的國務院與主張「美國主導論」的陸海軍部有所對立。

陸軍部主張如下：

由於美國是對日戰爭勝利「近乎完全」的貢獻者，在戰犯的問題上也處於「指導的立場」。「不誠實的珍珠港偷襲攻擊的對象」只有美國，日本給美國帶來的戰爭傷害，相較德國嚴重許多。因此，應該最大限度地活用麥克阿瑟執行統一占領的態勢，將「戰爭犯罪活動全部置於最高司令官的直接指揮之下」。

確實戰勝的主角在戰後秩序的建構與占領，常常扮演主導的地位。雅爾達會議中，美國被認可「在太平洋具有優勢地位」，也被視為理所當然。但是，「美國主導論」

會產生的原因不只是如此——實際上，美國聯邦最高法院法官勞勃・傑克森（Robert Jackson，紐倫堡審判的美國首席檢察官）的意見具有強烈的影響力。英法蘇三國於倫敦會議交涉過後，勞勃・傑克森向美國總統杜魯門、國務次卿迪安・艾奇遜（Dean Acheson）等人報告表示，對蘇交涉是件窒礙難行的麻煩事，建議對日審判應該在美國主導下，迅速設置法庭與檢察機關。也就是說，「美國主導論」正是倫敦會議這一國際交涉經驗的產物。

◎「SWNCC五七／三」

最終，「同盟國協調論」喪失其說服力。因為國務次卿艾奇遜在決策中心的國務院內部力倡「美國主導論」的關係，美國國務—陸軍（戰爭）—海軍協調委員會（SWNCC）在十月二日承認遠東小委員會製作的政策文件「SWNCC五七／三」（最終版載於十月三日）。美國對日戰犯審判的基本政策結構，即由此決定。

「SWNCC五七／三」包含兩份文件，即〈遠東戰爭犯罪者逮捕及處罰之美國政策〉（以下簡稱為「政策」）。十月十八日將《降伏文書》送交署名國）以及〈確認、逮捕及審判戰爭嫌疑人之JCS指令〉（以下簡稱為「指令」）。十月六日時，向麥克阿瑟下達以「JCS一五一二」為名的指令）。當中不僅包含甲級戰犯，各國的乙丙級戰犯、嫌疑犯的逮捕等等也都大致收羅無遺。

東京審判的管轄犯罪與紐倫堡審判相同，計有「反和平罪」、「通例的戰爭犯罪」與「危害人類罪」三者。起訴對象兼及九一八事變，特別載明重視中日戰爭以降事實的方針。

應加注意的是，麥克阿瑟被賦予如下廣泛的責任與權限。

一、「特別國際軍事法庭」的設置權。

二、審判程序規定的制定與認可權。

三、檢察機關的設置權與各國代表檢察官的任命權。

四、判決的執行義務、判決的認可、減刑、變更權。

其次，關於天皇，僅載於指派給麥克阿瑟的「指令」第十七項，指示「直到出現特別」的指令，否則對天皇「不採取任何措施」。

也就是說，「SWNCC五七／三」明顯反映了「美國主導論」。

一、為此在東京審判上，美國施加較紐倫堡審判層級更強的力道。

二、似為尊重「審判的獨立」之故，未賦予麥克阿瑟介入審判的權限一事，受到世人矚目。其結果導致遠東國際軍事法庭超乎美國的主觀意圖，成為獨立權力主體而獨自運作。

三、「麥克阿瑟的權限」並非是完全的自由裁量，稱為「美國政府的權限」更為適當。麥克阿瑟也受到「SWNCC 五七／三」的制約，舉例來說，麥克阿瑟雖然希望「美國單獨審判」，但如此踰矩之行並不被許可。

◎麥克阿瑟的態度

讓我們來確認東京審判時麥克阿瑟的態度吧。當時的日本人雖然將東京審判視為麥克阿瑟意志的體現，事實上麥克阿瑟對「國際」審判抱持否定的態度。

麥克阿瑟藉由在一九四五年十月七日致陸軍部的電報，威嚇「公布『SWNCC 五七／三』的話，日本政府將因蒙受損害而不得不採行直接軍政」，要求希望能賦予自己審判東條的權限。

麥克阿瑟自渡日以來，便積極地向麥克洛伊提倡（美方）單獨審判論。又於十月三十一日，針對日本在珍珠港攻擊中「違法」殺害（「殺人」）非交戰國市民，再度勸告陸軍部，迅速透過美國的獨立法庭審判東條內閣成員。此「殺人」審判論，並非出自麥克阿瑟的原創，實為借用戰爭時期陸軍部軍法總監的內部報告——鑑於日本「違反《海牙第三公約》（《關於戰爭開始的公約》）遂行不義的對美戰爭」，而予以審判的構想。麥克阿瑟也好，軍法總監也好，都強烈地反對「戰爭的犯罪化」。

麥克阿瑟認為，為了成功占領日本，希望盡可能穩健且迅速地處罰戰犯。因為向日本人灌輸「民主主義」、以事後法為究責的根據來實施「國際」審判，可能對其他的占領政策帶來負面影響。根據盟軍最高司令官總司令部（GHQ）參謀二部（G2）部長查爾斯·威洛比（Charles Willoughby）表示，麥克阿瑟深知美國南北戰爭結束後，南方仍殘留根深柢固的怨恨情感，因此反對東京審判。

自尊心與自我表現慾望皆強烈的麥克阿瑟，憎恨日本未行宣戰通知便攻擊珍珠港，從而以此事的後續處罰為己任。對他來說，如同山下奉文的美軍審判般，透過自己的手實施更迅速、在法律上也更加安全地審判才是最重要的事。

然而史汀生的左右手麥克洛伊並不認同這樣的想法，從而讓華盛頓方面堅持「SWNCC五七／三」的國際審判方針。

3·不起訴天皇與各國的疑惑

◎如何看待日本的即決處刑論

由於英國政府在德國戰犯審判上忙得不可開交，對日審判毫無準備，在知道美國決定對日基本政策後大感驚慌。

於是英國在一九四五年十月十六日，集合有關單位及各聯邦代表，商議對日戰犯的問題。然而如同「最低限度五百人的日本籍非主要戰犯的審判，最遲將在一九四六年七月三十一日前結束」的目標所示，英國專注在乙丙級戰犯的早期解決，至於甲級戰犯，則先求在戰犯名單上取得共識。

然而這件事表現出英國對甲級戰犯審判的態度。事實上，英國外交部就日本軍政領袖的「國際審判」也是消極以對。

本來英國自邱吉爾內閣時代的一九四四年九月以來，便向美蘇大力主張「即決處刑」納粹領袖，以及反對「國際審判」。

對英國來說，審判方式一旦因法律討論或歷史辯論而長期化，將賦予納粹「宣傳」

的機會。對納粹領袖的處置是由同盟國政府決定的政治問題，從而主張對部分納粹主要戰犯即決處刑，其他則由各國以傳統的戰犯審判行之為宜。

雖然各國未認識到即決處刑的方式是前近代的野蠻方法，但英國認為一口氣解決將早日回歸和平，怨恨也不容易積累。其問題關注的重點，與以德國無力化為目標的摩根索版即決處刑論不同。喬治・肯南認為「立即射殺」應該能為受審方接受，這與英國的思考方法如出一轍。

◎英國要跟隨美國到什麼程度？

然而英國在一九四五年五月改弦易轍，同意將納粹領袖送交國際審判。儘管如此，並不能因此認為英國也同意將日本軍政領袖送交國際審判。當政權轉移到克萊門特・艾德禮（Clement Richard Attlee）的工黨內閣時，英國政府對戰犯問題的基本態度為之丕變。

研讀英國外交部戰爭犯罪局的羅伯特・史考特・福克斯（Robert Scott Fox）在一九四五年十月所寫的備忘錄，可以發現英國並不想對美國言聽計從。雖然無意重彈即決處刑論的老調，但由於日本在地理位置上天涯遠隔，且參加國一旦增加將不易管理，日本的情況遂被認為遠較德國棘手。英國外交部於是開始考慮，「由各國來審判」甲級戰犯嫌疑人。

然而要美國認同由各國行使甲級審判，根本是不可能的。二戰後英國國力大為衰退，早已無法強迫美國做出重大變更。英國外交部將跟隨美國到如何的程度是相當現實的問題，故英國一方面原則上同意美國的「SWNCC五七／三」，另一方面也認為這「使美國人肩負的工作加重」。

話雖如此，英國政府內部仍主張自治領[08]要積極介入審判，而英聯邦的自治領則首推澳大利亞與紐西蘭。

◎澳大利亞的天皇起訴論

澳大利亞對日本的懲罰表現出強烈的關心。

澳大利亞在戰後世界中擁有提高國際地位與發言權的強烈衝動。澳大利亞首相約瑟夫・班納迪克・奇夫利（Joseph Benedict Chifley）工黨政權的外交大臣（兼任法務大臣）赫伯特・威爾・伊瓦特（Herbert Vere Evatt）主張：由於澳大利亞在對日戰爭的勝利上貢獻良多，因此在所有太平洋的問題上都應該身居主要當事人。這並非單純的功利考量，實因大平洋與澳大利亞的「生活與命運」息息相關。

孤懸於南半球的澳大利亞，由於自日俄戰爭以來便沉浸在根深柢固的恐日情結中，試圖透過將外敵日本徹底無力化，來確保自國的安全。澳大利亞認為，只從表面上強加占領改革日本，難保哪天危險的軍國主義將再度出現。

澳大利亞灌注最大的心力在戰犯處罰上。外交大臣伊瓦特在一九四五年九月十日表示，撲滅日本戰犯「全體」為澳大利亞的己任，當中特別具有象徵意義的是起訴昭和天皇。

英國在八月十七日告知澳大利亞，從削減占領成本的觀點上，「將天皇作為戰犯而起訴是重大的政治錯誤」。英國工黨外交大臣歐內斯特・貝文（Ernest Bevin）在七月二十九日的波茨坦會談中曾如此表示：天皇是占領日本的管理道具，將其毀滅並無意義。「前次的大戰之後，如果沒有破壞皇帝的制度無疑會更好。……因為放著沒有象徵存在的德國人不管，他們才會對希特勒這樣的人物敞開心房。相較於此，若將德國導向立憲君主制會好得多。」（沃特・米利斯編《福瑞斯特日記》）

然而這樣的判斷並不適用於澳大利亞。對澳大利亞來說，附加「若日本人的政治文化產生根本的變化」的條件，是認同由日本國民來決定「天皇制」的未來。然而澳大利亞認為，若讓昭和天皇高枕無憂，則日本人絕對不會改變；要破壞舊體制就必須使天皇承擔罪責。因此，起訴天皇是現實的「安全保障」政策。

此外，澳大利亞也擔心麥克阿瑟對日本人的處置是否太過溫柔。由於「SWNCC五七／三」被稱為擴大麥克阿瑟的權限之故，當然無法不予關注。就在有關政府於遠東顧問委員會（FEAC，Far Eastern Advisory Commission）創立的一九四五年十月三十日，審議日本的占領政策時，澳大利亞向英國要求，應檢討「SWNCC五七／三」，以及國際審判判決的變更並非經由麥克阿瑟、而是由有關政府組成的「在審委員會」負責。澳大利亞朝向實質的「同盟國協調論」，試圖牽制美國的專斷。

◎迷茫的英國

英國外交部在一九四五年十二月十二日向美國國務院提出意見。首先將技術問題的決定權「委任」給美國。另一方面，依據印度的要求，提案追加印度籍法官。又澳大利亞提案，在遠東顧問委員會（FEAC）檢討「SWNCC五七／三」並商議「一般原則」，以及設置變更判決的「諮詢委員會」。

這個英國提案來自「英聯邦內的英國威信」的觀點，並以部分實現「同盟國協調論」為目標。「諮詢委員會」設置案等實為調整澳大利亞「再審委員會」案，讓權限止步於「建議」。英國外交部認為，將「決定的責任」託付給麥克阿瑟方為上策，僅想保留形式上的發言權。

關注程度的落差不僅存在於英國與澳大利亞間，也存在於英國政府內部。英國外交部在十二月十四日向司法部長蕭克洛斯提議，本國不要涉入國際審判計畫太深，對東京審判維持有限度的參與就好。複數審判同時並進的情況，只限於對「英國有真實利益」時，才要派遣候補檢察官——非檢察官——及若干職員。

然而，重視英國威信的蕭克洛斯在五日後反駁外交部，說英國透過東京審判「扮演重要的角色一事至關重要」。只是他將國際審判的被告限縮在十至二十名重要人物，並限制檢察官只能由主要國家派任，而其他有關國家只能派遣候補檢察官。蕭克洛斯提出審判迅速化的成本縮減案，達成與外交部之間的妥協。

面對管理法官、檢察官的派遣作業，以及兼任紐倫堡審判的英國首席檢察官蕭克洛斯司法部長的積極論調，外交部官員不得不將方針變更為全面參加東京審判。最終，伊瓦特外交大臣接納了蕭克洛斯的匯報。

正當英國迷惘是否參加審判時，美國的檢察官群在一九四六年十二月八日抵達東京。備感焦躁的英國為了讓美國知悉自身的看法，隔年一月英國駐日代表部長查爾斯・加德納（Charles Gardner）中將試圖與美國代表檢察官約瑟夫・貝瑞・基南（Joseph Berry Keenan）協商。然而基南的回應對英國提案冷漠以對：

一、大約三名的被告在單一法庭中同時審判。

二、如英國的提案般，將檢察官的選任限縮在少數國家，現實上事屬不可能。

三、「諮詢委員案」意在批評麥克阿瑟。

◎在遠東委員會的舞台上

如同澳大利亞所希望，遠東顧問委員會（FEAC）將「SWNCC五七／三」列入審議事項。然而由於蘇聯持續批判遠東顧問委員會僅有「建議」權，從而該組織未發揮實際的作用。

於是，一九四五年十二月美英蘇三國莫斯科外長會議中，決定設置遠東委員會（FEC，Far Eastern Commission），以之為占領日本的「最高決策機關」。遠東委員會在一九四六年二月二十六日成立於倫敦。參加國有：美國、英國、中國、蘇聯、法國、荷蘭、加拿大、澳大利亞與紐西蘭。這九個國家是簽署《降伏文書》的國家，加上當時未獨立的印度與菲律賓，共計十一國。這和遠東國際軍事法庭的構成國完全一致。

遠東委員會在一九四六年三月時，將審判戰犯的政策制定視為當務之急，積極檢討「SWNCC五七／三」的「政策」部分。

英國提出的修正案，旨在讓有關諸國能介入被告選擇、程序規章、判決變更等等，以及因應印度的要求，追加印度籍法官。

法國也補充了英國的修正案，主張自己也能參與刑罰的變更。雖然法國除了法屬印度支那的殖民地，對亞洲問題近乎無所關心，但對參與東京審判與本國的乙丙級審判抱著熱情。法國希望能藉此重獲大國的威信、懲罰日本占領印度支那及所犯下的殘虐行為。

◎「FEC〇〇七／三」

遠東委員會（FEC）大致認可英法兩國的提案，並在一九四六年四月三日制定「FEC〇〇七／三」號政策。接下來試著推敲這項政策決定的意義吧。

首先，無論形式是什麼，在兼顧相關諸國的利益下，美國的基本政策「SWNCC五七／三」成為同盟國共通的國際政策「FEC〇〇七三」。

第二，在四月二十三日將「FEC〇〇七／三」送達麥克阿瑟處後，形同事後追認遠東審判的「國際」權限，從而具有一定的法律效果。

相對於紐倫堡法庭係經由國際協定（《倫敦協定》）而設置，遠東國際軍事法庭則是未經國際協定、而由同盟國最高司令官的美國人（麥克阿瑟）在一九四六年一月十九日基於美國指令「JCS一五一二」＝「SWNCC五七／三」所設置。此舉是出於美國的獨斷措置、或是代表同盟國的國際性舉措，事實上難以區辨。

東京審判結束後，美方律師向美國聯邦最高法院請求發給人身保護令，控訴麥克阿瑟將遠東國際軍事法庭設置為「美國法庭」的不當。聯邦最高法院受理申請，但也認為遠東國際軍事法庭「並非美國之物」，從而美國的法庭無法干涉東京審判的判決，最後駁回其申請。從這項申請可以發現，東京審判到底是「美國法庭」或「國際法庭」，在這點上具有難以清楚畫分的特質。（日暮吉延《東京審判的國際關係》）

◎美國陸軍部的天皇處遇保留論

關於「FEC〇〇七／三」決定意義的第三點，正是天皇的問題。

澳大利亞在一九四五年十月強迫盟國戰爭犯罪委員會（UNWCC）選定包含昭和天皇在內的日本戰犯名單。澳大利亞一方面認為，雖然昭和天皇個人「具有和平願望及自由的觀念，幾乎不用懷疑」，但同時也將天皇的「地位」視為重要的問題，主張若無天皇的裁可將無從發動侵略戰爭。雖然名單選定一事遭美英阻撓，澳大利亞並未因此改變看法。

一九四五年八月十五日，美國陸軍部當面向駐英美國大使館強調了「對於天皇，什麼措施都不採行」的暫定方針。美國陸軍軍法署（JAG）戰爭犯罪局局長約翰・威爾准將也向駐英代表霍森[09]傳達了他的擔憂——若將天皇編入名單中，將與天皇保留處遇方針有所衝突。至於陸軍部，可以說在戰爭結束時便大幅度傾向不起訴天皇的保留方針。

於是，美國政府內部便產生了起訴天皇與不起訴天皇兩派的對立。話雖如此，駐在東京的麥克阿瑟於九月二十七日與天皇會面後，認為在占領政策的施行上，天皇的角色不可或缺。麥克阿瑟在十一月二十六日向海軍大臣米內光政傳達：「本人完全沒有變更天皇地位的想法。」（植松慶太《遠東國際軍事法庭》）麥克阿瑟在隔年的一月二十五日致電報給陸軍參謀總長艾森豪，稱若起訴天皇則有必要大幅增加占領軍——此為麥克阿瑟副官邦納・費勒斯（Bonner Fellers）在一九四年十月二日備忘錄中所提的意見。

如此，透過陸軍部與麥克阿瑟預定協調的共同作業，美國不起訴天皇的立場更形堅定。當然天皇能豁免刑事責任是出自「政治考量」的便宜行事，從這一態度來看，澳大利亞大張旗鼓的舉動不外是種妨礙。

◎不起訴天皇的國際協議

接下來回頭談四月三日的遠東委員會（FEC），紐西蘭代表——駐美大使卡爾・

布蘭森（Carl Berendsen）批評，「FEC〇〇七／三」完全沒提到天皇的問題，這和「SWNCC五七／三」中天皇處遇的保留方針有所牴觸。

紐西蘭認為，本來依據調查的結果應該起訴天皇（但事實上並未將天皇列入戰犯名單）。但是布蘭森向國內報告，因為盟軍最高司令官總司令部（GHQ）正利用天皇推行占領事宜，應該採取冷靜的對應，最後獲得紐西蘭首相兼外交大臣彼德・弗雷澤（Peter Fraser）的同意。一九四六年初的紐西蘭，在是否追訴天皇的問題上，與澳大利亞抱持不同的看法。

接受布蘭森的批評後，遠東委員會當天並未公布預定的「FEC〇〇七／三」，而是透過非公開的「了解事項」同意不起訴天皇。即所謂：「應送交最高司令官的指令中，……應該體現在將日本天皇豁免於戰爭犯罪者的起訴。」相較於美國的「指令」，使用更為強烈的措辭「豁免」，將不起訴天皇作為「同盟國的共通政策」並取得官方的確定，此點誠為至關重要的國際協議。

要注意的是，占領活動既已經過半年有餘，在不起訴天皇幾成定局的情況下，澳大利亞與蘇聯兩國同意了天皇的「豁免」方針。這是因為國際協議的「了解事項」也拘束著兩國。事實上，是否起訴天皇在「了解事項」拍板定案時便已塵埃落定。

01— 《九國公約》（Nine-Power Treaty）：一九二二年，由美國發起召集太平洋會議，會中有中國、英國、美國、日本、法國、義大利、葡萄牙、比利時、荷蘭九國，其中保證中國主權獨立、土地行政完整。美國並重申門戶開放、機會均等，是有關中國領土的條約。

02— 《巴黎非戰公約》（Pact of Paris）：全稱《關於廢棄戰爭作為國家政策工具的普遍公約》（General Treaty for Renunciation of War as an Instrument of National Policy）或《凱洛格—白里安公約》（Kellogg-Briand Pact）。一九二八年八月二十七日在巴黎簽署一項國際公約，該公約規定放棄以戰爭作為國家政策的手段和只能以和平方法解決國際爭端或衝突。由於該公約本身是建立在理想主義的國際關係理論下，所以該公約沒有發揮實際作用，但是該項公約是人類第一次放棄戰爭做為國家的外交政策。

03— 英美法：又稱普通法（Common Law），是取其「普遍通行」之意，也稱海洋法。該法系與歐陸法系（又稱「大陸法」）並稱為當今世界最主要的兩大法系。特點就是判例法，即反覆參考判決先例（precedent），最終產生類似道德觀念一般的普遍的、約定俗成的法律（customary rules）。

04— 馬爾梅第大屠殺（Malmedy Massacre）：德軍在一九四四年的比利時的馬爾梅第，向著群聚的戰俘開火，多數人當場被打死，僅少數逃脫。總計遭到射殺的人數大概在八十四人上下。

05— 《倫敦協定》（London Charter）：指一九四五年八月八日，美、英、法、蘇在倫敦簽訂的《關於控訴和懲處歐洲軸心國家主要戰犯的協定》（Annex to the Agreement for the prosecution and punishment of the major war criminals of the European Axis，通常稱為 Nuremberg Charter 或 London Charter）及其附件《國際軍事法庭憲章》（Charter of the International Military Tribunal）。

06 即《設立遠東國際軍事法庭的特別通告》。

07 盟國戰爭犯罪委員會（UNWCC，United Nations War Crimes Comission）。成立於一九四三年十月，於一九四九年解散。同盟國中除蘇聯之外共有十七國加入會員，是二次世界大戰中同盟國為調查戰爭犯罪而成立的機關，委員長為英國法官萊特（Robert A. Wright）。

08 自治領（Dominion）是大英帝國殖民地制度下一個特殊的國家體制，可說是殖民地步向獨立的最後一步。

09 原作為「ホジソン駐英大使」，但駐英大使無一人喚ホジソン。時任駐英大使者為約翰．懷南特（John G. Winant）。若係前文之霍森，其時為盟國戰爭委員會的美方代表，專職戰後事務處理。故擇此而譯。

第三章

同盟國起訴了什麼？

東京審判的被告們。

1・同盟國檢察局的出動

◎自刃失敗的東條英機

一九四五年八月十五日的正午，眾議院議員松村謙三在舊民政黨本部恭聽宣告敗戰的玉音放送。接著，他猛然朝外看去，「官廳街的彼端，從此方竄起白煙，丸之內的層峰街也是如此。」究竟是怎麼了？「同盟軍……一旦入京取得秘密文件就糟了……重要的文件或燒或棄，人心也為之惶惶。二重橋外多人切腹自殺。」（松村慶三《三代回顧錄》）

日本首次經歷外國的軍事占領，同盟國最高司令官麥克阿瑟悠然降落在神奈川縣厚木機場的情景是極具代表性的一幕。八月三十日，基於參謀總長小喬治・馬歇爾（George Catlett Marshall, Jr.）的指令，麥克阿瑟任命艾特略・索普（Elliott R. Thorpe）准將為反間諜部隊（CIC，Counterintelligence Corps）隊長，責成其逮捕東條英機、製作甲級戰犯嫌疑人名單。

索普雖開始處理此項工作，但確認日本戰犯的任務並不容易進行。過沒多久，美國新聞批判麥克阿瑟對戰犯處理的工作進展緩慢，其後也刺激了美國輿論，從而成為麥克阿瑟的壓力。

盟軍最高司令官總司令部（GHQ）將總部搬到護城河畔第一生命大樓的四天前，即一九四五年九月十一日，斷然直接逮捕位於世田谷區用賀的東條英機，雖然可以見到國務——陸軍（戰爭）——海軍協調委員會（SWNCC）的建議方針（參考第二章第二節），無論如何，這是回應美國輿論的一種表演。

正當新聞記者蜂擁到東條官邸前，東條自殺未遂的波瀾又起。侍從官德川義寬寫道：「前首相面對使者，口上允諾，進入室中，計畫用手槍自殺，在一息尚存之際……聲稱大東亞戰爭為正義的戰爭，與廣橋（前首相秘書官廣橋真光）談論後事並委其善後，對應向陛下致歉卻未能，深感遺憾。」（御廚貴等監修《德川義寬終戰日記》）從八月下旬起，東條夫妻潛逃到滿洲而遭殺害，或者隱匿於盛岡等等「東條傳說」不脛而走，其名聲也隨之殞落。

一九四六年四月，東條在巢鴨監獄中解釋自殺未遂一事。

自殺失敗，係因手打哆嗦，而發生意想不到之事。自己若預先知道，將在行使公正審判的法庭中開陳所信，……斷不生自殺之念。然而墨索里尼的前車之鑑，引渡於本國國民之手，曝於私刑風險之下，糊里糊塗間便遭虐殺。恥辱莫有逾此者，由於將遭「犬死」……遂決定自殺。（水野徹雄《遙遠的和平》）

東條將人民審判所導致的處罰視為「犬死」。

◎希望將逮捕範圍擴大的華盛頓

一九四五年九月十一日，第一次的戰犯嫌疑人逮捕令中，美國重視指定的「四十三人」名單，（豐田隈雄《戰爭審判餘錄》）這些正是攻擊珍珠港時的東條內閣成員。

東鄉茂德（外務大臣）
嶋田繁太郎（海軍大臣）
賀屋興宣（大藏大臣）
岸信介（商工大臣）

岩村通世（法務大臣）

除了以上名單，也包括了前菲律賓總統何塞．帕西亞諾．勞雷爾（José Paciano Laurel）。

話雖如此，開始占領後的盟軍最高司令官總司令部，實際上考慮減少逮捕人數。一方面因為搜查人員不足，另一方面若拘禁責任有無不明者，最後卻以不起訴告終者，將使自身立場大為難堪。日本的案件中，缺乏相當於納粹黨員的「判準」，究竟誰該被列為嫌疑人，相當令人傷透腦筋。

對此，華盛頓的美國政府則希望大量逮捕。舉例來說，該年十一月十三日「對同盟國最高司令官之降伏後初期的基本指令」（「JCS 一三八〇／一五」命令），以寬鬆且形式的基準，廣泛逮捕元帥府、大本營等組織全員，至於大日本政治會或大政翼贊會等成員則予以羈押。以德國的案例來說，相近於在占領時除去有害人物的「去納粹化」。十月抵達日本的陸軍部副部長麥克洛伊也施加壓力，表示「政府希望更大規模的逮捕」。

華盛頓所在乎的不外乎美國輿論。經濟雜誌《財富》在一九四五年十二月的輿論調查中，多數民眾認為日本人比德國人更加殘忍與野蠻（兩者民調數字分別是百分之五十五點九、三十八點九）。

華盛頓的意向終究凌駕一切，邁向增加逮捕人數一途。包含境外，逮捕人數據推估有二千五百名，當中有百餘名為甲級戰犯嫌疑人。

統籌日本國內逮捕事宜的索普認為，甲級審判是依據事後法的「虛假審判」，因此向麥克阿瑟提案，將戰犯「終身監禁於小笠原群島」。持消極逮捕論的盟軍最高司令官總司令部（GHQ）參謀二部（G2）部長查爾斯．威洛比批評東京審判為「史上最大的偽善」，事實上盟軍最高司令官總司令部以麥克阿瑟為首，對戰爭犯罪化持批判態度的職業軍人不在少數。他們必須不為己意左右，推行既定的工作。順帶一提，就連推行戰爭犯罪化的文職官員麥克洛伊，其後也反省東京審判「全然失敗」了。

◎顫慄的日本政治菁英

遭逮捕的嫌疑人，經歷橫濱監獄、大森收容所，在十一月中旬關押進有名的巢鴨監獄（原址現為池袋的複合式商業設施「太陽城」）。巢鴨監獄，由兩重鐵絲網包圍，並於險要之地設置監視塔。在此之前尚被許可配戴的領帶與皮帶遭到沒收，森嚴的監獄生活等待著他們。

另一方面，池田成彬、緒方竹虎、久原房之助、德富蘇峰等人，由於疾病的緣故遭拘禁於自宅。在緒方的案例中，雖然受到「閉門謫居」的限制，但外出或小旅行仍然受到默許，此和巢鴨的待遇有著天壤之別。（緒方竹虎傳記刊行會編《緒方竹虎》）

日本的政治菁英們，因戰犯逮捕一事而惴惴不安。

政治家與軍人們為了免遭逮捕，搖身一變為「和平主義者」，對盟軍最高司令官總司令部發動贈禮、邀宴等攻勢。渡部一英也提到，雖然公職追放並未取其性命，光是戰犯「最重可處無期徒刑或死刑」，那些「被指定為甲級戰犯嫌疑人者，皆愕然失色，一時為之食不下嚥者亦有之」。（《巨人中島知久平》）

在此同時，也有像前文部大臣橋田邦彥、前關東軍司令本庄繁、前首相近衛文麿般，坦然面對逮捕而決定自殺者。戰戰兢兢的氛圍，籠罩在戰敗國的日本身上。

乙丙級的審判也正式開始。一九四五年十月八日，以任第十四方面軍司令官的「馬來之虎」陸軍大將山下奉文為首，美軍於馬尼拉展開軍事審判。在杜魯門總統的強大壓力下，十二月七日迅速發布絞刑宣告。

巢鴨監獄的內部。

山下奉文在隔年二月二十三日處刑，此為對日戰犯審判中最早執行死刑者。山下奉文未防止所指揮部隊的殘虐行為，而在缺乏先例下，以違反戰爭法的「長官不作為責任」遭到起訴。判決認定，山下對部隊無法「有效統治」。（法蘭克．瑞爾《山下審判》、路易斯．費雪《軍事法庭與總統權力》）此「職務怠惰」等於「不作為責任」的嶄新概念，在其後東京審判的起訴中亦被採用。

日本本土也在該年十二月十八日，由美國第八軍開庭審理乙丙級的審判——橫濱審判。依據部分乙丙級戰犯的日記，嫌疑人們當初「實在想得太天真了」。

由於每個人都缺乏犯罪意識，以為大

概一年之後就會釋放了吧……然而事情揭曉後，聞之無不震驚。第一回審判中，土屋軍伕遭判終身監禁，接下來由利中尉、平手中尉被判死刑……吾等愕然慄然，無不追悔未向美國自首，或先行逃亡。（水野徹雄《遙遠的和平》）

接下來，在戰犯處理一事的推行過程中，一般的日本人反應如何呢？

◎「這些傢伙就該吃點苦頭啦！」

電影評論家淀川長治在日美開戰後，「感於江田島的海軍訓練壯觀華美，土浦預備科訓練威風凜凜，故為特攻隊送上掌聲，往前線持續致贈慰問袋與慰問函」。大抵日本人都如此。然而淀川也和部分日本人一樣，戰時在東寶公司內秘密觀賞好萊塢電影《哀愁》及迪士尼電影《幻想曲》，不假思索便拜倒在電影的魅力之下。淀川碎念著：「絕對不可以輸它。」（《淀川長治自傳》上卷）

接著在敗戰之後，「戰爭犯罪者」、「戰犯」成為日本人平常使用的語彙。

在糧食不足與通貨膨脹正嚴重時，小說家永井荷風感嘆：「就算直接到農家購買，也不容易獲得米、芋等主食，時值幾近全國陷入飢餓……迄至昨日，還為日本軍部壓迫所苦的國民，如今丕變轉向阿諛敵國。」（《段長亭日乘》一九四五年九月十六日條）

在那樣的苦境中，試圖將憤怒投射在某人身上，實為人類悲哀之處。當時，受到抨擊的是東條英機與軍閥。舉例來說，就任政治顧問部（面對麥克阿瑟的國務省對口）的知日派外交官約翰・愛默生（John Emerson），對最初交談的日本人——一位在橫濱新格蘭德酒店（Hotel New Grand）上班的男孩——印象深刻。

> 他對戰爭的結束喜不自勝，眼睛閃爍著光輝，並對陷日本國民於危難的東條及軍人同伴感到憤怒。「這些傢伙就該吃點苦頭啦！我們，應該不可能打敗像貴國這樣強的國家吧！」這樣的說法，體現日本國民對占領事態的反應。（約翰・愛默生《風雨中的外交官》）

多數的日本人讓東條等過往領袖背負戰爭責任，假裝與自己毫無關係。

◎擁抱勝利者的責任追究

政治菁英也是如此。

一九四五年十月下旬，幣原喜重郎內閣的法制局局長楢橋渡，在NHK廣播播放時，為了抗衡主張「打倒天皇」的共產黨，信口稱：「是什麼原因導致戰爭？一半要歸咎於軍閥，另一半是那些聚攏在天皇身邊、架空天皇大權，欺瞞天皇與濫用全國國民信仰的結果。」法制局長的說法引來國民「廣大迴響」。（楢橋渡《在激流中前行》）

雖然德富蘇峰聽到廣播之後諷刺，美國方面的說法「乏善可陳」，（德富蘇峰《德富蘇峰・終戰後日記》I）但是楢橋的主張確實也可適用在東京審判的追究邏輯上。

耐人尋味的是，當時的德國人與日本人在心境上極為相似。駐德美軍政府副首長盧修斯・克萊（Lucius Dubignon Clay）陸軍中將在一九四五年七月如此寫道：

戰爭責任的情感或對納粹教義、體制的嫌惡感尚未出現。德國人批評納粹在戰爭中落敗，堅稱自己不知道政府的犯罪舉動，自己支持且縱容納粹則係次要且無可奈何之事，所以加以無視。然而，彼等大多協助軍政府。（吉恩・愛德華・史密斯編《盧修斯・克日本的政黨也趁此態勢。戰後各政黨為洗刷戰爭責任的嫌疑，於一九四五年十一月底在眾議院要求徹底追究戰爭責任。雖然幣原首相反對國民間「以血洗血」，實際上政黨也未認真追究，僅僅是惺惺作態。

重點是，日本人並未透過己力來追究責任，而是擁抱來自勝利者的戰犯處罰。同盟國認為，在這樣輿論的支持下，有必要儘早實施審判。

◎由基南完成

占領開始後，漸漸實施「非軍事化」的武裝解除。

一九四五年　九月十三日　廢止大本營
　　　　　　十一月十七日　廢止兵役法
　　　　　　十一月二十四日　停止軍人恩給法的施行

十一月三十日　廢止陸海軍省
十二月一日　第一、第二復員省開始

接著在十二月六日的夜裡，東京審判的美方檢察官陣營抵達日本。

美國的代表檢察官為約瑟夫·貝瑞·基南。身為民主黨員的基南生於一八八八年一月（開庭時已屆五十八歲之齡），自哈佛法學院畢業後從事律師工作。身為初期新政（New Deal）人士，擔任司法部第三號刑事次長助理，在議會工作中施展靈活手腕，從富蘭克林·羅斯福總統處得到「關鍵的喬」（Joe the Key）的暱稱。

麥克阿瑟在十二月七日，在重視華盛頓方的願望下，向基南指示三點方針，即：迴避事後法的批判、儘早開庭、起訴東條內閣閣員。接著麥克阿瑟在隔日，於盟軍最高司令官總司令部（GHQ）下設置國際檢察局（IPS，International Prosecution Section），任命基南為局長。

依據美國的基本政策「SWNCC五七／三」，檢察機關在麥克阿瑟的「指令」下，作為「代理機關」準備與管理起訴事宜，擔任收集證據、選定被告與證人、乃至舉證等工作，首重對「反和平罪」的搜查。

然而開始運作的國際檢察局，在初期有三個問題。

一、由於幾乎所有局員，對日本的歷史、政治、社會風氣都毫無所悉，必須立即成為緊急收集資訊的專家。

二、語言的隔閡。例如遭約談的前陸軍中將大島浩回想：「翻譯首先對大多數嚴重的誤譯保持沉默。……把我說的『心證』錯譯為『信用』[01]……對方雖保證能訂正，但實際並沒有。」（《井上忠南資料》）

◎燒毀文件的愚昧舉動

三、由於日本各省官廳在戰敗時燒毀公文，可成為證據者意外的少。

為此，檢察方與盟軍最高司令官總司令部（GHQ）合作，搜索公文、約談重要人物，值得慶幸的是，文書就這樣收集完成。盟軍最高司令官總司令部入室搜索軍人的私邸；幣原內閣透過關係人，從事資料複製與公文重建；外務大臣吉田茂也協助提供外交文件；舊陸軍也在一九四六年一月下旬，將「藏匿道長野縣上田市的參謀本部文件」送還東京。（美山要藏《從廢墟的昭和出發》）

《朝日新聞》的司法記者野村正男說：「同盟軍……死命地探索燒剩的殘件，從彼處、此處蒐集，……才得首次提出法庭上的證據。這當中也有陸軍的「滿密大日記」（由陸軍大臣官房長官所保管的九一八事變的秘密文件）從樞密院的深處，點滴不留地把會議紀錄取出。」（野村正男《被審判的日本》）

接著前內大臣木戶幸一提供其日記。如同前東京帝國大學政治學教授矢部貞治所評價，「當真是不得了的文件」，「今上（天皇）身邊的高層動向唾手可得」，成為檢察方搜查與舉證的重要關鍵。（《矢部貞治日記．欅之卷》）

話說如此，燒毀文書此愚蠢之舉，並非完全沒有影響。

首先，不僅僅是檢察方陣營，辯護方也為此苦惱。前陸軍中將佐藤賢了稱：「檢察官與法官大罵湮滅證據（燒毀文件）的舉動，就連我們被告……也痛切感嘆，如果全部整理就緒該有多好。」（佐藤賢了《大東亞戰爭回顧錄》）

再者，由於資訊的核心不在公文而在約談報告，本來提出一封公文就能解決的問題，往往不得不透過過冗長的宣誓供述書與自白來舉證，此為東京審判曠日廢時的主因。

◎「共謀」的法律優勢

檢察陣營第一項政策課題為：起訴期間的起訖點為何？

美國的檢察官們特別重視珍珠港攻擊。然而他們不得不遵照「SWNCC五七／三」的政策，同時追溯至九一八事變。

此外尚有一項基準。美國陸軍軍法署（JAG）戰爭犯罪局在九月十一日的「計畫備忘錄」提案，依據「紐倫堡審判的一致性」來謀畫對日起訴方針。其稱，「一九四一年十二月七日（珍珠港攻擊）之前的不特定時期中，被告等開始擘畫或謀求確立以日本完全支配亞洲，乃至支配世界目標的共通計畫」，「透過這樣的擘畫或謀求，被告等發動違法的侵略戰爭」，「在戰爭的進行中，被告們違反陸上及海上的人道法、國際法、戰爭法規慣例」，因而予以起訴。（JAG文書）

為此，早在一九四五年十二月二十七日的國際檢察局（IPS）會議中商議出起訴大綱——被告施行侵略戰爭的計畫、準備、開始與執行，以支配亞洲領土、政治、經濟的為目的的「共謀」，始於一九三〇年前後。

這裡要注意的是，第二章也提及的「共謀」。

共謀是英美法（普通法）特有的犯罪概念。為達成違法的目的——或者，目的本身雖非違法，但手段是違法的——經由兩者以上的「合意」，將此視為獨立的犯罪。由於合意的存在，從間接的狀況加以推定證明即可，在證據要件上相對寬鬆，若有參加聚會出席等形成合意的事實，便已足矣。被告須對共謀結束前，或中止共謀前為止的所有行為加以負責。

如此，一旦舉證可得確認，僅部分涉及計畫者亦為有罪。稍加對照日本的刑法，雖然相似於大陸法系的共犯概念，但僅有「合意」便為犯罪的共謀，與以犯罪的「實行」為構成要件的共謀共同正犯（未遂罪也以「動手」為必要條件）有別。

如此將共謀加諸於戰犯問題，乃華盛頓方面在爭執戰犯處理方法時——即一九四四年九月——由於反對財政部長摩根索的即決處刑論，陸軍部長史汀生命令陸軍部制訂戰犯審判政策。擔任實際工作者為參謀第一部特別計畫課長默瑞·伯內斯上校（戰時律師），在同年九月十五日導入共謀的概念。按此概念，「戰前的殘虐行為」亦可審判，甚且可以處罰大多數的納粹戰犯。

擁有檢察官實務經驗的史汀生，對為了對抗「惡」而共謀的伯內斯提案大加著迷。接著，十月時，很可能在史汀生的指示下，陸軍部的基本方針改變為：不僅殘虐行為，

「侵略戰爭的發動」也適用共謀。在國際政治上，「審判」或「法」擷取並導入了國內法體系合宜的部分。

◎採用陰謀論史觀

接著，東京審判援用「共謀」，有以下幾點好處。

一、對在舉證上有所困難的日本來說，期待共謀的法律特質能比德國發揮效果。

二、若有「共謀」參與者這樣的結構，更容易推斷出潛在被告。

三、「共謀」對檢察方來說，作為日本政治外交上的概括是有用的。依據此「認識與說明的工具」在政治上的優點，檢察方描繪出擬制的邏輯＝陰謀史觀，也就是日本「以民族的優越觀來支配世界」、追求「全體共謀」的最終目標——隨著九一八事變、滿洲國建國、退出國際聯盟、中日戰爭、確立大東亞共榮圈的進程，支配目的朝向亞洲、太平洋、世界階段性的擴大。

此論述的推手為先前的陸軍部方針以及紐倫堡起訴書，後者將納粹的共謀斷為「始於一九一九年國家社會主義德國工人黨（納粹黨）成立，終於一九四五年敗戰為止」。簡言之，即出自「納粹的類推」。

這種陰謀論史觀，無論時代與場所，俯拾即是。美國政治史上抨擊「陰謀集團」的事例所在多有。二〇〇七年，作家薩爾曼．魯西迪（Salman Rushdie、《魔鬼詩篇》作者）被英國授予爵士爵位，伊朗外交部批評這是「西方部分國家有計畫行動的一環」。（《朝日新聞》二〇〇七年六月十八日）由於往往將敵對勢力的行動視為「陰謀」，因此「共謀」論更具說服力。

當然，日本大規模征服的「共謀」實際上並不存在。「共謀其事……分屬最陸離且難信者之一。或多或少，不過是就最近十四年間相互孤立且無關的各事件，收集並加以羅列而已。」透過上述山岡喬治（George Yamaoka）的說明，更容易理解。（《共同研究帕爾判決書》）然而，東京審判導入「共謀」，是由於法律與政治利益、與德國間的一致性乃至輕率類推納粹所致。接著，這個起訴方針將意味，檢察方將面對著難題，證明日本具有長時間且一貫的侵略意圖。這也是審判曠日廢時的原因之一。

又，國際檢察局（IPS）沒有採用紐倫堡般「犯罪組織」的起訴方式，而是單以「個人」為起訴對象。話說回來，默瑞．伯內斯之所以採用共謀說，是因為紐倫堡審判中，親衛隊（SS）與秘密國家警察（GESTAPO，蓋世太保）得以被認作「犯罪組織」的話，後續審判中相關組織成員也自動成為「共謀者」而獲罪。東京的國際檢察局，起初雖也預定以「組織起訴」為之，稍加調查後，發現玄洋社與大政翼贊會的組織和納粹的不同，僅為單純的「宣傳」機構。英國也反對以「組織」來起訴。

◎審判所憲章的公布

檢察方也被要求，和起訴書一起制定審判基本法——審判所憲章。雖然這樣的工作委託給審判當事者的檢察方甚為奇特，但其為「SWNCC五七／三」賦予麥克阿瑟的代理機關＝檢察方的任務。

一九四六年一月十九日，麥克阿瑟透過《倫敦協定》設置國際軍事法庭，並公布涵蓋規定法庭組成、犯罪管轄、審判等等的《遠東國際軍事法庭憲章》（Charter of the International Military Tribunal for the Far East）。此憲章在關係國代表未抵達日本的狀況下，由六名美國職員以《國際軍事法庭憲章》為藍本而起草，但可從中指出以下幾點歧異之處。

一、《遠東國際軍事法庭憲章》第五條：賦予法庭審理、處罰因「包含反和平罪」

遭起訴之被告。也就是說，被告非得以「反和平罪」加以起訴不可。紐倫堡審判無這樣的限制，這是因為東京審判特別重視開戰責任的關係。

二、又在第五條「反和平罪」的定義中，加上「未行宣戰布告的侵略戰爭」。這是為了處理九一八事變、中日戰爭等「事實上的戰爭」。

三、麥克阿瑟任命審判長及一名首席檢察官。在檢察官的選任上，美國以外關係國選派者，僅為輔佐首席檢察官的陪席檢察官（在紐倫堡審判中，美英法各自任命首席檢察官）。

四、東京審判並未採用紐倫堡（四名法官）的備位法官制度。因為本來已有九名法官，麥克阿瑟從而在前年末高倡「不要預備法官」論（基南的意見）。然而，這樣下去由於存在辯護律師攻擊法官缺席之虞，在一九四六年四月二十六日的憲章改正中，追加缺席法官的復歸審判規定。

五、第四條b，法官團所有的決定由「出席法官過半數」決定。在草案階段中，評議、量刑部分則與紐倫堡審判相同，由「現任法官全員過半數」決定，但因病缺席的法官是否屬於「現職」不無疑問。由於麥克阿瑟希望能儘早解決，遂修正為「出席法官」。

六、或許和不起訴天皇有關，第六條消除在《國際軍事法庭憲章》中「國家元首」不得成為免責事由的相關文句。

七、訴訟程序以「英美法」（普通法）為準據（紐倫堡審判因為法國的主張，而混用了大陸法）。但在第十三條 a 中，就像「本法庭不受與證據相關的法律技術性規則拘束」所載的一樣，考慮到日本證據不足，迴避了英美法嚴格的證據規章。

八、第九條為避免語言過多而使通譯、翻譯過於繁雜，法庭使用的語言以英文和日文為限（紐倫堡審判則使用英文、法文、俄文、德文）。

九、未採用紐倫堡審判「犯罪組織」的審理方式。

十、雖然紐倫堡審判中「在缺席的情況下就做出審判」是可能的——如馬丁・鮑曼（Martin Bormann）缺席審判而被判處絞刑——但《遠東國際軍事法庭憲章》並未認可缺席審判。

如上所述，東京審判與紐倫堡審判歧異之處多因參加國的數量、日本的特殊情況、乃至「SWNCC 五七／三」的美國主導論所生。

2・被告與起訴事由的確定

◎「這真是豈有此理的工作」

一九四六年二月二日英國代表抵達日本後，各國檢察官陸續加入，成為名副其實的「國際」檢察局。

首先讓大英帝國暨英聯邦檢察官陣營感到驚訝的是，美國檢察官陣營的起訴狀草案——一九四六年二月四日的美國草案中，開頭即為美英中蘇四國與「日本帝國政府」起訴「東條等人」，如此衝擊的形式。

將日本政府作為原告者的是美國代表檢察官約瑟夫・貝瑞・基南，他認為：為存續日本政府所施行的「間接統治」占領型態，若將日本政府列入原告，天皇自當參與其中，從而得以確保天皇之無虞。其次，或許是基南誇大其辭，日本政府對此原告構想也積極以對。於此，可以免除「勝者的報復」的批判。

然而在英聯邦諸國的強力反對下，這構想便消失了。英聯邦批評道：如此將給予世人「日本國家本身是無辜的」此錯誤印象。紐倫堡審判並未將德國視為原告，如此

右：英國檢察官亞瑟·柯明斯·卡爾（Arthur Strettell Comyns Carr），中：美國檢察官約瑟夫·貝瑞·基南（Joseph Berry Keenan），左：加拿大法官愛德華·史都華·麥克杜加（Edward Stuart McDougall）。

將產生待遇上的差別。戰敗方的日本與戰勝國平等相對，將不為同盟國國內輿論所容許。

進一步讓英國驚訝的是，美國檢察官陣營的工作狀況。美國人僅僅大量收集無關資訊，且未就資訊與被告個人如何連結進行檢討。訊問也都只是自我正當化或以東洋人含糊來回答。英國檢察官亞瑟·柯明斯·卡爾（Arthur Strettell Comyns Carr，一八八二年生、御用大律師）日後便以「這真是豈有此理的工作」而向倫敦發出不平之鳴。

然而，在英聯邦批判的背後，「檢察官地位的低落」亦應加以考量。依據二月十三日向基南發布的文件內容顯示：首席檢察官基南在一月十九日所公布的憲章中，成為同盟國正式且唯一的首席檢察官。因此美國以外的代表檢察官僅為「陪席檢察官」，雖然擁有提出本國政府看法、選定被告、提出證據等等權利，終究只是輔佐角色性質。英聯邦的檢察官們，對基南身後不時浮現的麥克阿瑟身影，不由得感到不快。

英聯邦檢察官陣營覺悟到，繼續這樣下去放任給美國人處理，工作將無所進展，因此試圖使檢察官以組織為單位來行動。其後，三月二日設置執行委員會（各國檢察官全體為當然成員）。

◎檢察官本位的天皇問題

澳大利亞檢察官亞倫・詹姆士・曼斯菲爾德（Alan James Mansfield，一九〇二年生，開庭時四十三歲，任昆士蘭州最高法院法官）在抵達日本後的二月十一日，向國際檢察局（IPS）提出包含昭和天皇在內的本國戰犯名單（共計二十四名）。可謂澳大利亞貫徹起訴天皇的方針。

但基南露骨地暗示麥克阿瑟的意向，反對追訴天皇。他在審判結束後的一九四八

澳大利亞檢察官亞倫・詹姆士・曼斯菲爾德（Alan James Mansfield）

年十一月下旬，向傳媒表示：「天皇開戰意向微弱，且是在和平主義者的輔弼下行動，所以沒有應予起訴的證據。本人雖想以證人之姿出庭，但英國反對。又有謂，麥克阿瑟若出庭則意味，天皇將以自身承擔責任，大英帝國持論與此相同。」（安倍源基《巢鴨日記》）正因為東京審判未起訴天皇，便能自證「天皇沒有戰爭責任」。順帶一提，一九八九年二月十四日，法制局長味村治（後任最高法院法院法官）也在參議院內閣委員會中，以同樣的說法表明「昭和天皇在國際法上的戰爭責任問題已經完結」。

然而檢察方內部並非如此單純。

依據澳大利亞的外交文件，事實上國

際檢察局就天皇問題曾進行非公開討論。在「若起訴，天皇則可為有罪」這點上，意見相當一致。但，這樣一來認為應該起訴天皇者，僅有澳大利亞的曼斯菲爾德。相對於蘇聯檢察官想強行起訴天皇，他國檢察官應該團結一致，為此基南試圖說服曼斯菲爾德改弦易轍。然而曼斯菲爾德在明知事不可為的情況下，於四月八日的陪席檢察官會議中，正式提案起訴天皇。對此，基南再度動用麥克阿瑟的否決權，才換得檢察官不起訴天皇的合意。

澳大利亞外交部一方面認同曼斯菲爾德起訴天皇的提案，另一方面在四月九日訓令若檢察方決定不起訴天皇則「不應有任何公開抗議」。這展現貫徹天皇追訴論的同時，也展現決定不起訴後便不應再起爭議的政府態度。也就是說，四月三日合意作成的「FEC〇〇七／三」，經由其中的諒解事項，澳大利亞接受不予起訴天皇一事。

◎與預期相反的蘇聯

蘇聯檢察官陣營抵達日本之時為四月十三日，然而與預期相反，蘇聯並未要求追訴天皇。

日本在雅爾達會議中已畫歸「美國勢力範圍內」，深明戰術之妙的蘇聯總理約瑟夫・維薩里奧諾維奇・史達林（Joseph Vissarionovich Stalin），並無意於此孤注一擲。如同基南所洞悉，蘇聯尚未有足夠力量與美國抗衡，政策方針也較為彈性。

分析舊蘇聯時期官方文件的阿列克西・基里欽科（Alexei Kirichenko）表示，蘇聯共產黨中央委員會政治局反覆檢討天皇問題，決定了「不主動提起將昭和天皇列入被告名單的問題。但，由他國代表提其該問題時，予以支持」的政策。（基里欽科〈給東京審判的克里姆林秘密指令〉）蘇聯同意「FEC〇〇七／三」中的諒解事項，正是緣此之故。

決定不起訴天皇的消息迅速傳遍日本，被告等人為之放下心中大石。然而真正得以確信天皇無憂，實為迎接《日本國憲法》（又稱《戰後憲法》、《和平憲法》）公布時。

一九四六年十一月三日的明治節[02]，在皇居外苑的「日本國憲法公布紀念祝賀都民大會」中，天皇與皇后「在群眾萬歲歡呼的風雨中挺立」，見到此情此景，重光與木戶一致表示：

「我想如今已經沒問題了」（重光）

「已經沒問題啦，如今總算漸漸能感覺到戰爭結束了。」（木戶）（重光葵《巢鴨日記》）

又，憲法施行日為東京審判開庭後一周年，即一九四七年五月三日。

◎應該起訴「關鍵」責任人

第二項政策課題為：「起訴誰」。

紐倫堡審判是以英國的十人名單為基礎，審議他國的追加提案後，才完成被告的選擇。英國主張限制被告人數，美蘇法三國則主張追加軍人及資本家。接著在一九四五年八月二十九日，公布前國家元帥赫爾曼．戈林（Hermann Göring）等二十四人名單，並於十月十八日起訴。

英國在東京審判時，也以「身分」為基準，將具有開戰及殘虐行為責任者列入名單，在一九四六年一月如同紐倫堡審判般指定十人為被告。英國的選擇基準為一般性的知名度，而非檢視證據後的結果。受世界所矚目的國際軍事審判，竟以「知名度」

為重。

若採用共謀的基準，那麼軍需工廠勞工勢必也將成為侵略戰爭的共犯，被告將大幅增加。然而，在現實的審判中，單次能起訴的人數受到限制，英聯邦檢察官陣營將被告限縮在十五名到二十名，期望儘早結束審判。舉例來說，英國的檢察官克里斯瑪・韓福瑞（Travers Christmas Humphreys，生於一九〇一年，中央刑事法院的初級代表律師）在三月二日的國際檢察局（IPS）會議中表示，基本方針為在一九三一年到四五年間，分成十五至二十個案件，選擇各事件的「關鍵」責任人。試圖以「最小範圍的人」涵蓋「最大限度的範圍」。

然而「關鍵」與「代表」在各國的界定中並不相同。相對於美國因為珍珠港的緣故，希望起訴東條內閣閣員，英聯邦諸國、中國、澳大利亞、法國與菲律賓則將重點放在殘虐行為的處罰上。

執行委員會選定被告的基準為：

一、可以「反和平罪」起訴者。

二、各階段與各職位的代表人。

三、有證據證實實際有罪者。

在前面的綱要再加上：

四、積極參與侵略共謀者，或於應反對時而未反對者。

舉例來說，廣田弘毅針對起訴前的約談，向家人坦率直白地表示「這不是審判」。也說：「即使檢察方嘗試做了其他的調查，還是沒有找到可被視為是挑起這場大戰的人，頂多說出『你就是躲在幕後操縱大家的人吧！』或『你應該是黑龍會的秘密成員吧！』諸如此類的話。」（廣田弘毅傳記刊行會編《廣田弘毅》）然而，在約談的過程中，並未發現可將廣田視為「侵略的煽動者」的資訊。調查官在明知如此的情況下，仍然勸告應該以「陸軍的追隨者」起訴在擔任首相時讓軍部大臣現役武官制復活的廣田。此時與廣田形成對比的是「反抗陸軍」的幣原喜重郎。（IPS文書）

◎為何石原莞爾未被送交審判

在此應問，為何九一八事變（滿洲事變）的首謀石原莞爾連逮捕都沒有，而板垣征四郎卻遭起訴？

木戶幸一在一九四六年一月的約談中，表示石原為「九一八事變的關鍵人物」；

當時檢察方也掌握到，石原正於東京通信病院療養中。然而搜查本身未臻充分：無法出庭的健康狀態是不宜審判的要因，此外也可能考慮了石原與陸軍士官學校（陸士）早四期的東條對立，從而被編入預備役一事。而中國外交部，至少在一九四六年二月第二份名單中，都未將石原提報為戰犯。

其後在一九四七年五月，以紐西蘭法官艾瑞瑪・哈維・諾斯克羅夫特（Erima Harvey Northcroft）為首，與律師、檢察官、新聞記者等共八十餘人，前往山形縣酒田，審訊和疾病奮鬥中的石原。

被辯護方當成「王牌」期待的石原，面對檢察官質問是否將九一八事變時「日本軍的行動稱之為自衛」？他肯定回答：「是。」並避重就輕地說：「敵人（中國守軍）先行攻擊我軍」。石原進而在宣誓供述書中，說明下述的一九三一年九月十八日柳條湖事件。

「十八日晚上十點過後，奉天北大營西側暴戾的支那（中國）部隊破壞滿洲鐵路線，襲擊我方守備軍，從而爆發衝突……」知道此第一封軍機電報……研究善後對策。……我身為作戰主任，向本庄（繁）將軍陳述己見。本庄司令官闔上雙眼，沉思

由看護陪同出庭的石原莞爾。

默想約五分鐘，張開眼之後……「好，就讓本官（本人）來負責吧！」本庄司令官以堅定的決心下了結論，幕僚全員紛紛肅然感慨。（高木清壽《東亞之父石原莞爾》）

吾輩今時今日已知，是經石原的縝密計畫與周全準備，九一八事變才被「製造」出來。然而東京審判時，此一事實尚未明確。

主要原因是，檢察方並未掌握事件真相，又因九一八事變時的關東軍司令官本庄繁自裁，轉而將重點擺擔任高級參謀的板垣大佐，而非關東軍作戰主任參謀石原中佐。中國檢察官陣營抵達日本後，認為板垣是九一八事變的計畫者，認定板垣歷任滿洲國執政顧問、關東軍參謀長、第五師團長，在「侵略戰爭中擔任積極的角色」，以「虐殺數十萬中國百姓」的責任人身分被起訴。

板垣因為地位與殘虐行為的雙重原因而成為「關鍵人物」，代替了石原。

◎二十八位報告的確定

執行委員會從三月十一日起開始被告的決定作業。基本上由多數決決定，在正反意見票數相同的情況，則將決定權交給提案的檢察官。

舉例來說，三月二十一日選定東條、東鄉等七名被告，尤根・奧特（Eugen Ott）則被免除於被告之外。又，有未逮捕就直接起訴而被檢討的案例，也有如重光葵等人未遭逮捕，便於三月二十日合意不起訴者。（日暮吉延《東京審判的國際關係》第三章表格）

四月四日，留下了後述的二十九人名：

荒木貞夫　土肥原賢二　橋本欣五郎　畑俊六　平沼騏一郎

廣田弘毅	星野直樹	板垣征四郎	賀屋興宣	木戸幸一
木村兵太郎	小磯國昭	松井石根	松岡洋右	南次郎
武藤章	永野修身	岡敬純	大川周明	大島浩
佐藤賢了	嶋田繁太郎	白鳥敏夫	鈴木貞一	東鄉茂德
東條英機	石原莞爾	真崎甚三郎	田村浩	

接著在四月八日的陪席檢察官會議中，石原、真崎、田村被排除在外，「最終決定」二十六名被告，並於四月十日向麥克阿瑟報告。

然而蘇聯檢察官並沒未參與這項決定。各國檢察官雖然擔憂蘇聯或恐否定既決事項，但四月十三日抵日的蘇聯代表卻意外溫和。

莫斯科共產黨中央委員會政治局在一九四六年三月二十日，接受研議東京審判機關——「特別秘密委員會」的建議，以此責成代表檢察官為之。（基里欽科前述論文）

蘇聯的陪席檢察官謝爾蓋・戈倫斯基（Sergei Alexandrowitsch Golunski，一八九五年生，前外務人民委員會條約局長）是特別委員會委員長安德烈・維辛斯基（Andrey Januaryevich Vyshinsky，外務次長）的心腹，按此指令，當面要求追加被告，並起訴

一九四七年五月一日，於山形縣酒田市商工會議所，進行石原莞爾的證人聆訊。右側座位上的人物是石原。正面中央為紐西蘭法官諾斯克羅夫特。

張鼓峰事件（一九三八年）以及諾門罕事件（一九三九年）。

蘇聯的名單候補，幾乎都在上述二十六人名單中，戈倫斯基後來在四月十七日的陪席檢察官會議中，提案起訴鮎川義介（實業家）、重光葵、梅津美治郎、富永恭次（陸軍中將）、藤原銀次郎（實業家、工商大臣），這當中成功追加重光與梅津。

重光在任蘇聯大使時，對張鼓峰事件時態度強硬，遭到蘇聯的嫌惡。梅津自一九三九年到四四年擔任關東軍司令官。重光、梅津在三月下旬免除於被告名單外，卻在各國檢察官的多數認為之下——重光以六比四、梅津在第二次投票中以五比三——讓步給蘇聯。

張鼓峰、諾門罕兩事件時，任關東軍司令官的植田謙吉陸軍大將，在軍職身涯應該表現不佳吧。總之，東京審判的被告確定為二十八名。

◎陸軍與東條的相關

綜觀二十八名被告成員，以一八八〇年代出生者為主，另有一八九〇出生之橋本、星野、武藤、岡、佐藤等五人。最年長者為平沼（開庭時七十八歲），最年少者為佐藤（開庭時五十歲）。

除了在野的大川外，全員皆出身自高級官僚，軍官將校無例外都是陸軍大學、海軍大學等菁英中的菁英。

關於被告選定的特徵，首先，說到荒木、土肥原、小磯、橋本、板垣、南、大川的話，則可發現檢察官陣營意圖將九一八事變起的「全盤共謀」涵蓋在內。

小磯前首相的起訴理由，與軍務局長時代的滿洲有關係。又，非軍人身分的大川被視為「共謀」成立時「思想創始者之一員」；或許大川被當成相當於提倡反猶太言

姓名	生年	學歷、入省年等	階級、職稱
武藤章	1892	陸士 25 期（陸大 32 期）	中將、陸軍省軍務局長、 近衛師團長
永野修身	1880	海兵 28 期（海大 8 期）	大將・元帥、海軍大臣、 軍令部總長
岡敬純	1890	海兵 39 期（海大 21 期）	中將、海軍省軍務局長
大川周明	1886	東大畢業	國家主義思想家
大島浩	1886	陸士 18 期（陸大 27 期）	中將、德國大使館武官、 駐德大使
佐藤賢了	1895	陸士 29 期（陸大 37 期）	中將、陸軍省軍務局長
重光葵	1887	東大畢業、1911 年外務省	駐蘇聯大使、駐英大使、 外務大臣
嶋田繁太郎	1883	海兵 32 期（海大 13 期）	大將、海軍大臣
白鳥敏夫	1887	東大畢業、1914 年外務省	外務省情報部長、駐伊大使
鈴木貞一	1888	陸士 22 期（陸大 29 期）	中將、陸軍省軍務局支那班長、 東條內閣國務相、企畫院總裁
東鄉茂德	1882	東大畢業、1912 年外務省	駐德大使、駐蘇聯大使、東條內 閣外務大臣
東條英機	1884	陸士 17 期（陸大 27 期）	大將、首相（內閣總理大臣）、 陸軍大臣、關東軍參謀長、 陸軍次官
梅津美治郎	1882	陸士 15 期（陸大 23 期）	大將、支那駐屯軍（中國駐屯 軍）司令官、陸軍次官、 關東軍司令官、參謀總長

註：東大（東京帝國大學）、京大（京都帝國大學）、陸士（陸軍士官學校）、陸大（陸軍大學校）、海兵（海軍兵學校）、海大（海軍大學校）

被告一覽表

姓名	生年	學歷、入省年等	階級、職稱
荒木貞夫	1877	陸士 9 期（陸大 19 期）	大將、陸軍大臣
土肥原賢二	1883	陸士 16 期（陸大 24 期）	大將、奉天特務機關長、第 7 方面軍司令官
橋本欣五郎	1890	陸士 23 期（陸大 32 期）	大佐、參謀本部俄羅斯班班長、野戰重砲兵第 13 連隊長
畑俊六	1879	陸士 12 期（陸大 22 期）	大將・元帥、陸軍大臣、中支那派遣軍（華中派遣軍）司令官
平沼騏一郎	1867	東大畢業、1888 年司法省	首相（內閣總理大臣）、樞密院議長
廣田弘毅	1878	東大畢業、1905 年外務省	首相（內閣總理大臣）、外務大臣
星野直樹	1892	東大畢業、1917 年大藏省	國務院總務長官、企畫院總裁、東條內閣書記官長
板垣征四郎	1885	陸士 16 期（陸大 28 期）	大將、關東軍參謀、陸軍大臣、第 7 方面軍司令官
賀屋興宣	1889	東大畢業、1917 年大藏省	東條內閣大藏大臣
木戶幸一	1889	京大畢業、1915 年農商務省	內大臣、文部大臣
木村兵太郎	1888	陸士 20 期（陸大 28 期）	大將、陸軍次官、緬甸方面軍司令官
小磯國昭	1880	陸士 12 期（陸大 22 期）	大將、陸軍省軍務局長、首相（內閣總理大臣）
松井石根	1878	陸士 9 期（陸大 18 期）	大將、中支那方面軍（華中方面軍）司令官
松岡洋右	1880	奧瑞岡州立大學畢業、1904 年外務省	外務大臣
南次郎	1874	陸士 6 期（陸大 17 期）	大將、陸軍大臣、關東軍司令官、朝鮮總督

論的思想家尤利烏斯・施特萊徹（Julius Streicher）那樣看待。此外，相較於海軍三人，實際上出身自陸軍者有十五人。顯然陸軍被視為主導「共謀」的「軍閥主軸」。

再來，東條內閣的相關人員也受到矚目。

松崗、白鳥，乃至陸軍出身的大島，因身為日德義三國同盟責任人而被起訴。木戶為催生東條內閣之父，星野、賀屋、鈴木、東鄉、乃至海軍大臣嶋田為開戰時東條內閣的內閣成員。也因此，可以看出與東條親近的木村、佐藤、武藤三人，包含開戰後身為東條內閣外務大臣的重光在內，共有十名與東條有關係，反映了美國對珍珠港事件的重視。

◎「替換說」妥當嗎？

然而針對重光、梅津的起訴，如戰史作家兒島襄所示，有所謂的「替換說」。依據兒島的說明，戈倫斯基在四月二十二日，要求將重光、梅津加入「二十八名」被告中並起訴，暗示若遭基南拒絕，將不參加審判，「強烈地要求替換」。困惑的基南和麥克阿瑟商討後，同意將阿部信行、真崎甚三郎換成重光、梅津，對蘇聯的提案讓步。

（兒島襄《東京審判》）

然而實際上並不存在將「阿部、真崎」換成「重光、梅津」這樣的事實。最初點明此事者為粟屋憲太郎，但是，若要說為何兒島誤認事實，這都是因為錯信重光葵《巢鴨日記》在一九四七年六月六日的記錄。

依據出入檢察室的田中隆吉少將所傳來的檢察部消息，在起訴甲級戰犯前，蘇聯檢察官抵達日本後，主張將天皇作為戰犯起訴，遭到美國反對。接著強烈主張在甲級二十八人名單（座位有限制）中，剔除阿部、真崎兩位大將，代以重光、梅津，基南檢察官遂與之妥協。

雖然並不清楚田中隆吉本身是否相信，但蘇聯並未主張起訴天皇，從而「替換」說為誤。

話說回來，田中在檯面下所提供的情報疑點甚多。一九四七年十月二十九日片山哲內閣時期的外務大臣蘆田均，也從田中處聽到：「基南歸國之際，受杜魯門總統處獲得，在陛下有罪時無妨起訴的權限。」但杜魯門不可能支持起訴天皇。又依據木戶的自白書顯示，英國與荷蘭的檢察官「頑強主張」起訴陛下，卻遭基南反對，因此這樣的訊息大抵難以信任。（《蘆田均日記》第二卷）

田中多半有意圖引出「天皇的『保留』問題」。經由重光的獄中日記，田中的虛偽情報，藉兒島的著作廣泛流布。

◎以什麼罪名來起訴呢？

最後的課題是「以什麼罪名來起訴」。於此，先就一九四六年四月五日執行委員會所示的亞瑟·柯明斯·卡爾起訴狀，舉四點來看。

第一點：「反和平罪」的共謀分成五項。

一、涵蓋一九三一年至一九四五年間，所有時間點與所有起訴國的「全盤的共謀」。

另外「個別的共謀」則分為四個時期，分別為：

二、九一八事變（滿洲事變）。

三、中日戰爭。

四、日德義三國同盟。

五、對全同盟國的戰爭。

如此細分共謀，以這樣的架構來處理，是為了預防辯護方可能以「太過廣泛」來抗辯。又，從田中義一內閣至鈴木貫太郎內閣，總計有十七個內閣，法官或許會認可個別而連續的共謀。又，英國檢察官、著名的律師亞瑟・柯明斯・卡爾本身對「反和平罪」抱有疑慮，認為其係事後法。

第二點：以「通例的戰爭犯罪」來追究東京領袖（文官與軍人）的殘虐行為責任。此舉背景為：有關諸國為使本國輿論滿意，主張重視殘虐行為。又，影響「反和平罪」成立與否的舉證相當困難，乃至對事後法有所疑慮。國務院在一九四五年四月，認為若要判處軍政領袖死刑，則有以殘虐行為來定罪的必要。一九四六年一月的倫敦，由於無法接受所有人都因為「反和平罪」判處死刑，認為遠東國際軍事法庭應該以違反戰爭法來處理。基南在同年三月五日向麥克阿瑟提及，若被告雖未犯「反和平罪」，但若違反戰爭法，仍得處以「極刑」。從而「通例的戰爭犯罪」為正當化死刑所不可或缺者。

◎為了填補「殺人」

第三點：東京審判獨自設計了「殺人」的起訴理由。但是在紐倫堡與東京兩憲章中，都見不到「殺人罪」的字樣，這到底是怎麼一回事呢？實際上，麥克阿瑟審判東條內閣成員「殺人」的構想雖遭駁回，但其並未捨棄執念，希望檢察方以「等同於殺人」列入起訴理由，來追究珍珠港攻擊事件。此造成中國等也得以「殺人」作為起訴理由。

第四點：「危害人類罪」喪失單獨存在的價值，而成為「殺人」及「通例的戰爭犯罪」的補強手段。然而在四月二十六日的憲章改正中，「危害人類罪」的定義消除「對所有一般住民」的字樣。

當時的「危害人類罪」是以對本國國民、無國籍者為主的「對一般住民的行為」，本來就被認為不適用於日本。從而一旦消除「一般住民」的字樣，「危害人類罪」亦無用武之地。然而若要論為何「危害人類罪」未被刪除，多半因為同盟國追求紐倫堡與東京審判的「一致性」，為此無法予以消除。另外也是為了當成欠缺法律根據之「殺人」的後盾。

中國檢察官向哲濬

對於這樣的起訴方針，荷蘭、法國、菲律賓、中國等「非英美法系」的檢察官們，批判東京審判帶有太過強烈的英美法色彩，為了保險起見，要求將殘虐行為追加為起訴理由。例如中國檢察官向哲濬（一八九六年生，畢業於耶魯大學，上海高等法院首席檢察官）不滿意起訴理由僅有南京大屠殺的「殺人」，希望追加廣東、漢口等六地區的殘虐行為；蘇聯也主張為張鼓峰、諾門罕兩事件為「侵略戰爭」，列進「反和平罪」的起訴理由中。

在此綜觀起訴狀的製作過程。英聯邦檢察官陣營批判早先美國的作法，領銜起草起訴狀。以致起訴狀帶有強烈的英美法色彩，此舉引來非英美法系國家的反對，在最後階段因應各國的利益增加了起訴理由。

◎「這寫法令人訝異的麻煩複雜！」

東京審判的起訴狀，於一九四六年四月二十九日的天長節[03]時提出於法庭，同時送達被告。該起訴狀前文以下述知名的糾彈開始——「日本對內對外的政策由犯罪的軍法所支配及指導。此政策成為嚴重的世界紛爭以及侵略戰爭的原因，也成為大幅損毀各國愛好國民的利益、乃至日本國民自身利益的原因」。其後另有五十五項的訴訟理由（紐倫堡只有四項）。

這個起訴狀，如同矢部貞治所驚嘆：「這寫法令人訝異的麻煩複雜！」難以理解英美法模式的複雜構造。話說回來，非難的對象是被告或者日本全體，依據解讀方法的不同，容有曖昧的空間。以下為起訴狀的重要部分。

關於這點，辯護律師菅原裕表示，檢察方因為「田中奏摺」的存在而大為樂觀。（菅原裕《東京審判的真面目》）雖然所謂的「田中奏摺」是「首相田中義一上奏的滿蒙侵略政策」，是煽動各國對日本警戒的偽書，但依據搜查課長羅伊・摩根（Roy

Morgan）一九四六年二月二十五日的記錄，曾是「極密情報提供者」的共同通訊社記者加藤萬壽夫——共同通訊社被盟軍最高司令官總司令部（GHQ）指定為東京審判記者團的幹事——如此對檢察方陳述：日本人相信「田中奏摺」是在田中義一指示下所寫成的真品，而「針對田中義一的指示訴說真相的是松岡洋右和小磯國昭」。（IPS文書）

然而，在其後一九四六年八月二日的公開審判中，外交官森島守人對辯護方的質問答以：「明白其為（田中奏摺）偽物一事。」判決亦未提及田中奏摺一事。

話雖如此，一般「共謀」的舉證，是由顯示「陰謀」存在的證據，來「推論」施行犯罪的「共同計畫」。為此檢察方自信，很容易舉證一九二八年到四五年間的「共謀」。

◎五十五項起訴理由

五十五項的起訴理由，可大略分為三類。（日暮吉延《東京審判的國際關係》）

第一類的「反和平罪」為侵略戰爭與違反條約的戰爭（兩者近乎一致）：

起訴理由1～5為「共謀」

起訴理由6～17為各國的戰爭「計畫」與「準備」

起訴理由18～26為「開始」

起訴理由27～36為「執行」

第二類的「殺人」內容為：

起訴理由37～38為殺人的共謀

起訴理由39～43珍珠港攻擊外，開啟太平洋戰爭時的殺戮

起訴理由44為陸上、海上大量殺戮的共謀

起訴理由45～50為南京大屠殺外的虐殺事件

起訴理由51～52則與蘇聯有關

第三類「通例的戰爭犯罪」及「危害人類罪」為：

起訴理由53為違反戰爭法的共謀

起訴理由54為上述之實行

起訴理由55為不履行違反戰爭法之防止義務，即不作為的監督責任

透過上述各理由來起訴。特別起訴理由第55項的不作為責任，為紐倫堡審判所無，乃「山下審判」中使用的概念。（參考第三章第一節）其想法本身可以追溯到第一次世界大戰後，巴黎和會的作業委員會，對未防止違反戰爭法的平民、文職人員、軍人、國家元首，提出追究刑事責任的議案，受到歐洲代表們多數支持。

第三類中，本為僅在「戰爭的法規慣例」提及，實質上使用在乙級「通例的戰爭犯罪」的起訴中。然而丙級「危害人類罪」也含混地殘留下來。

基南在檢察方的開頭陳述中，由於「危害人類罪」的定義（殺人、屠殺、奴役……）以殺人為首，並以之為第二類「殺人」起訴理由的根據，將追究日本在中國、菲律賓、荷印（荷屬東印度）時，透過殺害該處平民及非武裝士兵、樹立傀儡政權，來奪取當地主權之事。

之後的公開審判也追究南京大屠殺與在中國實施的鴉片政策，南京大屠殺雖未採用「危害人類罪」，但可由違反戰爭法來涵蓋。起訴狀並未單採「危害人類罪」，而是混合「危害人類罪」與「殺人」，因此東京審判的「危害人類罪」成為難以理解之

被告之該當起訴理由

被告		起訴理由	合計
1	荒木貞夫	1-19、23、25-36、44-47、51-55	41
2	土肥原賢二	1-44、51-55	49
3	橋本欣五郎	1-19、27-32、34、44-47、53-55	33
4	畑俊六	1-17、19、25-32、34-36、44-55	41
5	平沼騏一郎	1-47、51-55	52
6	廣田弘毅	1-17、19-25、27-35、37-47、52-55	48
7	星野直樹	1-17、19-25、27-35、37-44、52-55	45
8	板垣征四郎	1-19、23、25-36、44-47、51-55	41
9	賀屋興宣	1-17、19-22、24、27-32、34、37-47、53-55	43
10	木戶幸一	1-17、19-55	54
11	木村兵太郎	1-17、20-22、24、27-32、34、37-44、53-55	39
12	小磯國昭	1-18、26-32、34、36、44、48-51、53-55	35
13	松井石根	1-17、19、25-32、34-36、44-47、51-55	38
14	松岡洋右	1-17、23、25-36、38-44、51-55	42
15	南次郎	1-18、27-32、34、44、53-55	29
16	武藤章	1-17、19-24、26-34、36-47、51、53-55	48
17	永野修身	1-17、20-24、27-34、37-44、53-55	41
18	岡敬純	1-17、20-22、24、27-32、34、37-44、53-55	39
19	大川周明	1-18、27-32、34、44	26
20	大島浩	1-17、20-22、24、27-32、34、37-44、53-55	39
21	佐藤賢了	1-17、20-22、24、27-32、34、37-44、48-50、53-55	42
22	重光葵	1-18、23、25、27-35、44、48-50、52-55	37
23	嶋田繁太郎	1-17、20-22、24、27-32、34、37-44、53-55	39
24	白鳥敏夫	1-17、27-32、34、44	25
25	鈴木貞一	1-17、19-22、24-32、34-47、51-55	49
26	東鄉茂德	1-17、20-22、24-32、34-44、51、53-55	44
27	東條英機	1-24、26-34、36-44、48-55	50
28	梅津美治郎	1-19、26-32、34、36、44-51、53-55	39

出處：日暮吉延《東京審判的國際關係》

物。此為試圖將紐倫堡的審判結構霸王硬上弓適用於日本後，所造成的失敗案例。

被告的各起訴理由，最多者為木戶的五十四項，其次為平沼的五十二項、東條的五十項，最少者為白鳥的二十五項。

就起訴理由的種類來說，被告全員皆有者是：侵略戰爭的共謀（起訴理由1～5）與計畫準備（起訴理由6～17），九一八事變與中日戰爭的執行、對美國、菲律賓、英聯邦、荷蘭的戰爭執行（起訴理由27～32），「殺人」的起訴理由——在占領地大量屠殺的共謀（起訴理由44），合計共二十四項起訴理由。

又，得免除因違反戰爭法被起訴（起訴理由53～55）者，僅有大川與白鳥。

3．檢察方的舉證邏輯

◎與「最貧窮的日本兵」一樣

一九四六年四月二十二日，幣原喜重郎內閣發表總辭職聲明。但是由於自由黨與社會黨合併失敗，自由黨總裁鳩山一郎遭到公職追放，接著又碰到食糧不足的社會混亂等等，後繼的第一次吉田茂內閣（自由黨、進步黨聯合內閣）終於在五月二十二日成立。

東京審判就是在政權空白時期的一九四六年五月三日於市谷台開庭。紐倫堡為納粹舉行黨大會的所在地，市谷台也在陸軍士官學校遷移後設置陸軍省與參謀本部，是帝國陸軍的象徵性場所。

改造成法庭的是本館的陸軍省大講堂。開庭時的場景如下：

十點三十分過後，日本人的律師團進入法庭。審判席為扇形，裝飾著十一面同盟各國鮮豔的國旗，並有照明投射其上。記者席與正面高一階的貴賓席……百餘名貴賓……為了觀賞戲中戲而聚集在一起。十一點多，首席檢察官基南率領眾多檢察官粉墨登場。兩分鐘後，被告在憲兵的引導下依序入庭。快門聲就像聒絮的蟬鳴般此起彼落……終於，審判長威廉・韋伯（William Flood Webb）及其他法官擺了擺黑色的長袍後就座。范・米特（Van Meter）上尉站在手持木槌的法官席之下，大聲宣布「審判開始」。（野村正男《被審判的日本》）

上 搭乘大型巴士往法庭移動的被告們。前排左起為武藤、梅津、荒木、佐藤。後排左起為東條、松岡、岡、木戶、賀屋。面向正面左起為小磯、永野、松井、大川。（省略橫向說明）

左 朝向市谷台前進的囚車。照片拍攝於判決前一天。

右 排隊等待入庭的被告。左排由前至後為：木村、木戶、賀屋、星野、板垣、鈴木、嶋田、白鳥、東條、岡、梅津、荒木。右排由前至後為：土肥原、畑、廣田、南、橋本、小磯、永野、大島、松井、武藤、平沼、東鄉、重光、佐藤。

當時大多數人都預期，審判不會超過一年。然而澳大利亞籍的審判長威廉・韋伯法官開口便宣示，無論是如何尊貴的被告，將與「最貧窮的一等兵」受到同樣嚴格的審理，從而揭開漫長的審判序幕。

◎大川周明的退場

然而當天午後，法庭上突然上演了一場鬧劇。光著腳不知寫些什麼的大川周明突然往前座東條英機的頭頂，匡的一聲敲了下去。東條只能向大川轉頭報以苦笑。

前年十一月大川曾表示：「竊思憲法改正後，陛下本身將被迫退位。」但自從他在一九四六年四月說出「今後將往趨謁見天皇。……將讓陛下成為支那的皇帝」的言論之後，此後盡是些奇言怪語。甲級戰犯嫌疑人笹川良一寫到：「其人自謂有點瘋狂，但和一般的瘋子不太一樣。」大川的異狀為巢鴨監獄囚犯所周知，這個首次開庭時的騷動，讓大川在隔日被送到病院，也使得一名被告的身影消失於法庭。

大約一年後的一九四七年四月九日，審判團決定將患病的大川排除於審理之外，而繼續施行拘禁。然而，隔天在報紙上獲悉此事的大川，在日記上寫下：「真是意外

法庭內的大川周明（就坐於後方者）。

的結果。」根據大川所言，美籍醫師的診斷書記載：「他在自身辯護的提出方面，對於採取合理的措施具有必要的智力和判斷力。」（大川周明彰顯會編《大川周明日記》）

筆者推測法庭免除審理的決定，是因為加速審判需要減少被告，或許也有必要避免大川在法庭繼續擺弄煽動性的言詞。

接著，在一九四六年五月六日的罪狀否認程序中，大川以外的被告全員主張「無罪」。雖然此手續主張「無罪」並非出格之事，然而卻不見容於時人。例如《每日新聞》的記者在廣播中說：「那些犯罪人，預料他們應該……慚愧悔悟無疑……皆主張無罪……內心也如同主張般可見到……倨傲的態度。」諸如此類宛如「家仇」般的批評。依據德富蘇峰所言，《讀賣新聞》的記者也發出相似之語，可以反映出當時日本人的多數意見。（德富蘇峰《德富蘇峰・終戰後日記》Ⅱ）

◎基南的開頭陳述與檢察方的內部對立

大約一個月後的六月四日，基南在開頭陳述中，精神抖擻地宣布他們是「文明堅決戰鬥的一環」，開啟檢察方的舉證（各階段的舉證參考表格）。

此開頭陳述追溯日本「不義」本質的批判至日俄戰爭。即日本於一九〇四年「在未通知及警告下，攻擊旅順口的俄羅斯艦隊」，開啟對俄羅斯的戰爭。檢討如此的「背叛行為」，日本雖於一九〇七年簽署《海牙第三公約》（《關於戰爭開始的公約》），其「不義」至九一八事變仍未改變。為了審判的順利，這次雖然限制了報告人數，但「對日本戰爭犯罪者的審判，不會就這樣結束」。被告並非如德國的共犯般是「結合的黨徒」，而是「意見衝突且抗爭激烈的個人」——雖然基南體察到這點，但一般人卻多半忽略——儘管在擴張日本的「決心」上，全員信念一致。破壞條約，發動侵略戰爭的並非「國家自己」。

檢察方的舉證

起始年月日	舉證階段	主要舉證項目
1946.06.04	檢察官舉證開始	開頭陳述
1946.06.13	一般階段	國家組織、輿論引導與暗殺等
1946.07.01	九一八事變階段	柳條湖事件、滿洲國、退出國際聯盟
1946.08.06	中日戰爭階段	華北分離工作、盧溝橋事件、和平工作、南京事件、（鴉片）毒品問題
1946.09.19	日德義三國同盟階段	反共協定、三國同盟
1946.09.30	法印階段	進駐法印、泰國關係
1946.10.08	蘇聯階段	對蘇攻擊計畫、張鼓峰事件、諾門罕事件、《日蘇中立條約》（《日蘇互不侵犯條約》）
1946.10.21	一般戰爭準備階段	經濟政策與產業管制、委任諸島統治、軍事擴張
1946.11.04	太平洋戰爭準備階段	日美交涉、對英美開戰、南進政策、占領荷印
1946.11.27	殘虐行為階段	菲律賓・馬來亞・法印・荷印關係等、對日抗議
1947.01.17	追加個人舉證	
1947.01.24	檢察官舉證終了	

因為「責任是人所承擔的」，所以必須處罰「個人」。針對事後法的問題，本次起訴的所有「不法行為」，自起訴對象起「已充分被認為是國際法上的犯罪」；即使過去同樣的行為未予處罰，並不能以此為阻卻的理由。這是因為守護「文明」已屆「無法容許怠惰」之時。

基南在結束開頭陳述後便回到美國。至於他是否會再回到日本、缺席時決定權交給誰，在當時皆無所悉。

英聯邦檢察官陣營對妄自尊大的基南，僅有「粗鄙」且「無能」的評價，對其大加斥責。對日理事會的英聯邦代表威廉．麥克馬洪（William "Billy" McMahon）也在日記如此寫道。「晚餐前與約瑟夫．貝瑞．基南先生不期而遇。……其酩酊大醉……對周遭事物興味索然，並以與杜魯門等人的交誼而自慢。」（艾倫．雷克斯編《間歇性外交官：麥克馬洪的日本與巴達維亞日記》）

基南在返美後的六月中旬，公開發表不起訴天皇的決定。英聯邦檢察官們知道此譁眾取寵之舉後，卡萊爾．希金斯（Carlisle W. Higgins）首席檢察官代理及少數美籍職員共同發起罷免基南的運動，然而遭到甚為器重基南的麥克阿瑟阻撓——檢察官陣營本該統整衡酌各國利益的起訴狀，卻在開庭後產生嚴重的內部對立。

◎以日本人的身分來審判

國際檢察局（IPS）「證據委員會」在開庭前的一九四六年四月二十六日，確認了在公開審判中，相較於自白更重視「依據證據資料的舉證」的方針。七月下旬之後，蘇聯的戈倫斯基與印度檢察官戈文達·梅農（Panampilly Govinda Menon）主張僅用宣誓供述書來舉證。在紐倫堡的情況是，證人即使不出庭也允許提出供述書，所以東京審判也是如此，若有站上證人台的必要，則只限於給予外界強烈印象的人。將宣誓供述書當成主體的話，預期舉證時間將可縮減，這也是檢察方多方面利用宣誓供述書的原因。

那麼，證人該做些什麼呢？九一八事變時的首相若槻禮次郎如此說明。

以證人身分站在法庭前，檢察官將調查各式各樣的事證，彙整後製作調查報告（宣誓供述書）般的東西。我擔任證人時，出具了調查報告，對方問：「你對記載內容有異議嗎？」若回答：「就是那樣。」就不會有一項一項的問答，簡單就結束了。否則本來一直到調查報告完成，要被傳喚到市谷（調查室）無數次。……（法庭中）

辯護律師將對此進行相反的詢問，此時則須一一回答。（若槻禮次郎《古風庵回憶錄》）

批評東京審判的盟軍最高司令官總司令部（GHQ）外交局長威廉・西博爾德（William Joseph Sebald，海軍士官學校出身）冷靜地回想，開庭初時的遠東國際軍事法庭宛若好萊塢的俗豔舞台，旁聽人宛如置身棒球場般享受華麗的氛圍。

然而檢察方的舉證相當素樸，只提到由九一八事變開始的「戰爭歷史」前，《明治憲法》[04]、統治機構和輿論的戰爭準備（教育、政治團體、警察等等）。

第一位證人是戰前於大阪商科大學等教職、盟軍最高司令官總司令部民間情報教育局長唐納・紐金特（Donald R. Nugent），其後日本證人依序出庭。東京帝大助教授海後宗臣（教育學）、東京帝大助教授大內兵衛（財政學）、復職京都帝大教授的瀧川幸辰（刑法學）、前朝日新聞社論說委員的前田多門（東久邇宮、幣原內閣文部大臣）、前情報局總裁伊藤述史、讀賣新聞社的鈴木東民、前首相且為吉田內閣國務大臣的幣原喜重郎、右翼人士清水行支助、尾張德川家的德川義親、前首相若槻禮次郎——檢察方採用「以日本人的身分，以日本自身的證據來審判」的戰術。（野村正男《被審判的日本》）

◎背負過去的懷才不遇

讓我們看看其後是誰來作證。

瀧川幸辰（六月十九日）接受清瀨一郎（東條的辯護律師，之後任文部大臣、眾議院院長）的反詰。瀧川在供述書中載明：「日本的學校制度……學生等為將來的侵略戰爭作準備。」清瀨問到，這是否意味著從開戰以前教育當局便預想侵略戰爭的發動，瀧川回答：「包含九一八事變及其後所有的戰爭，自己都認為是侵略戰爭。」接著閃躲回答——然而當局的考量如何，並非自己所能干涉。

鈴木東民（六月二十四日）擱下戰前擔任論說委員時批判軍部的健筆，在戰後擔任勞動組合委員長，主導讀賣爭議事件。他作證道：「若不將『戰爭的侵略目標』正當化，就要接受政府的檢閱。清瀨詢問鈴木與讀賣爭議的關係，接著又問「證人抱持著與共產主義相近的思想嗎？」試圖降低鈴木證詞的可信度。鈴木憤然回答：「我是日本民主主義的先驅，吉野作造博士的弟子。」

幣原喜重郎（六月二十五日～二十六日）提及外務大臣時代的經驗。濱口雄幸內閣抑制軍事費，簽署《倫敦海軍條約》，招惹軍部怨恨，以致濱口首相遭到右翼狙擊。以及若槻內閣以遭到軍部攻擊「幣原外交軟弱」為遠因，不得不總辭。並辯稱，九一八事變的陸軍大臣南次郎努力使事件不擴大，並非「軍閥」。此外，政府與外務省僅能依據陸軍大臣的報告來判斷，而其將柳條湖事件定調為「自衛」。幣原的證詞除了保護外務省及有關被告，也傾向傳達批判陸軍的弦外之音。

清水行之助與德川義親（六月二十六日～二十七日）在一九三一年的三月事件證詞中，讓日本國民得知陸軍中堅未遂的武裝政變。接著登場的人物是橋本欣五郎、小磯國昭、大川周明。尤其大川還說政治已被政黨與財閥所腐蝕，只能透過「軍事力量」加以破壞；準備三百發空包彈供給政變使用的清水作證道：「在宴席中聽大川博士說，三月事件終歸失敗……在酒醉之際，聽到滿洲發生相當有意思的事等等。」

六月中傳喚者多為日本證人，或多或少在過去都有不遇或失敗的經驗，他們的證詞對被告們勢必不利。雖然也有發揮不了作用的證人，但檢察方的戰術大致奏效。

◎奇特的證人田中隆吉

檢察方的協助人、前陸軍省兵務局長田中隆吉少將，首次站在證人台時，是

東京帝國大學助教授海後宗臣

東京帝國大學助教授大內兵衛

前朝日新聞社論説委員前田多門

1 | 2
3 | 4

1. 證人等待室一：左起為德川義親、大橋南、清水行之助、犬養健。

2. 證人等待室二：左起為米內光政、若槻禮次郎、田中隆吉、宇垣一成。

3. 讀賣新聞社記者鈴木東民

4. 前首相幣原喜重郎

一九四六年七月五日。

田中是對檢察方所求情報知無不言的的奇特證人，而他的證詞是開庭初期的亮點。在五月二十二日國際檢察局（IPS）的「文件・證人小委員會」中，與田中交談過的所有調查官，報告應該將田中提報為證人，而為了防範辯護律師方的攻擊，決定先行檢查田中的精神狀態。（IPS文書）

接著在七月的法庭中，艾德溫・薩蓋特（B. Edwin Sackett）檢察官詢問九一八事變是否是「有計畫的事變」。田中答以肯定的「是」，並舉出建川美次、長勇、橋本欣五郎、大川周明為計畫關係人，並明言關東軍的中心人物是板垣征四郎與石原莞爾。

檢察方在一九四七年一月三日審理殘虐行為時期再度召喚田中，要他說明一九四〇年後管理俘虜的陸軍省官制。此處特別浮現陸軍大臣東條英機、陸軍次官木村兵太郎、軍務局長佐藤賢了的責任。在反詰中，威廉・羅根（William Logan，木戶的辯護律師）詢問田中，其在一九四二年九月辭去兵務局長後，掌握到的不都是間接消息嗎？田中承認道：「就是那樣。」接著辯護方質疑田中的精神狀態與檢察方的關係，從而粉碎其證詞的可信性。

證人台上的田中隆吉。

田中對於喬治・布魯伊特（George Francis Blewett）律師的質問，多以「不知道」、「想不起來」來閃躲；至於俘虜問題，亦回答外務省只扮演聯繫傳遞角色等等有利證詞。另一方面，針對木村這被諷為「戰爭機器」的人物，認為他一心只注意「省內的和平」。然而，最終田中的意見報告並未被接受。

田中在一九四七年一月下旬，在亞瑟・柯明斯・卡爾檢察官的詢問中表示，軍務局長武藤章宛如「陸軍省近乎核心的存在」，「日本這個國家的推動力，當中陸軍一切的政策施行，幾乎都是靠著軍務局長聰明的頭腦所擘畫」。自兵務局長時代便懷抱私怨的田中，竟對武藤如此痛下殺手。（同年十一月中旬，審理個人階段時，武藤直接反駁田中的證詞。）

◎為何田中會成為抓耙子

在這樣的脈絡中，被告們當然斥責田中為「叛徒」。笹川良一在日記寫到：「在上海的特務機關占重要的地位，以川島芳子為部下侵略支那……在日支事變導火線的綏遠事變中，於百靈廟敗戰落荒而逃……出版了分析軍閥（《分析敗因》）的書，讓所有人感到憤慨。」巢鴨監獄裡到處談論著田中「成為基南下屬後，過著奢侈的生活」。（笹川良一《巢鴨日記》、安倍源基《巢鴨日記》）

田中擔任檢察方證人三次，辯護方證人兩次，被眾人揶揄為「職業證人」，像他這樣旁若無人的日本證人相當稀有。如同島內龍起律師（大島的辯護律師）所回憶般：「聽到都覺得有趣，讓旁聽人與媒體從業人員感到好笑。」又早田中兩期的陸士前輩河邊虎四郎前中將（河邊同時為檢辯雙方的證人）在敘述其感想時說：「雖然說了種種不好的事情，但他（田中）的證詞大抵所言為真。」（島內龍起《東京審判》）

為何田中會成為抓耙子呢？與他關係友好的《東京新聞》記者江口航說明，田中

定調東京審判具有「報復與示警」的色彩，從而為了守護天皇，讓「少數人背負所有的責任」。（田中隆吉《分析敗因》）

然而，田中的行為稍微有些踰矩，僅僅以「愛國的憂國之士」來說明動機，恐怕仍有不足。還有一個理由是，田中或許看出「協助占領」將有助於「安泰自身」。對檢察方來說，讓田中擔任「檢察方與被告間的傳聲筒」，是方便使用與傳喚的協助人。這樣看來，東京審判無法僅以「同盟國與日本」的對立軸來解讀，因為田中也是被東京審判這樣的國際政治所擺布的人。

◎溥儀的辯解

接下來的亮點在前滿洲國皇帝（清朝最後的皇帝、宣統帝）——愛新覺羅．溥儀的證詞。然而，這是檢察方以「證人身分」來舉證的失敗案例。

原本被扣押在伯力的溥儀，在一九四六年八月十六日抵達遠東國際軍事法庭作證。緊張且面色凝重的溥儀，一方面被蘇聯扣押，一方面又面臨恐被引渡到中國接受漢奸審判的雙重威脅。（溥儀在一九五〇年七月，以戰犯的身分移交給北京政府拘禁，一九五九年十二月獲特赦而釋放。）

因此站在證人台上的溥儀，在滿場注目的視線下，拼命主張所有的責任都在日本，並強調自身的清白。然而他太過造作的露骨陳述，終究成為失敗的原因。溥儀作證的口吻，可由以下的對話當成象徵。

檢察官基南：你有抵抗日本方面的意思嗎……

證人溥儀：我心裡雖然想拒絕，然而武力的壓迫與顧問對我生命的威脅，勸說一定要有所回應，因此不得已而屈服。

事實上，日本律師團為了表達對前滿洲國皇帝的敬意，協議「不進行反詰」。然而見到溥儀赤裸裸的責任轉嫁，他們的體貼顯然已為無用之物，從而與九一八事變有關的辯護律師們，接連對其進行反詰。（島內龍起《東京審判》）

然而，儘管如此也未影響溥儀的責任免除。對此大感厭煩的韋伯審判長，認為溥儀對日協助的「理由」已經十分充分，表示「沒有繼續聞聽的必要」。

八月二十一日另起波瀾。東鄉與梅津的辯護律師班・布魯斯・布萊克尼（Ben

證人台上的愛新覺羅・溥儀。

與基南共同步入法庭的溥儀。

Bruce Blakeney）拿了一封書信放在溥儀面前。在這封寫給陸軍大臣南次郎的信中，溥儀表示將擔任滿洲國的執政一職。

一見到此信，溥儀立刻起身，大聲嚷嚷。韋伯高聲要其坐下，溥儀則說：「各位法官，這全都是偽造的。」並主張書信上的玉璽「全部都不是我的」，對此毫不相讓。借用重光葵的說法，布萊克尼的反詰「有如在看歌舞伎的表演」。

德富蘇峰看穿溥儀的企圖，他如此描述：「憐哉溥儀，忽作女鬼之態，如斯舉止，實為惜命之人。」（德富蘇峰《德富蘇峰・終戰後日記》Ⅲ）在溥儀的回憶錄中，也寫道這段證詞是偽證，由於恐懼「祖國的處罰」而「隱藏自身的罪刑」。（愛新覺羅・溥儀《我

的前半生》下）

紐倫堡審判和東京審判有個有趣的對照。「紐倫堡法庭的感覺，既簡潔且莊重，或謂有華格納（Wilhelm Richard Wagner）歌劇的節奏感（檢察方謹慎的有罪主張、被告方英雄式的無罪抗辯）。與此相對，東京法庭有些惡俗輕佻，帶有巡迴地方演出的三流喜歌劇味道」。（第十四回公開《外交記錄》）確實東京審判處處可見紊亂之感，而溥儀的證詞可謂其典型。

◎史達林的證人瀨島龍三

一九四六年十月八日開始的蘇聯階段，好像沾上了什麼奇怪的東西一樣，法庭氣氛異常詭譎。

戈倫斯基檢察官的開頭陳述，過度的長文帶有濃濃的宣傳色彩。在蘇聯的政策中首重證明「日本的侵略性」與「蘇聯的正當性」。

依據蘇聯共產黨中央委員會一九四六年三月二十日的指令，蘇聯檢察官陣營主要的任務是日俄戰爭出兵西伯利亞以來「暴露日本系統性的（對蘇）侵略」。針對

蘇聯檢察官謝爾蓋・戈倫斯基
（Sergei Alexandrowitsch Golunski）

公開審判的方針，皆仰仗克里姆林宮的指示，緊急時則與對日理事會代表庫茲馬・尼古拉耶維奇・傑列維揚科（Kuzuma Nikolaevich Dereyyanko）中將等人討論。特別秘密委員會檢討東京傳來的問題，事前檢視蘇聯檢察官們的發言。（基里欽科前述論文）

史達林在一九四五年八月二十三日，認可國防委員會羈留五十萬日本官兵的決定。與對蘇作戰或諜報工作有關的日本軍人，作為情報來源性質特別珍貴，而東京審判的候補證人收容在伯力。選定與檢討證人的委員會設置在一九四六年一月，經過綿密的調查，兩組證人（各三名）受到史達林的最終認可。證人選擇的基準是，對蘇侵略計畫的認識程度、不會在法庭翻供的穩定性，乃至論述能力。他們在特別待遇下，牢牢地把預設問題的劇本記在腦中。

接著第一組證人，舊陸軍的瀨島龍三前中佐、草場辰巳前中將、松村知勝前少將，在一九四六年九月十七日移送到羽田。二十日清晨，草場因為「舉發同伴太過痛苦」而仰藥自殺，蘇聯提出附上死亡證明書的宣示供述書，為大眾留下「幾許悲哀、幾許奇怪的難言之感」。（基里欽科前述論文、共同通新社社會部編《沉默的檔案》、野村正男《被審判的日本》）

三十四歲的瀨島為前大本營陸軍省參謀，由於如同預定般作證，當布萊克尼問到，其在參謀本部任職時，關東軍的兵力是否較蘇聯兵力為少。瀨島以「缺乏得以明確回答的記憶」支吾其詞，從而安然地步下證人台。（又瀨島等五名證人，其後三人被蘇聯判處有罪，一人在北京受有罪宣判。）

◎東京審判對蘇聯來說

蘇聯檢察官陣營在宣誓起訴書中，糾舉了滿洲問題、張鼓峰與諾門罕、財閥的戰爭準備乃至國策研究會等等。然而蘇聯提出的證據欠缺說服力，特別在重光葵與梅津美治郎的案子中，曾在馬尼拉幫本間雅晴辯護的喬治・弗內斯（George A. Furness，重光的辯護律師），對蘇聯舉證的貧弱感到相當驚訝。

蘇聯所公開揭示「東京審判的目的」為處罰侵略戰爭的責任人，「再教育」顯露日本帝國主義「侵略本質」的日本人，抑止將來的侵略行為。上述所舉實為同盟國的共通目的。然而，蘇聯的特殊立場是希望在判決中，特別提及紅軍「英雄的角色」。

蘇聯的政治系統中，司法並未獨立於行政、立法之外。法院從屬於行政權力下，成為守護統治菁英的「武器」。（漢基爵士《戰犯審判的錯誤》）東京審判也是如此，蘇聯的法官、檢察官們，對辯護人方的「反蘇」主張特別敏感。

蘇聯法官伊凡・密切葉維支・柴揚諾夫（Ivan Mikheevich Zaryanov）少將認為辯護方的宣傳與占領、審判有所齟齬，從而不予允許。他對韋伯施加力道，認為這是審判日本侵略的場合，所以絕對不容許在此比較日本與同盟國——雖然所有國家都不想受到責難，但在這點上蘇聯卻異常敏感——對蘇聯來說，東京審判是證明蘇聯和共產黨正當性的場合。

◎冷戰的反論

儘管如此，蘇聯有著太多的包袱。辯護方從一九四七年六月四日至五日間提出反對見解，辯護方布萊克尼律師不留情面地攻擊蘇聯的弱點，諸如蘇聯違反《日蘇中立條約》（《日蘇互不侵犯條約》），其參戰行為相當於「對日侵略」。

這種「半斤八兩」、「彼此彼此、你也一樣」的論證，在一般場合雖有其說服力，卻不被紐倫堡及東京審判採用於國際政治的範疇中。美國的檢察官法蘭克・塔夫納（Frank Stacy Tavenner）反駁道：「蘇聯的所有行動，與本案全無關聯……在本法庭管轄外。」在此前提下，法官們經過評議後——蘇聯法官無疑在其中施展如簧之舌——裁定蘇聯參戰問題與審判無關。從而可以預見「勝者的審判」此一印象更臻強烈，而東京審判的理念＝「同盟國協調」一旦喪失信賴，這個審判也無由成立。

長久以來，對於「一九四七年冷戰也波及東京審判」一事多有誤解。事實上，一九四七年三月，杜魯門主義宣告歐洲冷戰開始。戰敗者見到美蘇對立，對戰爭犯罪的規範自然會感到可疑。從而辯護方將冷戰視為有利的材料，以此攻擊蘇聯。因此，同盟國被迫在東京審判與蘇聯協調，基南也努力為蘇聯緩頰。如同重光葵所觀察，同盟國鑑於國際政治舞台上的冷戰增溫，為了維護對蘇關係，儘早結束東京審判的必要性為之升高。

東京審判為此前戰爭的「定音之槌」，從始至終主導此審判的是第二次世界大戰的計畫與論述。

◎包蘭亭眼中的日美戰爭

審判中美國最重視太平洋戰爭階段，一九四六年十一月十八日至二十五日間，前美國國務院遠東司司長約瑟夫．包蘭亭（Joseph W. Ballantine）連續六日立於證人台上。

包蘭亭在近乎自書的宣誓供述書長文中，添附相當多的外交文件，詳述自九一八事變以來的日美關係史，被辯護方批判為宛如「總結的最終報告」。

確實，身為知日派的包蘭亭，他的證詞極其尖銳，是檢察方陣營的理想證人。他說，日本為使「中國遵從日本的指令」，發表「天羽聲明」（一九三四年四月）此「苛刻的官方聲明」。接著自《華盛頓海軍條約》中退出（一九三四年十二月）後，為了發動對中侵略戰爭而著手增強軍備。日美交涉時也執著在「侵略與武力」的政策上。一九四一年十月東條內閣成立後，無視維持太平洋和平必要的「正義、平等」原則。華盛頓時間一九四一年十二月七日，駐美大使野村吉三郎與特派大使來栖三郎比約定時間更晚抵達國務院，才向國務卿科德爾・赫爾（Cordell Hull）遞交外交公文。這並非「附理由的宣戰通知」或「最後通牒」，甚至也不是「意圖中斷外交的宣言」。「美國企圖擴大戰爭的這種非難……實在可笑至極。」辯護方雖然對美英等國其他的經濟封鎖提出批判，但美英等國來說，那是「必要的自我防衛」。

基南在別的機會中說到，美國堅持反對侵略的對外政策，結果便是受到日本攻擊。此種美國的政策如今成為「法規範」，試圖對被告加以懲罰。（IPS文書）太平洋戰爭（日美戰爭）的舉證，果真是「檢察方論述」的體現。

◎對「殘虐行為」舉證的執著

相對地，對基南來說感到棘手的是殘虐行為的舉證。然而受到報復慾望的刺激，針對殘虐行為，有關國家絕對不予妥協。

基南從美國回到日本後，一九四六年八月，美國檢察官就日本在菲律賓所為的殘虐行為——關於美國與菲律賓雙方的舉證事項——試圖以一己之力加以概括舉證。然而，甫自美國獨立的菲律賓檢察官佩特羅．洛佩茲（Pedro Lopez，一九〇六年生，下議院議員）為此大感憤怒，認為菲律賓應該單獨舉證。為此花費大把時間，工作也為之繁瑣加重。

又，澳大利亞的檢察官曼斯菲爾德也在十一月認為本國政府將乙丙級犯罪視為「這個審判中最重要的環節」，從而向基南表示，無法接受舉證過程的「去掉骨幹」。

基南接受杜魯門與麥克阿瑟的儘早決定論，由於在東京審判中舉證「反和平罪」才是要事，主張嘗試縮短殘虐行為階段的時間。早前中國階段的南京事件舉證時，如同重光葵在日記中所寫：「令蔽醜態之耳。日本魂腐朽乎？」近乎所有的日本人都為此感到不安與恥辱。基南認為已經足夠。然而英聯邦、荷蘭、菲律賓的檢察官陣營，認為基南提案有著「專斷的時間限制」，從而強烈地反對，進而在陪席檢察官會議中予以駁回。

接著在十二月，大量殘虐行為的證據被提出。

曼斯菲爾德在十二月十六日的公開審判中，指責日本縱然在一九二九年簽署「準用」《日內瓦條約》，卻未對虐待俘虜採取糾正措施；並告發個別的殘虐行為是依據東京的「一般方針」來起訴（曼斯菲爾德在舉證結束後的隔年歸國）。

另外在十二月下旬，對於荷屬印度各地的俘虜，針對拷問、過度勞役、疾病對策的懈怠等等，詳述與荷蘭有關的殘虐行為。這當中的具體案例，僅有被害國的差別，彼此都有著相近的內容。檢察方的舉證受到諸國追究殘虐行為的影響甚鉅，推遲至一九四七年一月二十四日才算終了。

基南想迅速提案，本身自屬合理，與期望審判儘快結束的英聯邦方針一致。然而將殘虐行為的處罰視為「國家利益」的各國，糾結在與本國有關的舉證上，為此才造成審判的長時間拖延。

01 本句中，「心證」日文為「しんしょう」，「信用」為「しんよう」。因日文發音相近，所以被大島浩當成用來說明被誤譯的例子。

02 明治節：每年十一月三日為明治天皇誕辰紀念日，為日本四大節（紀元節、四方節、天長節、明治節）之一。後以文化節稱之。

03 天長節：源自中國唐玄宗的生日，出自《老子》「天長地久」一詞。天長節是慶祝日本今上天皇（在位中的天皇）生日的日子，一九四六年在位天皇為昭和，因此天長節為其生日的四月二十九日。一九四八年後改名天皇誕生日。

04 《明治憲法》：是日本基於近代君主立憲而制定的首部憲法，公布於一八八九年（明治二十二年）二月十一日，並於一八九〇年（明治二十三年）十一月二十九日施行。全名《大日本帝國憲法》，又稱為「帝國憲法」。相對於現行《日本國憲法》，也被稱作「舊憲法」。

第四章

日本如何應對？

辯護方律師。左起：鵜澤總明、約瑟夫·霍華德（Joseph C. Howard）、阿爾弗雷德·布魯克斯（Alfred W. Brooks）、威廉·羅根（William Logan）、約翰·布蘭農（John G. Brannon）、勞倫斯·麥克馬努斯（Lawrence P. McManus）、麥克·李文（Michael Levin）、山岡喬治（George Yamaoka）、喬治·布魯伊特（George Francis Blewett）。

1．合作與抵抗

◎占領軍的權利

敗戰後第一位首相是東久邇宮稔彥王。雖然實施日本軍武裝解除的是皇族內閣，但由於內閣對立，外務大臣重光葵辭職，吉田茂因身為「能與麥克阿瑟溝通的外務大臣」而繼任。然而，內務大臣山崎巖等人向路透社表示，由於「國體變更」論者是共產主義者，從而應該加以取締。

盟軍最高司令官總司令部（GHQ）將山崎罷免，下令廢除自由限制，不受國民支持的東久邇宮內閣也在十月五日總辭。

此時繼任首相的條件為：對美國不反感、沒有戰爭責任的嫌疑、擅於外交的人物。從而十月九日，戰前以協調外交事務聞名的前外務大臣幣原喜重郎組織了新內閣。如今已是占領軍權力左右日本政治之時。

因應占領行動，日本的國家主權與外交權也為之暫停。外交官大野勝巳如此回憶：

若說到盟軍最高司令官總司令部，啼哭不止的孩童為之沉默的時代到來了。……總司令部下了一道指令給外務省，表示日本政府如今一切與外國的關係都應該被切斷，代之由盟軍最高司令官總司令部來處理日本與外國的關係。這意味著日本完全喪失外交主權。……較外務省看板來得大的「終戰聯絡中央事務局」看板，在外務省官廳外揭牌。（大野勝巳《霞之關的外交》）

在這個狀況中，日本政府如何因應戰犯問題呢？在這點上，政府對與戰犯問題相關事物感到極度恐懼，從而被批評讓被告們不得不獨力對抗檢察體系。但是，我們首先要確認一個大前提，那就是由於接受《波茨坦公告》，日本政府被設定在同盟國戰犯審判中扮演「合作的角色」。

外務省除了心心念念不要給予「庇護犯罪人」的印象，展現慎重的態度外，並以日本軍絕對服從上司的命令為由，希望盟軍最高司令官總司令部對被告寬大處置。日本方的因應混雜了「合作」與「部分抵抗」。

◎中村豐一的獻策

針對東條英機在一九四五年九月十一日遭逮捕一事，外務省條約局為此是否與《波茨坦公告》第十項有所衝突做出解釋，「並不限於傳統違反戰爭法的狀態，含有道德非難的意義……暗示戰爭的政治責任人」。從《倫敦協定》或盟國戰爭犯罪委員會（UNWCC）的政策建議來類推，預測對德政策將「適用於我方」。

問題在於「政治責任人」的範圍為何，條約局從印象加以判斷。有人認為，並不侷限於日本的「軍閥」，甚至包含「部分政治指導者、右翼團體、商界鉅子」。雖然在德國是以具體的納粹高官「個人」為標的，但在無法看見個人色彩的日本，不是要重視「組織」——從而重視組織的管理者——嗎？

雖然在當時，也有「由日本方自主審判」的構想，但正如同陸軍省高級副官美山要藏大佐（陸士三十五期，後任厚生省歸國援護局次長）在日記中所寫，「甲級與總司令官級令人不感興趣」一般，自主審判的對象只限於殘虐行為的實行者，無法取代東京審判。（美山要藏《從廢墟的昭和出發》）日本政府也覺悟到，在現實中追究日本的戰爭責任，僅僅是「勝者的審判」。

外務省的中央直屬局「終戰聯絡中央事務局」（終聯）認為，在可能到來的公開審判中，「該如何辯護」、「將受到怎樣的判決」，將對日本的未來產生極為重大的影響。在這個脈絡下，終聯第一部戰犯問題聯絡主任中村豐一公使（犬養毅內閣的外務大臣芳澤謙吉的女婿、前聯合國難民署高級專員緒方貞子的父親），在十月二十日提出戰犯審判對策。

也就是有必要組織「強而有力的律師團」，來援助嫌疑人，特別對不知道事件真相的律師，事務當局必須提供相關資料，從而主張設立以下兩個委員會。

一、在外務省設置由外務省事務次官任委員長的「臨時戰爭犯罪者關係調查委員會」，與調查陸軍、海軍、司法等關係各省的特約委員共同調查資料，提供給檢察、辯護雙方（與後述的「法務審議室」有關）。

二、由少數精銳組成「戰爭犯罪者審理對策委員會」，是為政治部門、殘虐行為部門提供各種辯護政策的智庫。原則上盡可能「褪去政府的色彩，而由民間有識之士成立」。如同中村所說，以「自外於政府的獨立組織」來運作，「在對外關係上方為上策」。實際上辯護方針由政府所指導，因此外務省以「絕對不可設置審理對策委員會」予以駁回。

◎虛幻的「統一見解」構想

日本方多數意見認為，辯護的過程影響了日本的將來。

東久邇宮內閣為了達成日本方的「統一見解」，在十月三日制定「關於戰爭責任的應答要領」。（栗屋憲太郎《通往東京審判的道路》）因為無法完全掌握戰犯嫌疑人「回應詢問的態度」，於是，這個課題由接下來的幣原內閣所承繼，內閣書記官長（相當於現在的內閣官房長官）次田大三郎、外務省政務次長田尻愛義、法制局長官楢橋渡、陸軍省軍務局長吉積正雄、海軍省軍務局長保科善四郎等，針對與「開戰當時」有關的訊問，協議出回應策略。

終戰聯絡幹事會在十一月五日，作成「關於戰爭責任的應答要領」。（《田尻愛義回想錄》、豐田隈雄《戰爭審判餘錄》）「統一見解」的重點在於：

一、保護天皇免於戰爭責任的追究。

二、同時追求「國家辯護」與「個人辯護」。

隔年四月，出現「陸軍對（中國）大陸有責任、海軍沒有戰爭責任」這樣的主張，身為美國通的新聞記者松本重治等向第一復員省（舊陸軍）的前陸軍大佐松谷誠（陸十三十五期）力陳，國家層級的「協同審判對策」勢不可少，從而「絕對禁止互揭瘡疤」。陸軍親英美派、擔任鈴木首相秘書官的松谷也抱持相同意見。第二復員省（舊海軍）也希望，在「國家辯護」的脈絡下強力地指導辯護團。換句話說，審判前的舊陸、海軍均執著於「統一見解」論。

前海軍大佐豐田隈雄（海兵五十一期），在第二復員省戰犯問題方面，將「應答要領」解釋為「政府的官方見解」。不過，「統一見解」構想沒有成為正式方針就結束了。筆者認為，是外務大臣吉田茂與外務省壓下了這個構想。

◎吉田茂是如何考量的呢？

吉田茂就任外務大臣以來，認為「不要太賣弄手段較好」，從而對「統一見解」抱持批判的想法。為此，前述中村的「審理對策委員會」案遭到駁回。在其他外務省檔案中顯示的情報是，為了特定人物的免責而隱蔽或歪曲事實，長期將帶來不利影響，因此應該避免透過「單一方針」來指導「律師團」。

雖然無法直接指導律師團，但也不能就此置之不管。面對此困境的吉田茂，與外務省法律顧問高柳賢三（東京帝大教授）協議後，決定設置「法務審議室」。此為中村「臨時戰爭犯罪者關係調查委員會」構想的延伸，為負責與盟軍最高司令官總司令部（GHQ）或律師團間的聯絡，以及提供資料的外務大臣直屬機關（外務省政務局、條約局亦參加）。法務審議室成立於十二月中旬，由曾禰益（其後任民社黨書記長）擔任室長。

十二月十四日又進一步邀集相關單位舉行「關於法務審議室設置說明會」。會議當中，住在外務大臣官邸的岡崎勝男（後任外務大臣、聯合國大使）提及放棄製作「律師團的指導方針」（統一見解），若要提出「陛下沒有責任」的事實，將由己方自行證明。

確定版的日本政府公開方針，如下所述。

一、體察《終戰詔書》主旨，忠實遵從並履行盟軍最高司令官所發布的、關於戰爭審判一切的指令與備忘錄。

二、雖然無法以政府的身分對各戰犯採取官方辯護措施，……在總司令部的理解下，政府內的關係機構，在其職務範圍內，得對律師、當事人家族實行聯絡、照顧等事務。（厚生省歸國援護局總務課記錄係編《續・歸國援護記錄》）

也就是說，政府對辯護方的支援將限定在資料與證人的提供，至於辯護的指導與統整則不予介入。只要日本政府在同盟國的戰犯審判中有「背負著『合作』義務立場」——「官方辯護」等等不在討論範圍內——充其量側面支援就已經算是極限。最終，各省、各被告與律師團內部，由於複雜的利害關係而對立，「統一見解」終究是空言。

◎接受審判是日本的「安全保障」政策

為何吉田茂積極地接受東京審判呢？首先，此為條約所賦予的義務，但原因不只如此。外交官下田武三（後任駐美大使、最高法院法官、職業棒球委員會委員）針對吉田在一九四五年九月十七日的訓示，在他的書中大談感想：

剛上任時的吉田，身穿「使纖細瘦弱的身材為之臃腫的禮服」，訓示說：「諸君，我國有史以來首次戰爭失利，儘管令人遺憾，但既然已成為戰敗國，大和民族就該有大和民族的樣子，該停止驚慌失措了吧！日本諺語有所謂『俎上的鯉魚』這樣的說法，

說的就是這個意思。」此番訓示讓外交官僚激動不已。（下田武三《戰後日本外交的證詞》上卷）

這樣的吉田茂熱烈歡迎戰犯審判。大抵戰敗國無法避免某種程度的「犧牲」，甚至可以說，戰犯審判與吉田茂重建日本的構想相符。九一八事變以來，被視為「政治癌細胞」的軍國主義者們想讓脫離正軌的日本回復一九二〇年代的時代氛圍。考量到這點的吉田茂，在一九四六年十月致麥克阿瑟的書簡中，斷言戰爭責任僅及於：軍人、官僚、右翼分子、與部分財閥組成的「一丘之貉」。尤其是當他被要求在前外務大臣東鄉茂德的陳情書上連署時，以「由於東鄉君為開戰時的外務大臣，日美交涉失敗歸國時，應該乾脆地負上政治責任而辭職，然而其任時光流走，戀棧於外務大臣之位，委實難以理解」，斷然拒絕連署。（大野勝巳《霞之關的外交》）

對吉田茂來說，戰犯審判具有雙重好處。其一是除去「一丘之貉」的軍國主義者，其二是有助於對美的協調工作。美國的占領政策並未如預料般嚴苛，戰犯審判這種事情尚在犧牲的容許範圍中。在一九四六年二月接受盟軍最高司令官總司令部（GHQ）的憲法草案以後，更添加「東京審判是為了守護天皇」的意義。

這種審判接受論的思維，並非僅限於吉田茂。戰後負責日本外交的舵手們認為，東京審判是「除穢的道具」，可以藉此讓日美關係為之緊密。東京審判在戰後的日本，具有重整對美關係手段的優點，更可說是日本方面「安全保障」的政策。筆者認為，這點對日本來說，才是東京審判最大的意義。

◎官僚機構的部門主義

日本政府最終艱難地決定，不就辯護進行統一指導的「官方方針」。然而，另外一方面，各官僚機構早已為非官方的辯護做準備。接下來讓我們看看，外務省、舊陸軍與舊海軍三個組織如何行動。

外務省的立場是，深怕被同盟國認為在戰犯問題上有所虛矯，從而未採取抵抗的姿態。然而，觀察分析外務省的起訴狀，可以理解到外務省官員對東京審判採取批判的態度。（日暮吉延《東京審判的國際關係》）外務省應對的實情是，自我克制，不因「省的官方立場」與「省內真心話」的落差而分裂。

外務省是戰犯問題的負責機關，轄下終聯第一部的「戰犯事務室」（亦借調第一、第二復員省職員）負責整體戰犯事務、嫌疑人、證人、辯護人的選任與介紹，「戰犯調查室」（舊法務審議室）則提供資料、負責研究法律與資料、回應辯護人的質問。

「內外法政研究會」也是外務省系統的審判準備組織（過往雖記載為「法制」，本書則採用原始資料中的「法政」）。一九四五年十月時，在中村豐一的奔走以及商界的出資下，設立了前身組織；隔年二月以「內外法政研究會」之名再度運作，取代先行成立、而自外務省退出的「審理對策委員會」，成為在民間研究辯護政策的智庫。東京帝大的高柳賢三、高木八尺、神川彥松、京都帝大的田岡良一、舊京城帝大的鵜飼信成、國際法學者信夫淳平、評論家馬場恆吾、石橋湛山等都是會員，針對「戰爭犯罪者處罰的法律根據」、「軍閥的剖析」、「東條內閣及軍部的開戰責任」等等，就國際法、國際政治、日本政治的種種問題，留下水準甚高的研究報告。

至於舊陸軍，第一復員省在一九四六年一月開始運作戰後處理的研究會，並從省外招募矢部貞治、信夫淳平、松本重治、毛利英於菟（前企畫院官僚）、入江啟四郎（前同盟通信社記者）、和辻哲郎（東京帝大教授）、鶴見祐輔（前民政黨眾議院議員）。

至於舊海軍，第二復員省的大臣官房臨時調查部在一九四六年一月二十五日組織「辯護資料研究班」，為海軍關係人士的辯護著手具體的研究。該研究班也招攬高柳賢三、矢部貞治，就起訴內容的預測開展實踐的研究。

接著設置於終聯第一部的「戰爭審判聯絡委員會」，以外務省總務局長、條約局長、第一復員省總務局長、法務局長、第二復員省總務局長、臨時調查部長、司法省刑事局長、內務省警保局長、大藏省主計局長等人為成員，採取聯絡各省局長級人員的體制。然而，由於辯護支援的實務本身，是由各省以非官方的方式來推展，前方便橫亙著部門主義，從而助長了律師團的對立。

◎語言、知識、資金、人手上的窘境

接下來將話題轉到律師上。

給予被告反證與自我辯護的機會，為敗者爭取時間與換取宣傳效果，對「文明的審判」來說是不可或缺的要件——因為可以成為勝利者的「正義」與「公平精神」的證明。舉例來說，評論家吉本隆明就認可「被告辯解」，如此回憶東京審判：「首次接觸到西歐的法律理念，感到既新鮮又驚訝。」由此可以想見其效果。（伊恩・布魯瑪《戰爭的記憶》）

盟軍最高司令官總司令部（GHQ）遲至一九四五年十一月，非官方地同意甲級嫌疑人獨力尋找律師，司法省、外務省、陸海軍各管道都是律師介紹的來源。相較於紐倫堡審判從法院既定的律師名單中挑選，東京審判的律師選任方式有所改善。

在此，筆者想指出日籍律師的窘境問題。

一、「語言隔閡」與「『英美法』（普通法）知識的欠缺」。外務省認為「這次的審判是國際審判，從而不需要日本國內的律師經驗」，遭公職追放的外交官西春彥、柳井恆夫、牛場信彥為了準備東鄉、重光、大島的辯護，辦理律師登錄的手續。（澤邦夫《東京審判是對戰敗者的報復》）然而法界對律師的選任基準，首重刑事審判的經驗，英語能力與外國法知識則被視為次要。

二、資金與人手不足的問題。日本政府試圖從終戰處理費中，以「進駐軍要員（美籍律師顧問）」的名義來支付日籍律師的薪金，已是開庭後的一九四六年七、八月間的事情了。外務省預見雇用律師與收集資料需要「相當的經費」，因此為了東鄉募款。（大野勝巳《霞之關的外交》）穗積重威律師（木戶的辯護律師，憲法學者穗積八束之子）回憶道：「（檢察方）使用數百名的助手、翻譯、打字員等，展現宛如百萬大軍壓迫山河之勢。相較之下，律師團……處於極其不利的情勢。」

◎兩項辯護方針

然而最大的問題仍在律師團內部各式各樣的對立——尤其是辯護方針的對立。其一是「國家辯護＝自衛戰爭」論，是由日籍律師團團長鵜澤總明（東京帝大法科大學畢業、律師、前政友會眾議院議員）、副團長清瀨一郎（京都帝大法科大學畢業、律師、前民政黨眾議院議員）、以及林逸郎等大日本律師會聯合會（一九三九年設立，日本律師聯合會的前身）等民間律師倡導。清瀨在開庭前曾說：「東條前首相及其閣僚的辯護……在個人的辯護上，並非首尾一致。……內外的輿論，對被告們來說相當不利。……站在與檢察官相對的位置，讓審判保持中止公平才是最重要的事情。」（野村正男《被審判的日本》）可以讀出想要對抗「勝者的審判」而進行「國家辯護」論的意志。

另一方面，主張「個人辯護」論的主體是高柳賢三、前司法次官三宅正太郎（曾負責梅津美治郎的辯護，但沒多久便辭任）等隸屬於內外法政研究會，與官方淵源甚深者。從這點來說，針對「國家辯護」論的「民」，可以區分出「官」的人際網絡是以「集團」而非「派系」來包裝。

而且，就算個別來看也實在相當複雜。精通英美法的穗積身為民間律師，但因其遠親木戶幸一的意向而貫徹「個人辯護」論；另外，英美法的研究權威高柳（鈴木的辯護律師）相當重視法律論述的本體，其爭議如同後述，即使是當作「國家辯護」論也十分通用。

同盟國以追究「被告的責任」為媒介，試圖彰顯「日本國整體的責任」，至於辯護方出現「國家辯護」與「個人辯護」兩項方針，實是同盟國主觀意圖外的事。

◎辯護方的內部對立

然而兩集團間的對立日漸深刻，到最後都未能消解。辯護方針、意識形態、派系、情感、組織利益等等，各種各類的紛爭糾纏在一起。

首先從辯護方針來說，如同高柳在其後所歸納般，為「自由主義集團『個人辯護』與國家主義集團『國家辯護』間的對立」，意識形態的對立參雜在其中。因此，可將其區分為，高唱「自衛戰爭」論的「國家辯護」論陣營，不贊同過度國家主義式辯護的「個人辯護」論集團。

接下來針對派系以及感情的面向，民間律師集團嘲笑內外法政研究會為「外務省

東條英機（圖中）與辯護律師清瀨一郎（左）、布魯伊特（右）。

辯護方律師鵜澤總明

辯護方律師清瀨一郎

律師團的先期協商。

辯護方律師小野清一郎

辯護方律師高柳賢三

的小弟」。林逸郎（橋本的辯護律師）惡意地批評，高柳蔑視其他律師。另一方面，如同高柳向外務省所說，日本「適合的律師僅有一、兩名」，其對民間律師給予苛刻的評價，選擇與美籍律師合作。

又「國家辯護」論集團內部，出現「鵜澤派」與「清瀨派」的對立。擔任明治大學校長的法律哲學家鵜澤總明（一八七二年生），以其直率敢言的個性，大罵前東京帝大教授、刑法學大家的小野清一郎律師（一八九一年生）道：「你們這些小鬼到底懂些什麼！」就連清瀨也置身在「就是因為這樣你會沒出息」的罵聲當中。鵜澤能夠就任律師團團長，也是趁著清瀨派人數不多之際強行通過的結果。接著在公開審判的過程中，也浪費許多時間在決定辯論的順序、長度等枝微末節。

進一步來說，陸軍、海軍、外務省不外以「各單位利益」為優先，各嫌疑人的辯護方針也顯得七零八落。一九四六年二月下旬，「甲級戰犯中的重要人物，氣息衰弱者甚多……無法安定的人越來越多」。（水野徹雄《遙遠的和平》）因為辯護方「意見統一」的可能性相當低微，各省、各律師與被告亂發「無章法的手寫資料」，資金籌措也相當困難，而令人擔憂的資料也超過能處理的數量。

開庭隔日的一九四六年五月四日，在這樣的狀態中，日籍律師團正式組成。

◎為何任命美籍律師

東京審判的辯護方，還有一個重要的特色，那就是——美籍律師。在紐倫堡審判中，僅許可德籍律師。那麼，為何美國在東京審判中，要派遣本國律師呢？

針對這個問題，向來的「通說」認為，這是「日本方要求的結果」。事實上，在日本政府提案以前，基南已經預設任命美籍律師。一九四六年一月九日，在終聯第一部戰犯事務室長中村豐一來訪之際，基南提到：每一名被告搭配一名美籍律師或一名日籍律師。在山下審判與初期的橫濱審判中，「官派律師」皆為美國人，在這樣的先例下，英國也認為必須有外國律師。或許可以這樣說，同盟國方一開始視派遣美籍律師為理所當然的事。

隔天一月十日，這次是終聯總務部長井口貞夫（後任外務次官）造訪盟軍最高司令官總司令部（GHQ），因為嫌疑人生計艱難，想打聽可否由日本政府負擔日籍律師的費用。接受詢問的基南，在一月二十三日提案，就受降條款上，本來讓負責「起訴」戰犯支援義務的日本政府，選任並雇用律師並不適當，但根據「現實的考量」，「事實上」同意由日本政府負擔辯護費用。如果貫徹起初的原則，將產生被告無法獲得律師的問題，將導致審判產生「公平性」的疑問。

然而，基南的提案在盟軍最高司令官總司令部出於某種原因未被採用，到一九四六年夏天為止，日籍律師都未被同意發給薪資。為此，盟軍最高司令官總司令部禁止日本政府參與辯護雖是自然之理，然而在過度地強調之下，加深「勝利者冷酷」的形象。

其後基南與繼任戰犯事務室長的太田三郎參事官會談時（原中村公使轉任），不如說想法已經轉變成以日籍律師為主，這是因為了解到調度美籍律師比預期中來得困難的緣故。接著，換成太田向基南與審判團陳述外籍律師的重要性。在此，早期的立場反轉，「共同的論調」成立。

◎為了避免「勝者的報復」的批判

從上述所言，可以歸結美籍律師的任命，是為了避免「勝者的報復」的批判。

舉例來說，如同年紀最輕的美籍律師約翰．布蘭農（John G. Brannon，嶋田、岡的辯護律師）在一九四三年四月八日的最終辯論中所述：「日籍律師初次接觸到『共謀』的英文時，無不為確認其意義而困惑。」又，在「當事人主義」的英美法系刑事審判中，法官在檢察方與辯護方相互對峙時主導訴訟，起了「審查」的作用。在此司法體制中，考量到陪審員皆為法律門外漢，審理開始後先行示明檢察方提出的證據，辯護方見之再決定具體的策略，並視情況聲明異議與反詰。

相對於此，在「職權主義」的大陸法系審判中，究明事件的主體為法官。因此一九四五年末，在紐倫堡審判的預備會議中，蘇聯法官伊歐納・尼基琴科（Iona Nikitchenko）慌張詢問：「什麼是『反詰』？」法國法官羅伯特・法爾科（Robert Falco）也對辯護方在開庭前不了解起訴的全貌受到衝擊。（特爾福德・泰勒《解剖紐倫堡審判》）

因為這些差異，會落入被不諳英語及英美法訴訟程序的日籍律師抨擊為「打假球審判」吧！關於這點，重光葵在日記中寫道：「美籍律師……審判長無論如何注意提醒『諸位的辯論是背叛祖國的行為』，仍昂然應聲表示，是祖國命令他們為被告辯護。美國不只是想要在戰爭中取勝這麼簡單。」政治學者丸山真男一語道破：「多少褪去勝利者審判失敗者印象，那樣的方法想來不差。……美籍律師捨棄本國的立場，為日籍被告主張之舉，讓一般民眾多少為之感動。」藉此可窺見其效果。

◎克魯曼團隊的辭任

美籍律師團於一九四六年四月一日組成。比佛利・克魯曼（Beverly Coleman）海軍上校（橫濱審判的審判長）就任律師團長，全美聞名的律師約翰・蓋達（John Guider）海軍上校也為了替東條英機辯護抵達日本。律師團針對負責哪個被告進行討論，有按美籍律師喜好所選擇者，也有棘手難覓者。東鄉文彥（後任駐美大使）就說：「東鄉先生案件的困難，讓眾人都不願受理。」（東鄉茂彥《祖父東鄉茂德的生涯》）

克魯曼在開庭後的五月八日，通過法院向麥克阿瑟請求，透過憲章改正來設置法院直屬的「國際辯護局」，並設置擁有掌握全體日美律師權限的「首席律師」。克魯曼團隊亦因與陸軍部派遣的美籍律師團反目，謀求提升辯護方地位與主導權。

然而韋伯審判長為此憲章改正案所激怒，斷然拒絕。盟軍最高司令官總司令部（GHQ）也為了讓美籍律師從屬於法務局而奔走。

為此，克魯曼等海軍出身的六名律師，在五月三十一日提出辭職信，隔天，他們將最後的希望託付在與麥克阿瑟的談判上。然而麥克阿瑟在約兩小時任對方喋喋不休，僅表示自己沒有組織律師團的權限。最終克魯曼團隊離開日本，其後富蘭克林・

華倫（Franklin E. Warren）陸軍少校（土肥原、岡的辯護律師）、戰爭時期擔任情報將校而通曉日語的班・布魯斯・布萊克尼陸軍少校（東鄉、梅津的辯護律師）、山岡喬治（東鄉的辯護律師），這個陸軍部派遣的律師集團成為美籍律師的中心。他們在六月上旬編制於法務局，並以新橋的第一飯店為宿舍。

克魯曼團隊在初期的辭任插曲，形塑「審判不公」的印象。確實辯護方雖然身處於不利的環境，也有美籍律師間陸海軍對立的事實，不管怎麼想，都有必要考慮到開庭後修改憲章是不可能的事吧！

◎「不像大人該有的樣子」

辯護方的內部，在日籍律師團外尚有著美籍律師的「美國部門」。抵達日本後怨嘆著「接受了一件出乎意料的工作」的威廉・羅根（木戶的辯護律師），其所隸屬的第一辯護部，負責日本的國內情勢、戰爭準備的一般階段，並兼任整體辯護的營運委員會。第二辯護部負責九一八事變、第三辯護部負責中日戰爭、第四辯護部負責蘇聯關係、第五辯護部負責太平洋戰爭。此外另設有法律委員會。

辯護方律師富蘭克林・華倫
（Franklin E. Warren）

辯護方律師班・布魯斯・布萊克尼
（Ben Bruce Blakeney）

辯護方律師山岡喬治（George Yamaoka）

辯護方律師威廉・羅根（William Logan）

辯護方律師歐文・坎寧安
（Owen Cunningham）

辯護方律師阿里斯蒂德斯・拉扎勒斯
（Aristides G. Lazarus）

然而除了高柳等人的特例，事實上，日美律師之間的關係並不好，並未進行組織內的意見溝通或業務合作。特別是清瀨一郎（東條的辯護律師）打從心裡討厭美籍律師，常常說他們壞話，並強烈地往「國家辯護」論集團靠攏。為什麼會如此呢？美籍律師的立場首重依賴人的利益，這種「個人辯護」論的立場與高柳等人相仿。另一方面，也有像重光葵與木戶幸一這樣的被告，信賴美籍辯護律師，而不贊同「國家辯護」論集團的力量。

日美律師的對立為世人所知，是在一九四七年二月二十四日辯護方開始反證時。當日在清瀨進行開頭陳述前，羅根的公然聲明震驚了眾人：由於「被告間的利害相剋、意見不一致、乃至各被告在任官職的多元」，辯護方的開頭陳述要滿足所有被告的需求事屬困難，像是重光、平沼、廣田、土肥原、鈴木等五名被告反對開頭陳述的全文，也有反對開頭陳述的大部分者，僅部分反對者亦有之。

歐文・坎寧安（Owen Cunningham）律師（大島的辯護律師）進而提出：「對於整體開頭陳述的部分，保留主張異議的權利。」檢察方的法蘭克・塔夫納逼問：「大致上來說，這個開頭陳述，到底代表了誰？」於是清瀨雜亂無章地回答：「反對者有四名……漏掉了廣田弘毅，所以應該是五名，此外全部同意。……大島君好像僅僅針對一行有異議……雖然現在說是一行，但根據律師的提醒，好像還有其他一、二行的樣子。」

舊陸軍的松谷誠不禁感嘆：「清瀨律師的劈頭述說，就在美籍律師的責問中開始，立論的弱勢一如預期，不像個大人該有的樣子。」

2·辯護方的論據

◎被告公訴撤回的動議

開庭後，辯護方提出多項動議。一九四六年五月十三日，清瀨藉著法院管轄權的迴避動議做出如下陳述：

一、日本與德國「投降的方式」不同。《波茨坦公告》第十項雖然約束日本與同盟國，但在《波茨坦公告》提出時，戰爭犯罪僅限於違反戰爭法。從而法院對「反和平罪」、「違害人類罪」、「殺人罪」缺乏管轄權，《日蘇中立條約》（《日蘇互不侵犯條約》）

中亦未將侵略戰爭視為犯罪。

二、明明張鼓峰事件與諾門罕事件已由日蘇間的協定而解決，針對這點告發真的很奇怪。

清瀨的陳述中，特別是第一點的管轄權異議主張，可以說讓公開審判中的審判團很苦惱，（參考第五章第一節）相當具有威力。

其後歷經八個月，檢察方舉證終了，辯護方在一九四七年一月二十七日提出撤回公訴的動議。雖然這些全都在二月三日遭到駁回，但當時在麥克阿瑟權限的動議中（十名未參加），大衛．史密斯（David F. Smith）律師（廣田的辯護律師）挑明，辯護方正打算把這個問題也提到美國的「聯邦法院」——判決後，透過向美國聯邦最高法院訴願而實現。韋伯吐出一句：「想去華盛頓或哪裡，『都不是我們關心的事』。」

又一月二十七日到二十九日間，美籍律師輪番登上發言台，提出不同被告的公訴撤回動議（日美籍律師聯名）。該動議主張，各該當事人應自被告名單中撤除，並使當事人無罪。此時，松岡洋右已於一九四六年六月二十七日病歿，前海軍大將永野修身也於一九四七年一月五日病歿，被告人數加計入院中的大川周明（後於一九四七年四月九日免除審判），總計二十六人。

◎從荒木貞夫到松井石根

從荒木貞夫起依序歸納每個甲級戰犯嫌疑人的辯護論點。

●荒木貞夫前陸軍大將／勞倫斯．麥克馬努斯（Lawrence P. McManus）辯護：
雖然被指稱在一九二八年時「參與共謀」，但在九一八變爆發時他並非陸軍大臣，成為陸軍大臣也是為了替事變收，無法提出證據證明荒木與殘虐行為相關。

●土肥原賢二前陸軍大將／喬治．威廉斯（George Carrington Williams）辯護：
在侵略戰爭共謀的時期，作為駐外軍隊只能「唯上級命令是從」，無法證明其涉及殘虐行為。

●橋本欣五郎前陸軍大佐／李察．哈里斯（E. Richard Harris）辯護：
於九一八事變時在參謀本部擔任俄羅斯班班長，於中日戰爭爆發時則為在野人士，無法證明其於一九三〇年組成的櫻會與對外戰爭的共謀有關，殘虐行為的舉證並不充分。又，在一九三七的中日戰爭時，砲擊英國戰艦瓢蟲號（Ladybird）的事件，是因為「錯誤」而發生的。

●畑俊六前陸軍大將／阿里斯蒂德斯・拉扎勒斯（Aristides G. Lazarus）辯護：

「極少」在本訴訟的記錄中出現姓名，且「與戰爭爆發時的政府機關也無往來」。就任中支那派遣軍（華中派遣軍）司令官一職，也是在南京淪陷兩個月後的事，當時「南京的局勢業已重歸平穩」。

●平沼騏一郎／富蘭克林・華倫辯護：

與共謀無關，也未利用其官職之便促生其事；雖然因為與中國相關的殘虐行為遭起訴，但沒有相關的證據可以證明。這個審判「甚至在特殊的程序中，欠缺可以斷然入罪本被告的實質且充分的證據」。

●廣田弘毅／大衛・史密斯辯護：

被追究南京事件的責任，這件事本身「非常奇妙」。辭任第一屆近衛內閣的外務大臣，是因為針對「在中國的日本軍的行動」與首相有「見解上的歧異」。廣田內閣「在整個任期當中，日本處於和平狀態」。廣田也未以「自存自衛」之戰來描述對美英的戰爭。起訴廣田這件事本身是「大大的誤算」。

●星野直樹／喬治・威廉斯辯護：

不過是「一輩子的官僚」。被告發「在滿洲國排拒他國國民的經濟活動」，是對滿洲國外資導入計畫的誤解。

●板垣征四郎前陸軍大將／弗洛伊德・馬蒂斯（Floyd J. Mattice）辯護：

於九一八事變時，「依照」上司關東軍司令官本庄繁、軍隊高層的「決定及命令來行動」。僅因板垣擔為陸軍大臣時，以在廣東及漢口發生「虐殺」事件，就對板垣追究刑事責任，理由實在「不夠充分」。擔任第七方面軍司令官（在新加坡）時，針對當時發生的殘虐行為，檢方也只是陳述其「多少有責任」罷了。

●賀屋興宣／麥克・李文（Michael Levin）辯護：

是「專門行政官」。在廣東及漢口的發生「虐殺」事件時，辭任大藏大臣，又大藏大臣對開戰或殘虐行為亦無責任。

●木戶幸一／威廉・羅根辯護：

於九一八事變時，並未依其內大臣秘書官長之位而參與「共謀」。一九三二年，知曉陸軍的滿洲統治計畫時，木戶了解到這「與自己的思想顯著違背」而感到錯愕。他在一九三六年之後，作為宮內大臣松平恆雄的「親信」，而歸屬於「親英派」。在文部大臣時代，屢屢在日記中寫到，「應該儘速解決支那事變（中日戰爭）」。雖然內大臣被誤解為是「向天皇進言」的職位，但不過是「天皇與閣僚以外官員間的聯絡人」罷了。木戶對日德義三國同盟沒有責任，對太平洋戰爭（日美戰爭）則是「極力反對」。推舉東條為首相一事，除了在外交上能夠避免太平洋戰爭，假設在外交交涉失敗的情況下，估計也能駕馭得了軍中的少壯派將校。內大臣非為觸犯殘虐行為的職位。

●木村兵太郎前陸軍大將／約瑟夫．霍華德（Joseph C. Howard）辯護：

作為「忠於自己國家的軍人」，不行「義務之外的事」。在任陸軍次官時，與俘虜有關的權限，僅有將陸軍大臣的命令傳達至各軍司令官。一九四四年，就任緬甸方面軍司令官之時，「日本軍業已在敗退中」，且任內沒有管理俘虜的證據。

●小磯國昭前陸軍大將／阿爾弗雷德．布魯克斯（Alfred W. Brooks）辯護：

與其他被告沒有熱切的往來，在陸軍省內為「中立派」，被官僚視為「中立敦厚的道德家」。雖然「反和平罪」的起訴原因「極其複雜」，但小磯並未涉及其間。在九一八事變時雖然任職陸軍省軍務局長，但只是「服從陸軍大臣南次郎的命令行動、並遵循幣原政策」而執行任務。小磯將太平洋戰爭理解為「自衛性的合法戰爭」，執行首相的職務。又首相對俘虜的待遇亦無「介入的權能」。

●松井石根前陸軍大將／弗洛伊德．馬蒂斯辯護：

中日戰爭時擔任中支那方面軍（華中方面軍）司令官，無非只是根據軍隊層峰的命令來執行攻擊南京之舉。戰爭期間是在蘇州司令部執行任務，僅短暫停留於南京，關於南京的殘虐行為，沒有可能對松井問責的證據。

◎從南次郎到梅津美治郎

●南次郎前陸軍大將／阿爾弗雷德．布魯克斯辯護：

九一八事變時擔任陸軍大臣，努力讓事件不要擴大。日本「陸軍大臣的權限被制約得厲害」，擁有海外派兵上奏權的其實是參謀總長。又，到一九三六年三月辭去關東軍司令官為止，日本並不拘留俘虜。

●武藤章前陸軍中將／羅傑．柯爾（Roger F. Cole）辯護：

在其從軍履歷上，幾乎都是「被動的地位」，「將上級的命令付諸實踐」是他的任務。雖然大量的證據顯示俘虜相關的政策由陸軍省軍務局決定，但它們是被「扭曲」的產物。在蘇門答臘的近衛師團長的任期中，俘虜「非以正式的命令系統來處理」，因而武藤對此沒有責任。

●岡敬純前海軍中將／羅傑・柯爾辯護：

雖然是攻擊珍珠港時的海軍省軍務局長，但「始終以被動的方式」來行動，並非政策的決定者，並沒有證據顯示他擁有左右俘虜待遇的權限。說起來，「海軍從頭到尾反對戰爭這件事是無庸置疑的」。

●大川周明／由阿爾弗雷德・布魯克斯辯護：

並不具備相應的權利、地位來實行其遭告發的內容，也未藉由著作主張個人野心或犯罪意思。一九三一年的三月事件和十月事件，不過是陳腐的「政治示威運動」罷了，與九一八事變相涉的證據也只是「風聞」。

●大島浩前陸軍中將／歐文・坎寧安辯護：

只是「機械式地」扮演著「行政」角色，一來沒有成為政策制定者、軍隊司令官、大臣，再者通常禁止「起訴外國使節」，在德國任職時，大島並未在缺乏日本政府的認可或命令下，交涉或簽署外交事務。

●佐藤賢了前陸軍中將／詹姆士・弗里曼（James N. Freeman）辯護：

在珍珠港事件時，他只是陸軍省軍務局軍務課的課長、一介少將罷了，並不具備主持計畫、發動侵略戰爭的地位。一九四二年四月以降，雖然檢察方以其作為軍務局長，管轄俘虜情報局或俘虜收容所而加以告發，但不管是哪個組織，都是由陸軍大臣直接管轄。

●重光葵／班・布魯斯・布萊克尼代讀喬治・弗內斯的文件：

致力於維持中日間的和平。在擔任駐蘇聯大使之時，於張鼓峰事件交涉中的發言是，在「本國政府訓令範圍」之內的事，如同蘇聯的檢察官無法提出證據來主張般，沒有透過滿蘇國境的畫定，謀求使蘇聯割讓領土等等事實。在擔任駐英大使時沒有介入三國同盟的交涉。擔任外務大臣是太平洋戰爭中、一九四三年的事了，外務大臣與俘虜問題相關的「唯一的權限」是，負責外國政府與日本當局間公文的交換。

●嶋田繁太郎前海軍大將／愛德華・麥克德莫特（Edward P. McDermott）辯護：

雖然在珍珠港事件五十日前就任海軍大臣，但只有參加決定開戰的會議三次，在那之前他並不在軍令系統當中。在海軍部內也有意見上的對立，作戰計畫由軍令部所制定及實施。針對殘虐行為，海軍省無法「制約」外勤的艦隊司令官，也無法證實在海軍管轄的「極少數」俘虜收容所中，有所謂的「違法行為」。

●白鳥敏夫／查爾斯・科戴爾（Charles B. Caudle）辯護：

身為職業外交官，在省內最高官職，止步於外務省情報部長。九一八事變時，協助幣原外務大臣的阻止侵略方針。僅短暫擔任駐義大利大使，大島與白鳥拒絕透過正式的外交途徑來交涉，雖說義大利外交大臣加萊阿佐・齊亞諾（Galeazzo Ciano）提到，如果不無條件接受「三國同盟」就辭職，以「讓內閣為之總辭」來要脅，但大使辭任後會動搖內閣實為荒唐無稽之談。就一九四〇年九月締結的三國同盟，白鳥於同年一月被解除大使的職位，更值得關注的是，松岡外務大臣「意志堅強而具有壓制性」的行動。

●鈴木貞一前陸軍中將／麥克・李文辯護：

在中日戰爭爆發時只是「一介大佐」，而總動員計畫是在一九四一年鈴木成為企畫院總裁的「遠古之前」就已大致完成。

●東鄉茂德／班・布魯斯・布萊克尼辯護：

在外務大臣時代，雖然有證據指出，其保證會遵守《日內瓦條約》及《紅十字條約》，但外務省既沒有管理俘虜的責任，也只是像「郵局」一般，傳達陸軍的照會或抗議。從東鄉被天皇下令要將「日美關係和平解決」而成為東條內閣的外務大臣，到一九四一年十二月一日御前會議的開戰決定為止，都認真地為日美談判的妥協而努力。亦有證詞指出，富蘭克林・羅斯福總統向天皇親電的配送，是因為「參謀本部的命令」而遲至。在對美通知上，東鄉在珍珠港攻擊之前，已訓令駐美大使親手遞交宣戰通知，不應讓東鄉承擔通知遲至的責任。

●東條英機前陸軍大將／喬治・布魯伊特辯護：

就共謀或殘虐行為的告發，不論是哪一件，都欠缺認可的「法律證據」。

●梅津美治郎前陸軍大將／班・布魯斯・布萊克尼辯護：

在一九三五年擔任支那駐屯軍（中國駐屯軍）司令官時，在第一次華北五省自治工作中，被追究締結「梅津、何應欽協定」。然而，那是委任給參謀長的工作，他不過是了解到騷動而為之抑制而已。中日戰爭之時的陸軍次官一職，只能「實踐大臣的意思」，並沒有做出重要決定的權限。一九三九年就任關東司令官，是在諾門罕事件結束的一周前，梅津對這個事件並無責任。告發蘇聯關係的證據，僅僅是由「不在場證人堆砌」而成。

接下來就談談，各個被告的動議特徵吧。

個別來說，特別突出的是：靈活運用日記來逐一否定起訴原因的木戶動議，以及僅冷淡地主張舉證不成立而未提到本身具體事實的東條動議。

概括來看。首先，辯護邏輯多半主張「共謀」的存在未被證實，或者就算有、各該被告也缺乏與此相涉的證據。第二，以主張「職務的執行」或「上級權力的命令」，來謀求否定責任的根據者甚多，甚至有具體指明應該負責的被告為何者。當然，若從現在日本政治史的認知來看，雖然令人費解的主張處處可見，如同牛村圭所指出，無論法庭內外，嫌疑人或被告的主張，都有為了避開起訴或入罪的「演技」成分。（牛村圭《與「勝者的審判」面對面》）所謂被告的辯護，大抵是這麼一回事。

◎檢察方的反駁

對辯護方報告的其他動議，檢察方從一月三十日起到三十一日，反駁如下。

●荒木貞夫：

荒木在侵略戰爭的進行中成為陸軍大臣而「參與共謀」，進而「也承繼侵略的責任」。

●土肥原賢二：

土肥原擔任奉天特務機關長時，被報導為不辭以武力解決的人物。秦德純評價土肥原為柳條湖事件的「教唆者」，溥儀也作證：「土肥原在背後穿針引線」。任東部軍司令官時，對俘虜收容所的虐殺負有「直接的責任」。第七方面軍司令官（新加坡）在任時間，也發生「數千件殺人及不必要的死亡事件」。

●橋本欣五郎：

橋本是謀略的「宣傳者」，瓢蟲號轟炸事件的責任人。

●畑俊六：

畑於擔任陸軍大臣期間，「推翻米內（光政）內閣，為整體共謀帶來新方向」。中日戰爭爆發之後，就任教育總監這「能左右政策的高層要職」。

●平沼騏一郎：

平沼曾擔任樞密院議長，能夠左右「重要的決議事項」，擁有對政策提出異議的權限。首相在任期間，為了強化與德義間的《反共產國際協定》（《防共協定》）而交涉。

●廣田弘毅：

廣田於外務大臣與首相在任期間，對列強雖然報以「協調的」辭令，但實際上的政策與結果卻並不「協調」。廣田內閣時決定的「基準國策」為日本政府首先採用的侵略政策，從而廣田是「從最初到最後的侵略者」。

●星野直樹：

星野監督與指導滿洲國的政治與經濟，在一九三七年與關東軍參謀長東條「共同行動」，任國務院總務廳廳長時期，是滿洲國「最有權勢的人物」。在企畫院總裁任內，「可推斷曾出席」一九四一年決定開戰的各會議。星野「贊成日本的擴張……參加各式各樣的共謀」，並參與謀畫。

●板垣征四郎：

板垣為柳條湖事件「最初的計畫人之一」，又在太平洋戰爭末期，擔任第七方面軍司令官時發生「讓俘虜感到恐懼的暴虐行為」。

●賀屋興宣：

賀屋徹頭徹尾就只是個「財政官僚」，就任第一次近衛內閣的大藏大臣後，便採用統制經濟的五年計畫，支持中日戰爭的擴大。亦參加一九四一年十二月一日的御前會議，同意開戰決定。又泰緬鐵道（日本軍在一九四二至一九四三年間，為了連結泰緬間的鐵路建設工程，動員歐美俘虜與亞洲工人，產生大量的犧牲者）這種大規模的工事，若無大藏大臣的同意應該無法實施。

●木戶幸一：

木戶在九一八事變之時，亦因天皇意向所致，反對軍國主義。但「在一九三七年完全加入謀畫的陣營」。任內大臣之時，為天皇「主要的諮詢顧問」，針對首相的選擇創設出向天皇匯報的任務。在對美國與英國的戰爭中，主戰派占多數時，其與彼等同氣相連。木戶沒有選擇「可以全盤迴避戰爭」的宇垣（一成），而推舉了東條。「他的核心思想就是見風轉舵主義」。

●木村兵太郎：

木村在陸軍時代擔任陸軍次官，較「其他若干的省大臣」負有更多責任。是他決定使用俘虜來建設泰緬鐵路，也是他下令處決同盟國的飛行員。

●小磯國昭：

小磯為滿洲以及日本國內謀虐「最初指導者的一人」。又在首相任內，「對於俘虜等等的虐待，負有重大的責任」。

●松井石根：

松井擔任中支那方面軍（華中方面軍）司令官時，負有「命令」砲擊瓢蟲號的責任。南京事件的犧牲者有「十五萬」以上，甚至「二十七萬」以上，殘虐行為「的多數係故意由命令為之」。

◎作用，即刑事責任

●南次郎：

南擔任陸軍大臣時「參與」九一八事變的侵略。又其承認於擔任朝鮮總督之際，為了違法目的而將俘虜移動到朝鮮。

●武藤章：

武藤參加當地軍隊與陸軍省「所有的侵略」。又在蘇門答臘擔任近衛師團團長、呂宋島擔任第十四方面軍參謀長時期，犯下多起殘虐行為。

●岡敬純：

岡在擔任海軍省軍務局長任內，決定進駐法屬印度支那，數度出席大本營政府聯絡會議與御前會議。海軍省軍務局為與陸軍省軍務局對應的「政治局處」，岡為長年與陸軍的武藤、佐藤齊名的「第一把交椅」。對海軍方的俘虜亦負有責任。

●大川周明：

大川為「共謀產生的溫床，有害思想的創始人」，亦為「積極的陰謀家」。

●大島浩：

大島在擔任駐德大使館武官時，為正規外交機關的高層交流——「日德軍事同盟」踏出第一步，與白鳥同樣「無視日本政府的意向」，為實現三國同盟而努力。

●佐藤賢了：

佐藤在一九四二年接任武藤擔任軍務局長。依據田中（隆吉）證詞，深受東條信賴，在檯面下推動東條就任首相。就虐待俘虜「應該負擔主要的責任」，作為「陸軍預算的管理者」同意泰緬鐵道的建設。

●重光葵：

重光為九一八事變後「陰謀謀畫」侵略行為的「要角」，擔任外務大臣時期，對有關美英抗議虐待俘虜等事，或予以拖延或大加否認，「默許」違反戰爭法的行為。

●嶋田繁太郎：

嶋田為東條「強烈的支持者」，從而成為東條內閣的海軍大臣，「輔助侵略計畫的推動」。又對透過潛水艇作戰所致的殘虐行為，亦負有責任。

●白鳥敏夫：

白鳥參加從最早開始的所有共謀，與大島共同推動三國同盟。

●鈴木貞一：

鈴木為一九三一年以來的共謀，任企畫院總裁時統制經濟政策，占有「重大權威的地位」。

●東鄉茂德：

東鄉在駐蘇大使任內，涉入三國同盟締結的交涉。擔任東條內閣任內負責日美交涉，一腳踩進「欺瞞之路」，在決定遞交對美通牒的時機上負有責任。又，其在保證準用《日內瓦條約》後，從來未確認其履行狀況。

●東條英機：

東條在「共謀的初期」——即計畫征服東亞之時，尚為青年將校，透過九一八事變與中日戰爭占據重要地位。在一九四一年就任首相時，成為「共謀事實上的指導者」。關於其殘虐行為的「直接責任可以充分證明」。

●梅津美治郎：

梅津從大量的證據中，可知其在擔任支那駐屯軍（中國駐屯軍）司令官時期，對

受審名單

荒木貞夫

土肥原賢二

橋本欣五郎

畑俊六

平沼騏一郎

廣田弘毅

星野直樹

板垣征四郎

賀屋興宣

木戸幸一

木村兵太郎

小磯國昭

松井石根

南次郎

武藤章

岡敬純

大川周明

大島浩

佐藤賢了

重光葵

嶋田繁太郎

白鳥敏夫

鈴木貞一

東郷茂德

東條英機

梅津美治郎

「華北侵略」負有責任。擔任陸軍次官時對中日戰爭的「侵略行動」負有責任。另梅津所屬的「軍方派系」阻止宇垣組閣。此外在擔任關東軍司令時，持續將滿洲國建設為對蘇攻擊基地。從一九四四年開始擔任參謀總長任內，在日本國內外，持續發生對俘虜的「非人道待遇」。

想當然爾，辯護方與檢察方的主張針鋒相對。檢察方先前雖對辯護方動議的解釋提出疑問，然而檢察方的反駁更讓人感到疑惑。因為即使不討論「共謀」關聯，單就以「在某個事件身居特定職位」這點來當作刑事責任的連結，本身就是相當蠻橫的主張。

◎清瀨一郎的開頭陳述

清瀨一郎在辯護方進行總括性的開頭陳述，是在一九四七年二月二十四日。

說來，與德義結交、共謀支配世界的控告，是依據三國同盟前文或「八紘一宇」口號[01]（試圖將全世界變成一個大家庭）而來的「極大的誤解」。檢察方將大政翼贊會或翼贊政治會視為與德國納粹黨或義大利法西斯黨相類的組織，實則不然。日本方面，未如納粹有迫害猶太人般「違反人道」的案例。辯護方也證明，滿洲國的建設是「滿洲居住民自發的運動」。

針對盧溝橋事件（一九三七年七月），日本證明「此突發事件擴大的責任」在中國，而日本是竭力不讓事件擴大，中國的「殘虐事件雖是遺憾的事情」，但卻被「不當誇大」。張鼓峰與諾門罕兩事件是國境的紛爭，而不是「侵略戰爭的型態」。締結三國同盟並不是為了對美戰爭作準備，到一九四一年秋天為止，日本的統治經濟或軍備，都採取「防禦姿勢」。針對太平洋戰爭，「試圖證明，實為日本的生存在無法遏止的事態下行使自衛權」。

清瀨陳述終了後，便是高柳賢三的開頭陳述。高柳以法律觀點「逐一反駁」檢察方的憲章解釋，作為其宣讀項目。然而，卻遭審判長韋伯制止。韋伯認為檢察方雖然有說明法律的必要，但開頭陳述本來就只是預告將會提出什麼樣的證據。雖然不是不提供辯護方議論法律的權利，但法律問題應該在最終辯論處理才對。

高柳雖然死命地抗議，卻無法讓韋伯回心轉意。

◎徹底的「自衛戰爭」論

若要說到對清瀨辯論的評價，日本方面的審判關係人大多給予及格分數。另一方面，《紐約時報》等海外媒體本來就不用說了，連日本的新聞也批評他是「反動」的。三月二日，清瀨所收到德富蘇峰的信件中，寫著「最令人不快的就是，本國言論界對本審判——特別是對閣下（清瀨）的態度。對手國的言論界姑且不說，本國言論界至少該有一點日本人的樣子，如今儼然都是外國人的口吻」。（清瀨一郎《秘錄東京審判》）

開庭前，協助舊陸海軍審判準備的政治學者矢部貞治（前東京帝大教授）一邊認為「日本的侵略行動」「應該沒有半分可加辯護的餘地」的同時，一邊以列強的亞洲政策、日本的資源匱乏與人口增加、美英中荷ABCD包圍網[02]的經濟封鎖等原因，提出不得已才邁向「大東亞戰爭」的抗辯法。

然而清瀨的開頭陳述中，全盤否定「侵略」的成分，與矢部徹底的「自衛戰爭」論大相逕庭。即辯護方的「國家辯護」派主張，日本的戰爭係「自衛戰爭」，以此與檢察方的「侵略戰爭」論相抗衡。

在此野村正男有著意味深長的評論。現實的狀況是，若反抗占領軍的話，難保遭

到公職追放，唯一「可稱之為對等的場域」，便是遠東國際軍事法庭。（野村正男《被審判的日本》）

又如前陸軍大將宇垣一成所評論：「試圖將所有事情盡可能地正當化，這樣的想法，到過頭來可能弱化大局的重要之處。」概括來說，「辯護方的邏輯」是過度的徹底「非侵略」論。

◎史密斯律師撤職的意義

以清瀨的開頭陳述為開端，辯護方開始反證的程序（反證的各階段如表格所述）。其後不久，負責幫廣田弘毅辯護的大衛．史密斯律師在三月五日的證人詢問中，對韋伯屢屢插嘴感到焦躁，直陳「法院有不當的干涉行為」。「不當的干涉」在美國雖為常見之言，但在韋伯的母國澳大利亞的法庭中卻屬禁忌。

韋伯怒稱，若不撤回及道歉，將退席以示抗議，從而法官團提案剝奪史密斯的律師資格。儘管史密斯雖解釋其並無「污辱法庭」之意，但也未回應對方所要求的道歉。接著在十五分鐘的休息後，法官團裁定宣告禁止史密斯出庭，史密斯回答「並無變更

開始年月日	反證階段	主要的反證項目
1947.1.27.	撤回公訴申請動議	
1947.2.24.	辯護方反證開始	開頭陳述
1947.2.25.	一般階段	憲法與政府機構、東亞新秩序、內政問題
1947.3.18.	九一八事變（滿洲事變）階段	一二八事變（第一次上海事變）、滿洲國
1947.4.22.	中日戰爭階段	排日、淞滬會戰（第二次上海事變）、南京事件、汪精衛政權
1947.5.16.	蘇聯階段	《反共產國際協定》（《防共協定》）、張鼓峰事件與諾門罕事件、《日蘇中立條約》（《日蘇互不侵犯條約》）
1947.6.12.	太平洋戰爭階段	三國同盟、對日經濟封鎖、日美交涉、俘虜處遇
1947.9.10.	個人階段	
1948.1.12.	辯護方反證終了	

個人想法的打算」後便退庭。

然而，因此之故廣田便無美籍律師為其辯護，為此在半年後的九月五日，史密斯於出庭時表達「深深遺憾之意」。然而韋伯又老調重彈，要求史密斯正式道歉，最終兩人不歡而散。

事實上韋伯與史密斯的對立早有伏筆。自從一月下旬公訴撤回動議開始，每每在辯論時針鋒相對，從而導致感情上的對立。甚且韋伯身為審判長，也試圖隱約讓傳媒意識事涉「法庭侮辱罪」。在此迸出的「不當干涉」字眼，直擊了重視「法庭威嚴」的韋伯。史密斯遭撤職的根本理由，與其說是「法庭的不公」，毋寧更在「兩人的意氣之爭」。

辯護方律師大衛·史密斯
（David F. Smith）

澳大利亞法官威廉·韋伯
（William Flood Webb）

◎證據採用

開庭初期，日籍律師對英美法審判的「理論與速率的世界」感到困惑，因而對審理作業感到焦頭爛額。菅原裕律師（負責荒木的辯護）回憶如下。

美籍律師時常主張「objection」（異議）。……當中十之八九遭到駁回。儘管如此仍執拗提出，再遭駁回。在這樣的醜態中，被告們希望「雖然對美國人沒辦法，但請日籍律師能夠自重……」。……可是才過沒多久……可以理解到美籍律師的英美法作法較為適當。相對於法官或檢察官的不當發言……保持沉默的話，法官將解釋為「律師們對現況感到滿意」。……提出異議的話，若遭到駁回，律師方也不會滿意，這樣的事情不難明瞭，進而被記錄下來……。（菅原裕《東京審判的真面目》）

也就是說，東京審判對日本來說，也是學習英美刑事審判的機會。

又遠東國際軍事法庭的證據採用對辯護方相當不利，這點經常為人所批判。雖然不利是不爭的事實，但辯護方也有自己的問題。

特別是日籍律師，總是反覆進行模稜兩可又欠缺反證能力的陳述，對法官心證帶來不良影響，招致被告們的不快，在這點上可謂失策。被告與日美籍律師常被目擊到爭執不下的樣子。某位NHK記者述說其嚴酷的感想，對清瀨「天生頑固」的樣子留下深刻印象，稱「日美律師雙方皆不出色」。（《NHK報導的五十年》）

東京審判的判決，以「幾乎沒有證明力……僅有非常微薄的關聯性」當作辯護方證據駁回的理由，可以說不一定是牽強附會。關於這一點，重視證據意義的木戶幸一評價，因為「所謂英美的審判就是證據審判」，根據「辯護方法」的不同，量刑也有所差異。在廣田弘毅的案件中，因為廣田並沒有陳述證詞，因此木戶意味深長地說：「事實就是這樣。因為可說就是這樣，所以即使被這樣處理，我想大概也不至於會判死刑。」

◎拖延戰術

辯護方在法庭上的戰術之一是「拖延」。同盟國的人覺得，辯護方試圖散陳缺乏關聯性的證據，讓訴訟成為持久戰。實際上，也有律師認同以拖延為目標。木戶肯定審判的長期化，曾作證：「審判比一開始預期所需的時日還長上許多，我想這全都是律師團的美國人所造成的。」（阿諾·布萊克曼《東京審判》、《木戶幸一日記·東京審判期》）

辯護方期待冷戰的影響讓國際關係有可能改變；或者在時間的推移下，戰爭的刺激性降低，產生刑度減輕的可能性。因此認為，拖延判決的時程將對被告們有利。

辯護方若提出缺乏關聯性的證據，檢察方將提出異議。雖然此舉耗時費日，辯護方仍不在意地持續提出類似證據。韋伯在一九四七年五月八日，對辯護方未遵守法院的裁定提出警告，即不受理「包含意見的證據」、「類似於宣傳的文書」，因此種證據的提示僅是在「拖延」訴訟。到了辯護方反證的階段，審判遲滯的問題更加嚴重。

紐倫堡審判歷經十個月結束於一九四六年十月，東京審判的長期化問題因此受到正視。麥克阿瑟在同年的十二月二十四日，對五十三歲的外交官、身為遠東通的英國駐日代表處處長愛爾佛瑞·加斯科因（Alvary D.F.Gascoigne）說，自己對審判的遲滯感到既厭煩又擔心，檢察方冗長的舉證耗費大量時間，毋寧是投辯護方所好。自己在杜魯門的指示下，透過「非正式的說服與批判」，試圖提升法官們的審理速度，然而除此之外也無計可施。

◎致力迅速化也是徒然

若說到為何審判的長期化是不恰當的，那是因為關注的低落與冷戰的影響，審判的信賴度也會隨之下降。

在紐倫堡審判中，短期且集中的審判納粹方式吸引眾人的目光。然而東京審判不太為歐美所知，未引來多少關注。歐美縱然並不關注，就連與審判相關的日本國民都不再熱絡。一開始為了取得旁聽券還徹夜騷動、甚至私底下販售的日本人，到了開庭與判決的階段，除了東條英機、溥儀等名人的證詞外，單調的事實審理讓一般人興味索然。

從各方面都接收到迅速審判壓力的韋伯，在一九四七年六月二十四日，召集全體日美籍律師，曉諭「太平洋階段三周，個人階段每個人兩天，其後檢察官反駁論告十日，必定要共同讓本審判在一年內落幕」。

當天律師與全體被告，自開庭以來首聚一堂。為了消弭律師間的歧異點，一周兩回定期召開律師與被告間的協調會。然而重光葵發言，認為此事讓律師來做即可，協議會的構想立刻為之消失。（重光葵《巢鴨日記》、安倍源基《巢鴨日記》）

一如預料，東京審判的長期化勢不可免，這其中參雜了以下各種因素。參加國眾多、冗長的供述書與證詞過多，也存在語言上的障礙。《明治憲法》體制下，歐美人感到陌生的的政治系統與政治過程，也成為障礙產生的原因。檢察方在法庭上提出五十五項的起訴理由，多為各國追究與各自國有關的殘虐行為。另一方面辯護方採取拖延戰術。接著，審判長韋伯擔心審判「不公」的批評，實際上出乎意料地認可辯護方的休庭要求與異議。

於是，為了審判迅速化的再多努力，最後都成了泡影。

3．「國家辯護」與「個人辯護」

◎被告們的利益衝突

德富蘇峰期待著大川、松岡、東條能在法庭上展現出「該說的事就給我說吧！」的姿態。然而，大川與松岡業已不在法庭。特別是在松岡一九四六年病歿之時，蘇峰惋惜地表示「失去了一位能具有顯著代表性的辯論者了」。（德富蘇峰《德富蘇峰·終戰後日記》Ⅲ）在此將討論的是，日本「國家辯護」的立場。

只是從一九四七年九月開始，進入個人的反證階段，「個人辯護」越來越跋扈。作為甲級嫌疑犯的兒玉譽士夫，在一九四七年六月寫下「大半的甲級嫌疑犯，比起祖國的將來，更渴望執著於自己所剩無幾的人生」。（《即使能踩在草上》）接著，除了土肥原、畑、平沼、廣田、星野、木村、佐藤、重光、梅津等被告九名外，其它被告都站上了證人席。

在東京審判中，「個人辯護」的模式是：首先，自身反對侵略政策，表現出為迴避戰爭而致力於「和平主義」；第二，以自身沒有權限為由，指出都是上司或組織的權限。為此，被告間的利害相互衝突，每每與過去的因緣相互糾葛。

舉例而言，在陸軍士官學校晚前輩梅津一期的板桓，對前者的「個人辯護」大感排斥，一邊「在梅津聽得到的地方頻頻破口大罵」，一邊又因為廣田所欲提出的證據文件對自己不利，而以「激烈而粗暴的言詞」讓廣田撤回。尚且決意與軍方對決的守島伍郎助理律師（廣田的辯護律師）——在中國通的前外交官大衛·史密斯辭職後，被稱作廣田的「唯一寄託」——憤慨於廣田的妥協而辭職。

◎這樣也算男人嗎！

最典型的例子是，針對珍珠港一事，外務省與海軍的對決。

外務省自開庭之後就以省的利益為優先考量。擔心和軍隊受到同樣的處置，對與陸海軍方一起的辯護調整也「提不起勁」、「不太感興趣」。（豐田隈雄《敗走記》）

然而在太平洋戰爭階段的一九四七年八月中旬，前北美局長山本熊一有如下證詞：即海軍軍令部次長伊藤整一（後任第二艦隊司令長官，與戰艦「大和」命運與共）在十二月二日的大本營政府聯絡會議中，強迫「在開戰的情況下……由於有透過奇襲來打擊美方的必要，日美交涉無須就此終止，希望到開戰為止都能維持現狀」，然而外務大臣東鄉茂德則以通知「絕對有其必要」來抵抗。東鄉在開戰前雖然考慮「從容」地向美國通知中止日美交涉，然而在海軍軍令部的要求下，被迫將遞交國書的時間拖延三十分鐘。

嶋田繁太郎與岡敬純的辯護律師布蘭農，因大感不耐而對山本「反詰」。

因為外務省試圖在法庭報仇雪恨，舊帝國海軍的憤慨在豐田隈雄的日記中表露無遺：辯護方明明大可要求全盤削除珍珠港與通知問題，但是無謀及半吊子的表現實在

讓人想哭。在檢察方的反詰中，東鄉是怎麼說海軍的？西春彥、山本熊一與東鄉茂德這樣也算男人嗎！（豐田隈雄《戰爭審判餘錄》）

◎嶋田繁太郎的反擊

當初高唱「國家辯護」論的舊海軍，也在十一月十七日由岡的部門開始反擊。在海軍省軍務局第二課任職的柴勝男前大佐證言如下。

軍務局長岡敬純時常告誡部下「必須迴避戰爭」。由外務省製作的對美通知草案，雖然被認為「作為最後通牒不夠充分」，而在岡的授意下做出修正案，然而被「外務省代表」認為沒有修正的必要，而加以駁回。

針對這一點，當擔任東鄉茂德辯護律師的布列克尼在質問岡所說的「外務省代表」是誰時，柴回答「沒有說得很清楚」。成功地降低證詞可信度的布列克尼，說了句「到此為止」便行打住。

自十二月十五日開始，嶋田繁太郎便站上證人席。根據他的宣誓供述書，嶋田為了致力於日美間外交交涉，故就任東條內閣的海軍大臣。當時中日戰爭熱鬥正酣的情況下，「政府統帥部中，無欲與英美為戰者」。然而一九四一年十一月二十六日的《赫爾備忘錄》（Hull note，關於日美交涉，國務卿科德爾・赫爾的對日最終提案）宛如「晴天霹靂」般出現。其被解讀為「威脅我國生存之最後通牒」，更無一人想接受這個備忘錄。雖海軍無戰勝美國之自信，但確信「比起之後，不如現在作（開戰）準備將更為有利」。於是，嶋田與軍令部總長永野修身於十一月三十日，向天皇上奏海軍方面已完成開戰準備。

嶋田因此痛罵《赫爾備忘錄》的惡劣。確實在一九四一年當時，外務大臣東鄉等日本方面政策決定者，大抵將《赫爾備忘錄》理解為美國的「最後通牒」，對日美交涉不抱持希望。然而，因為與陸軍同調而被揶揄為「東條的副官」的海軍大臣嶋田，其實際言行與宣誓供述書大相逕庭。

嶋田在一九四一年十月三十日，向海軍次官澤本賴雄與軍務局長岡敬純講道：「（開戰之）大勢無可挽回……在此之際，立定戰爭之決意，今後外交如立大義之名分，有必要引導國民們將此理解為正義之戰。」由此轉向不得不開戰的立場。持審慎論調的澤本因反對而被嶋田所斥責，岡以「想來是無可奈何」加以緩頰。（杉本健《海軍的昭和史》）

◎為了守護帝國海軍的名譽

接著將話題回到法庭。詹姆斯·羅賓森（James J. Robinson）檢察官詰問珍珠港攻擊前的對美通知，是否為「天皇想法」，嶋田回答「正是如此，但並非只有天皇，也是政府方針」。

當問到通知問題之責任「是否打算由東鄉一肩扛下」時，由於對美通知是外務省的專管事項而「無須置喙」，以此暗示是外務省的責任。當羅賓森追根究柢問到，原先海軍是不是不希望事前通知，嶋田以「帝國海軍在傳統上，視遵守國際法為日俄戰爭以來的光榮。……攻敵不備什麼的，絲毫無那樣的想法」來回應，以保衛「海軍的名譽」。

若根據東鄉之孫——東鄉茂彥之言，由於嶋田辯解海軍並不期望在未通知的前提下發動攻擊，據稱東鄉有「被找碴」之感。（《祖父東鄉茂德的生涯》）

在舊海軍的大將會（約二十名）中，財部彪前大將慨歎，嶋田對於「為何海軍未負擔通知問題的責任呢？」的問題，其答辯令人不滿。山本英輔前大將道：「閣下真是頑固不化。」以只要交給當局處理就好來加以駁斥。財部怒道：「什麼頑固不化？

你這傢伙給我閉嘴。」差點上演全武行。（豐田隈雄《戰爭審判餘錄》、豐田隈雄《敗走記》）然而，山本的立場實屬多數派。

◎互揭其短

當東鄉茂德站上證人席時，海軍省和外務省的對立終演變成互揭其短。

十二月二十八日朗讀東鄉供述書後，連同為外交官的重光葵也大加批評：「由於過於極端地自我防衛，造成不顧傷害他人的結果，是欠缺品格的自我標榜。」（重光葵《巢鴨日記》）

隔日，東鄉向擔任海軍辯護律師的布蘭農說到：「我記得最早談到所謂奇襲的人，是永野修身（軍令部總長）。接著，伊藤整一（軍令部次長）提出：『不用照著老方法交涉嗎？』」當布蘭農根據東條、鈴木、賀屋、星野、岡、武藤、嶋田等人的說法，反駁海軍「似未主張在無預告的前提下進行攻擊」，東鄉諷刺地說，他們的記憶不值得信用，連一九四一年十一月五日有過御前會議都想不起來，由此可知，是「遺忘對自身不利」的事情吧。

證人台上的東鄉茂德。

東鄉進一步衝擊性地揭露。

在一九四六年五月中旬的某次私下聚會，嶋田「語帶威脅地」告訴東鄉：「不要再給我講什麼海軍希望奇襲，再這樣說的話對你很不好喔。」以及永野在死之前說過：「珍珠港的責任全部『由我來扛』。」

即便擔任東鄉辯護律師的西春彥（日美開戰時的外務次官）勸解道：「最後是有提出通知的。」認為通知遲延的責任在於駐美大使館「存在事務性錯誤」，從而「沒必要堅持海軍說了些什麼吧」，但東鄉對此充耳不聞。（豐田隈雄《敗走記》）

再來是嶋田於隔年一月九日，破例的再聆訊中，再度擁護「海軍的名譽」。

亦即：東鄉不過是為了「自己脫身之策」，以「脅迫說」來強辯。嶋田答訊，通過海軍軍令的要求，攻擊的三十分鐘前發出對美通知的話，「在國際法上，沒有任何問題」。通知的遲延，為「外交官員之疏失」，從而海軍不擔負責任。

入院中的大川周明，記錄下意味深長的觀察。

戰爭成為東條以一人之力來發動的情況。雖然不論誰都反對，但戰爭就是開始了，沒有比這更愚蠢的話。代表日本的甲級戰犯同伙們，實共為永久之恥。（《大川周明日記》）

◎身為「陛下的代理」

更為貫徹「個人辯護」論的是木戶幸一。木戶自巢鴨收監以來，身為「陛下的代理」，由於獻身於天皇與國家的使命感使然，並未打亂其平靜的態度。

木戶尚且認真地想於審判中獲勝。開庭當下，陳述道：「由於自已一路走來不認為有半點罪過，在這點上盡己所能。」一九四七年四月，因辯護律師羅根暫時返回美國，提出希望將木戶作證提前到個人階段之首時，木戶大表反對。

法院最初給世間帶來的印象是，比起東條更重視我的案子。此事，結合我的起訴理由比起東條氏更多之事實，產生如此觀察，想來實為早晚的事。……對我來說極為不利自是當然，就連陛下的御責任，迄今亦有再成為世間話題的可能。（《木戶幸一日記・東京審判期》）

木戶認為，因為判決是以「被告做了什麼」來裁斷，比起理論鬥爭，「實體的證據」更具說服力。接著，在把自身定位為元老西園寺公望所組成「和平勢力」宮中集團的一員上，主張自身雖致力和平、迴避戰爭，但受到內大臣職務權限「制約」之故，無法阻止開戰。丸山真男批判的「對權限的逃避」（論文《軍國支配者的精神型態》一九四九年）是對木戶無罪的積極論證。

如此，木戶於十月的證詞中，將「個人辯護」論貫徹到底。羅根執筆的供述書中，亦多用「與天皇之關係」，結果造成巢鴨監獄內外對木戶評價降到谷底。

據甲級戰犯嫌疑人安倍源基所稱，「於個人辯護雖盡最大的努力，但就日本何故陷入太平洋戰爭，針對日本正當性的主張未能述及一言。……想來不能免除作為內大臣之責任。……每日以激烈筆調予以非難，《讀賣》以漫畫載出『老鷹硬說自己是鴿子』」。重光葵亦嚴厲非難，木戶的供述書損及木戶自身、國家、天皇任何一方之利益，造成其他被告甚大之不利益。（安倍源基《巢鴨日記》）如同野村正男在一九五四年所點明，「木戶日記雖於批判軍閥有充分」之一面，不免也暗示了「天皇的責任」，可謂是一把「雙面刃」。（《秘錄大東亞戰史》第六卷）

◎「嫌惡與幻滅」

佐藤賢了於一九五九年，在法務省大臣官房司法法制調查部如此說道。

木戶在推薦東條為內閣總理大臣時，在日記寫下「明明壓制了軍方的強烈主戰論——」，我因為確信當時軍方對於戰爭極為慎重，就此點在巢鴨向木戶確認時，木戶說：「不，是新聞記者一直以來盛傳軍方主戰論的強勢。」……（陸軍）大臣只說了表面的東西……因為內大臣沒有接觸校級軍官的機會，勢必也會向記者打聽……。

儘管佐藤認為「木戶日記」相較「原田、西園寺日記」（《西園寺公與政局》）來得「正確」，但以日記類做為採用的證據，仍有「慎重檢討」之必要。（《井上忠男資料．來自佐藤賢了氏的陳述書》）雖然在刑事審判中為自己辯護是當然的權利，然而，在被告半數位居國家要津的東京審判中，這樣的事情仍難以被理解。雖然宇垣一成好幾次向被告們勸說：「大大方方」表示日本採取的是「自存自衛」的軍事行動，在日本的庇蔭之下亞洲諸國得以被解放，可惜無法如願以償。宇垣嘆道：「不出自我辯護之範圍！真是遺憾！」（《宇垣一成日記》第三卷）

又如美國外交官羅伯特．費爾里（Robert A. Fearey）所報告，日本國民發現被告們「互相推諉責任」，對於舊時軍政領袖感到「嫌惡與幻滅」。在那樣的情況下，以一己之身承擔戰爭責任，開展「國家辯護」論，博得「國民人氣」的是東條英機。（羅伯特．費爾里《日本占領》）

◎昭和天皇的身影

不起訴天皇，在一九四六年四月三日的遠東委員會（FEC）為確定的事實，（參考第二章第三節）已無訴追天皇的可能性。雖說如此，在東京審判的過程中，不時浮現天皇的身影。

檢察方在該案的舉證上避免言及天皇，唯恐處理不慎的話，將責任牽連至天皇身上。然而，若描述國策的決定過程，要想避開天皇亦非可能之舉，辯護方一到了反證階段，天皇登場的次數隨之增加。針對一九四一年的開戰，如同戶部良一所指出的：「政府與軍方的負責人踐行正規程序，透過合意決定開戰這點上，身為立憲君主的天皇，不被容許將其否定。至少天皇也是如此考慮。」（戶部良一〈昭和天皇與臣東條英機〉）但是，就算如此昧於《明治憲法》體制的決定系統，藉由閱讀以下的證據資料等，將連結到天皇的責任。

法庭證據三三四〇號的木戶幸一日記中，如此記載：內大臣木戶在一九四一年十一月三十日，由於「本次聖上的御決意，若一旦遭到擱置，往後將成為無法完結的大事」，向嶋田海軍大臣、永野軍令部總長建議，不妨確認「海軍的真正想法」為何。稍後拜謁的嶋田與永野回答：「咸以相當確信來上奏（海軍的準備）之故，天皇下旨，向首相傳達按照預定（召集御前會議）」。（木戶日記研究會編《木戶幸一日記》下卷）

於是在聯合國方，認為「將天皇免責相當怪異」的疑念漸深。虛榮心甚強的基南認為，不該隱藏天皇的存在，而寧可打算自己在法庭上積極地展示「天皇無責任」說法的正確性。

本來在美國與盟軍最高司令官總司令部（GHQ），這樣單純的道理和手法是有希望的，自戰爭期間起在麥克阿瑟司令部擔任對日心理作戰的軍事秘書邦納・費勒斯准將，也在即將開庭的一九四六年三月六日，向前首相米內光政探口風。費勒斯表示：除蘇聯以外，聯合國對天皇訴追論態度強硬，在東京審判中，「由日本人方證明天皇與犯罪無涉」方是上策，特別是應當「由東條擔負全部責任」。米內表示「完全同意」，答覆應讓東條與嶋田擔負「全部責任」。（豐田隈雄《戰爭審判餘錄》）又自一九四七年開始，擔任辯護律師的海軍陸戰隊中尉阿里斯蒂德斯・拉扎勒斯，也在杜魯門的授意下，向試圖保衛天皇的東條進行秘密工作。

就這樣，首先以「天皇無責任」為基礎，因此不起訴天皇自屬當然，此即為美國的說服邏輯。

基南在一九四七年九月下旬，在岡田　介前首相的聆訊中，露骨地否定了「天皇的責任」。進一步，更將十月下旬聆訊木戶的工作自亞瑟・柯明斯・卡爾檢察官手中奪走——亦有消息指稱，是麥克阿瑟令其負責詰問木戶——甚至被審判長韋伯提醒

「這裡並非審判陛下的場合」，執拗地將焦點匯聚在天皇的行止上。

其結果，反倒匯集對天皇存在的關注。基南以失敗告終。

◎最後一次為天皇效勞

英國的亞瑟．柯明斯．卡爾檢察官，向蕭克洛斯司法部長進行了辛辣的報告。

亦即，基南將負責詰問板垣的檢察官，從「無能的」菲律賓檢察官換成「無能的」美籍職員——那就算了，但在木戶的詰問上等等，基南的行徑就毫無道理。卡爾檢察官稱，基南刻意在天皇的問題上「兜圈」，證明檢察方的天皇迴避方針是錯的。卡爾向蕭克洛斯控訴，在成為焦土的東京享用奢侈的餐飲、住宿於高級的帝國旅館皆屬可恥，表示自己在美國占領軍橫行的東京，有多麼地厭煩。

麥克阿瑟也為木戶詰問的失敗嘗到苦頭，向基南建議不妨停止東條的訊問。然而，基南在自己絕對要訊問到東條而大感興奮的狀態下，瞬間變得無所適從。不過，畢竟是基南，這次準備齊全，一邊進行助理司法部長時代擅長的會議工作，一邊也透過田中隆吉向東條私下溝通，「朝洗脫陛下責任的方向來努力」。

然而忠於天皇的東條，原先就是這麼想的。據重光葵稱，一九四七年一月九日，東條在法庭休息室中向重光徵求意見，其稱：「自己的口述書，想來未連累陛下，你覺得如何呢？」又，在東條自殺未遂前，也託人向外務大臣重光留下口信：「由自己承擔戰爭責任，是決心不為陛下帶來麻煩。」（重光葵《巢鴨日記》）

對那樣的東條來說，法庭證言是「最後一次為天皇效勞」。

東條在一九四七年十二月三十日的證人席上表示，在「充分理解陛下」希望和平地解決日美間危機「的心情」下，危機解決才得以順利開展。

◎東條的不謹慎發言

然而到了隔日，東條稍稍搞砸了。對方不是基南，而是擔任木戶辯護律師的威廉·羅根。當羅根詢問到，木戶是否採取了與「天皇對於和平的希望」相反的行動時，東條回答：「這樣的事例，當然沒有。……日本國的臣民反對陛下之意思，大體來說是不可能的事情。更不用說是日本的高官。」這段為人熟知的發言，是東條為了袒護木戶所說。但是，旋即被韋伯以「應該可以理解到方才的回答在暗示些什麼吧」打斷，東條身為羅根的對手卻缺乏警戒，確實在表現上思慮不周。

基南為了修正東條的發言，再次私下與其溝通。接下來，基南在一九四八年一月六日的反對詰問中，在提及溥儀時，由於恰好談論到「皇帝的問題」，「我想針對這一點，現在提出兩三個質問是否適當」，將話題強行與一九四一年的天皇連結。「閣下方才表示，沒有反對『天皇命令』的日本人，這點是否正確？」而提及去年末的東條證言。

東條回答：「那僅僅是在談論『國民的情感』，『天皇的責任是其他問題』，『決定開戰』的是自己的內閣，天皇是『勉勉強強地同意』。」

基南再度誘導東條，質問道：「勸說事前對美通知的不是天皇嗎？」東條對此表示肯定，基南以「那是以天皇的命令為之的嗎？」再一次訊問東條。東條回答：「並非命令。是陛下的建議。由我負責實行。」關於天皇的爭論終告平息。

◎東條的決心

即便已言及爭論，基南對東條的詰問仍從一九四七年十二月三十一日進行至隔年一月六日。基南與東條的對決是東京審判最為精采之處，原本可見空位的市谷法庭，每逢兩方針鋒相對時，總是座無虛席。

早在敗戰後的一九四五年八月十七日，陸軍省高級副官美山要藏大佐就曾拜訪位於用賀的東條宅邸。當時東條談到，若不由「輔佐者」擔負戰爭的「全部責任」，恐生「皇室消滅」之虞；並提到戰爭中想與蘇聯合作以對抗英美的構想，以及戰後應該搖身一變，與美英聯合來對抗蘇聯，因為「自由主義相較共產主義更可接受」、「內地及南朝鮮會變成美國的航空基地」……等諸如此類為了反共而與美英合作的論調。決意引咎自殺的東條也說了：「本戰爭是立基於國際道義的戰爭，必須只保留這樣的印象流傳後世。……即便身為戰爭責任人，也不等於戰爭犯罪者。然而，那些都與陛下無涉。……自身不傷皇德。不賣日本之重臣與敵。不損國威。為此不受敵之審判。」（美山要藏《從廢墟的昭和出發》）

東條的秉性是不使對手屈服絕不罷休。然而，對被告有所理解、且負責戒護工作的憲兵隊長奧布瑞．肯沃西（Aubry S. Kenworthy），透過重光葵向東條提出建言：「檢察官試圖激怒被告，千萬不要讓檢察官有機可趁。」當下，東條也以「這是自己的缺點」，盡力保持冷靜的態度。（重光葵《巣鴨日記》）

美國檢察官約瑟夫·貝瑞·基南（Joseph Berry Keenan）

東條英機

◎遭到玩弄的基南

另一方面，負責詰問的基南，反覆進行不得要領的質問，反而被東條所玩弄。在此試舉幾例。

在大本營陸軍省的報告中，中國戰利品（武器）有「四十八萬二千二百五十七」，但基南仍問此是否為正確的數字。當東條一開口說：「那是本人加油添醋的。……讓我說說所謂戰場的心理狀態吧。在戰場上……」基南以「我對心理學沒什麼興趣」來打斷。於是，東條自顧自地回答：「本人並不想向您做心理學的說明。所謂戰場的指揮官，總想展現自己的功勳。從而，每每想將死傷者數目、戰利品數目，放大後再向上報告。因為現在質問到其正確性，故這數字是我添加的。完畢。」

又，對於基南質問美國是否於一九四〇年九月給予日本威脅。東條回答：「特別受到了『經濟壓迫』。由於一九三九年七月美方廢除《日美通商航海條約》（正確來說是廢除通知，隔年一月才生效），對日本經濟造成極大壓迫。」

在問到美國是否也對日本帶來軍事威脅時，東條如此敘述：「大概有（軍事）計畫之事……證據文件三五六七號以及三六六〇號，讀過這些就能充分了解。」實際上，一九四〇年五月時，美國的龐大艦隊正於夏威夷集結。「所謂威脅是自己感受的，我有這樣的感覺，日本也有這樣的感覺。」

因此，當基南問東條，「你是否想說美國沒有對侵略國的自衛權」時，東條雖然沒有針對美國的自衛權特意批評，卻反駁道：「您當作前提的無論是『侵略也好、暴虐也好』，對日本並不適用。」於是，基南質問：「我雖然用現在的詞彙說過去的事……那您現在也還在使用嗎？」東條回答：「您在說什麼呢？我不懂您的意思。」基南拋出一句：「針對這件事情，由於沒有深究的意義，就此打住。」這是放棄話題的原委。

在聆訊東條的最後，基南問到：「你身為首相，針對太平洋戰爭的爆發，是否認為『無論在法律上也好，在道德上也好，皆未做出不應為之事』？」東條斬釘截鐵地說：「我想沒有什麼不應為之事。我認為是做了正確的事。」

基南問到「侵略戰爭的開戰責任」，東條以「自衛戰爭」的邏輯來回答。雖說是匯集檢察方與辯護人方的典型邏輯，但東條的態度讓不少日本人大感痛快。

◎「對占領最大的一擊」

英國駐日代表處處長愛爾佛瑞・加斯科因對東條「敏銳的知覺、明快的回答、不卑不亢的態度、針對說話對象的處理方式」留下深刻印象。他說：「東條對基南的輕蔑，在法庭上有目共睹。」幾乎所有旁聽人，都覺得東條取得壓倒性勝利。

東條在承認「敗戰責任」之餘，強調「自衛戰爭」論，駁斥「戰爭的犯罪化」。對於東條的證詞，亞瑟・柯明斯・卡爾評論道，在承受一切責任的前提下，謀求『正當化』是『非常精彩的演出』。那麼，效果如何呢？

笹川良一寫道：「基南君露出自己的馬腳，讓東條氏成英雄。是天下第一的大笨蛋。」安倍源基也寫道：「《日本時報》標題『東條行情上漲，但可能當不成殉教者』……反映了輿論的動向。輿論反應對東條氏有利，盟軍最高司令官總司令部竟然就這樣對東條有利的報導沉默不語，到任其刊載的程度。」

就連當時的基南都同意，留下「不愧是『剃刀東條』，腦袋有著相當銳利的靈機」的說法。（《秘錄大東亞戰史》第六卷）

原本飽嘗各種責罵批評的東條，因為以上證詞，其形象產生急劇變化。實際上，

「由於其他被告醜態盡露，顯得其（東條）態度堂堂」。（《大川周明日記》）再者，相對於詰問無力的基南，東條展現出「秀才」、「能吏」的樣子，給世人留下強烈的印象。

然而，這對聯合國一方來說，是相當衝擊的「事件」。聯合國評價東條的證詞是「對占領最大的一擊」。麥克阿瑟也在一九四八年一月二十四日與加斯科因的會談中，承認基南搞砸了，面對東條的辯解可能為日本輿論帶來強烈影響，並未掩蓋他的擔憂。

◎全憑判決而定

在盟軍最高司令官總司令部（GHQ）負責日本輿論對策的單位，是以內幸町的NHK為根據地的民間情報教育局（CIE，Civil Information & Education Section）。民間情報教育局在機密任務「戰爭責任計畫」（War Guilt Information Program，一九四六年六月三日交付）中，負責讓日本人深切地意識到「敗戰與戰爭責任」，手段之一便是指導東京審判的報導。盟軍最高司令官總司令部對NHK「命令強制採訪」的是「遠東軍事審判與物價新聞」，為此NHK定期在廣播播放著名叫「戰爭審判報

告」的節目。（《NHK報導的五十年》）

儘管如此，根據民間情報教育局內部報告顯示，此舉仍無法統制日本的報導機關。一九四八年春，針對此現象採取如下措施：

一、抑制如東條證詞提及「將過去正當化」或「批判投下原子彈」的報導，防止日本的超國家主義復甦。

二、讓世人理解東京審判完成後的判決內容。

然而，「正面攻擊」日本的反抗態度是危險的。若美國國民認為「日本終究無法相信」，難保不會反對對日經濟援助或對日和談。

為此，民間情報教育局只能採取更間接、婉轉的手段，例如製作判決概要、將旁聽券分配給日本知名人士……諸如此類的陳腐對策。在這些對策中，下令回收一九四八年一月刊行的《東條英機宣誓供述書》（洋洋社），也是其中一環。

在東京審判中，試圖確定「同盟國的正當性」和「日本侵略戰爭」歷史的檢察方，與標榜「日本的正當性」和「日本的自衛戰爭」，不留污名於歷史的辯護人方相互對峙。

諷刺的是，使同盟國方抱持深刻危機意識的，竟然來自最大目標東條的辯解。同盟國厭倦思考擊退東條辯解的手段，以致完全被判決的發展牽著走。

◎辯護方的最終辯論

一九四八年二月十一日，進行檢察方的最終論告。

由於基南的結論誇張且冗長，呼籲東京審判的意義在於防止「第三次世界大戰」與「對全世界勸誡」，非難被告們迴避責任的態度。又在亞瑟・柯明斯・卡爾的法律論述中，公開發表放棄追究殘虐行為的共謀，亦即放棄起訴理由第37、38、44～53項的新方針。此放棄參考了紐倫堡審判中憲章的犯罪定義，不承認「危害人類罪」與「通例的戰爭犯罪」的共謀。

接下來，三月二日起是辯護方的總結，舉行最終辯論。

當鵜澤總明結束國粹主義式的辯論後，三月三日開始的兩天之內，英美法學權威高柳賢三宣講了由外務省英籍顧問所「協助」完成的法律理論（松井石根與橋本欣五郎未參加高柳的辯論）。

高柳警告：法是漸進開展的事物，不得「倉促又無章法」地革新，若不排除事後法的話，被告們恐怕將綻放奇特光芒，成為「亞洲解放的殉教者」。高柳的意圖，比起實際上的效果，在於以實證將高格調的國際法理論向世界發送，成為以法理論為基礎的「國家辯護」論。

威廉・羅根的「自衛戰爭」論也是「國家辯護」。蘆田均內閣成立的三月十日，羅根以秀逸的文章如此評論：日本由於「被挑釁」，因此被迫發動「自衛戰爭」。「經濟戰爭頑強地不斷地壓縮……他們愛著日本國。接著，他們的『決定』將決定祖國是生是死。……若這個決定……對守護祖國有絕對的必要，出自強烈的信念與愛國心的動機的話，我認為，我們不應以此為犯罪而於法庭進行審判。」

◎激烈的內鬨

針對高柳的辯論，辯護方內部有著非常劇烈的內鬨。

最終辯論的準備始於一九四七年十一月，林逸郎（橋本欣五郎的辯護律師）威脅，如果高柳提起管轄權問題的話，自己將在法庭上抵制；林逸郎並進一步論及，「我們認可法庭憲章，於其範圍內對抗以此為本的檢察官舉證」，從而在審理開始後，不應當攻擊管轄權之有無。

雖然的確是奇怪的批判，林逸郎的「國家辯護」論集團——也就是鵜澤派——認為高柳是將責任轉嫁給軍部和右翼的「賣國賊」，同時也厭惡高柳以「你們這些傢伙不懂國際法」的高傲態度輕視民間律師。也因此，讓這樣的高柳高傲地談論管轄權，對林逸郎來說斷然無法忍受。

此時，也有試圖統一關於共謀辯護的提案——可以看出是高柳與美籍律師的提案。這樣才應該是「國家辯護」。

然而，林逸郎反駁道：「正是在這點上，應由眾人各抒己見。」強硬堅持即便僅統一法律理論，「不以事實為根據的法律理論，沒有什麼價值，這點不證自明」；「於法庭的進退策略全然外行，或立於發言台身體哆嗦發抖之類者，必須斷然地排除在外」，並推薦「通曉日本政治軍事經濟」的鵜澤負責結案陳詞。

◎諷刺的反論

林逸郎自一九四八年三月十八日起，為橋本欣五郎進行最後的辯論，他以「橋本欣五郎得武士道之傳承，是真真正正的日本男子」、「就其所為直認不諱」等主張無罪。甚至進一步在未朗讀的附件中，以「高柳……甚至連『大東亞共榮圈』相關之思想亦全然無理解」，批評高柳無用。

重光葵有如下的評論亦屬當然。「右翼展開的論辯……大聲叱責法庭，力陳軍閥根本不存在，誤了日本的是西園寺、牧野（伸顯）、以及繼承他們的近衛、木戶一派，點名被告中的鈴木貞一（高柳擔任辯護律師）而罵之，又，重光身為二代外務大臣，指責位列此派集團實是怪哉。」（重光葵《巢鴨日記》）

這樣看來，「國家辯護」派持續「孤獨的戰鬥」，向來美籍律師也親近「國家辯護」的說法，必須做某種程度上的修正。

畑俊六在一九四八年二月中旬，嘆道：「由於辯護方的分崩離析，一敗塗地也。」事實上辯護方由於派系的利益、私怨、面子問題，導致內部對立未曾停止。接著，「國家辯護」於鵜澤派的國家主義議論中遭到矮化。

被視為「個人辯護」派的高柳與羅根，最終辯論的內容帶有「國家辯護」的味道，可說是「諷刺的反論」。

01　八紘一宇：大日本帝國第二次世界大戰時期的國家格言，日本政府宣傳部門的解釋是天下一家、世界大同，但在當時的氛圍下，實質上是服務軍方的侵略擴張政策，從軍備、政治體制、外交關係、意識形態等方面進行動員。

02　ABCD 包圍網：指在第二次世界大戰期間，東亞各國對日本進行經濟封鎖而給予的稱號。ABCD 包圍網取自四個國家的頭一個英文字母，包括美國（America）、英國（Britain）、中國（China）與荷蘭（Dutch）。由於日本的擴張及排除其他列強勢力，引發當時英國與美國對日本進行貿易制裁與經濟封鎖。其中石油與鋼鐵的禁止輸入對日本的影響最大（刺激日本偷襲美國在太平洋上的珍珠港基地），日本也因此與美國、英國談判。

第五章

如何撰寫判決

法官團。前排由左至右：派翠克法官閣下（英）、密朗・C・克萊墨爾少將（美、著軍裝）、威廉・韋伯（William Flood Webb）爵士（澳）、梅汝璈（中）、伊凡・密切葉維支・柴揚諾夫少將（蘇、著軍裝）。
後排由左至右：拉達賓諾德・帕爾（印）、伯特・羅林教授（荷）、愛德華・史都華・麥克杜加（加）、亨利・伯納德（法）、艾瑞瑪・哈維・諾斯克羅夫特（紐）、德爾芬・哈那尼拉（菲）。

1．法官團的分裂

◎由哪些國家派出法官

本章首先將討論法官任命問題。

關於遠東國際軍事法庭的組成，至此為止如同法學者漢斯．凱爾遜（Hans Kelsen）於一九四三年所主張的，包含戰敗國的「獨立公平之國際法庭」，爭議焦點完全聚焦在由勝利者組成的「戰勝國法庭」是否「公平」這一點上。

在這個問題上，為了講求「公平性」，所以希望由中立國擔任法官的論調較為有力；然而同樣是中立國推薦論，卻出現了不同的觀點，那便是笹川良一於一九四五年十二月提出的一種基於現實的認知：「若我是美國，會希望審判不由戰勝國而由中立國為之。如此即便判決不公，世人仍覺得公平。由戰勝國審判，無論如何公平，仍無法克服戰敗國的不滿與偏見。若遭世人認定做出有偏見的判決，便會產生怨恨。」（笹川良一《巢鴨日記》）中立國不見得就能做到「公平」，但世人傾向信賴中立國，而且如此一來受審者也較能接受判決結果。

那麼，為何同盟國一方不善加利用這個優點呢？關於此點，一九五二年麥克洛伊如此回答：「在此次的大戰中，關於戰犯問題，我們沒有從中立國獲得任何支援。」換言之，這次的審判屬於「戰爭的延長」，因此沒有對戰勝有任何貢獻的中立國，無論在政治上或道義上，根本沒有參加的資格。

當時問題的核心，正是在於同盟國中應該由哪些國家派遣法官。

當初紐倫堡審判是由美、英、法、蘇派出法官，依照此例，也出現了限由美、英、中、蘇派遣法官的構想（一九四五年八月九日「SEF一〇六」）。可是，考量其他對日交戰國的威信與為了對日懲罰的理由，如果其他交戰國也想參加，恐怕仍難以拒絕。最後，法官派遣國決定由一九四五年九月二日於《降伏文書》上簽署的九個國家：美國、英國、中國、蘇聯、法國、荷蘭、加拿大、澳大利亞、紐西蘭來派出法官。美國國務卿詹姆斯・伯恩斯（James Byrnes）便於一九四五年十月十八日，要求各國指派法官參與。

原本美國陸軍部考量，為了審判大約五十名到一百名的主要戰犯嫌疑者，應採取「複數法庭」同步審判的方式。但同年十二月，麥克阿瑟將軍惱怒於相關國家對應遲緩，因此對法官、檢察官的指派設立期限，並以基南的提案為基礎，由盟軍最高司令官選派首席法官；與紐倫堡審判不同的是，遠東國際軍事法庭不設候補法官（預備判事），建議只設置「一個法庭並搭配法官」，最終也獲得華盛頓方面的承認。

據此，美國通知各國，最終指派期限訂為一九四六年一月五日（非獨立國的印度與菲律賓只被要求指派檢察官），一月中旬以前，澳大利亞、紐西蘭、加拿大、中國等皆指派了法官與檢察官。

◎美蘇間的較量

蘇聯於一九四六年一月十日表明將參加審判後，便不斷執著於檢察官組織的細節問題。美國駐蘇聯代理大使喬治·肯南分析，蘇聯想要詳細知道檢察官組織細節，大概是基於本身的實際利益，因為蘇聯打算「確認不論任何集團，都不至於提到日本的相關侵略計畫」的緣故。肯南不愧是美國國務院的蘇聯通第一把交椅，其洞察果然無誤。實際上一九四五年五月，美、英、法、蘇協議之際，蘇聯代表謝爾蓋·戈倫斯基（之後成為東京審判的陪席檢察官）便針對國際法庭可能會變相為納粹「宣傳」一事表達關心，而希望部分的審判內容不要公開。

蘇聯於一九四六年一月十八日指派了法官與檢察官，但接著又要求更多的情資。蘇方對東京審判的參與相當積極，不僅如此，對蘇聯而言，東京審判是證明日本軍國主義「侵略性」的「絕佳機會」，史達林為了對東京審判進行準備，甚至到了親自命令外交人民委員部的程度。（基里欽科〈給東京審判的克里姆林秘密指令〉）蘇聯在外交上經常需要長時間反覆確認，得一直持續到出現蘇方能同意的結果為止，而在此次場合，蘇聯對在「美國主導」的審判中如何保持自身利益，早有自己的一套定見。

二月十一日，麥克阿瑟一方面保證蘇聯擁有獨自提出證據與審問的權利，一方面也向國務卿伯恩斯傳達，遠東國際軍事法庭將在「一個法庭」上審理「所有的主要戰犯」。換言之，麥克阿瑟也在暗中恫嚇蘇聯，如果不指派法官與檢察官，那麼蘇聯將無法參與本次的審判。

然而從華盛頓方面的角度來看，不可能不等蘇聯參與便開始審判。如果欠缺了主要參與國蘇聯，那麼東京審判的基本理念——也就是透過同盟國共通的「正義」，對日本施展懲罰的這種名義上之「同盟國協調」機制——便將潰壞。因此接下來面對蘇聯對細節的頑強詢問，美國仍舊耐性十足地對應處理。在這種情況下，蘇聯代表團終於在三月二十三日從莫斯科啟程。

在這段期間內，麥克阿瑟已經於一九四六年一月十九日設置了遠東國際軍事法庭，並公布做為東京審判基本法源依據的《遠東國際軍事法庭憲章》。憲章第二條記載「本法庭應有五名以上、九名以下之法官，由盟軍最高統帥就日本降書各署名國所提之人選名單中任命之」[01]，清楚可以看到由降書署名的九國擔任法庭構成國家。

◎印度也派出法官！

但是，印度對於無法派出法官卻有著強烈不滿。

一九四六年一月三日，遠東委員會（FEC）的印度代表吉里賈·香卡·巴吉帕（Girija Shankar Bajpai）對美國國務院遠東局長范宣德（John Carter Vincent）提出，「只要印度在遠東委員會有派駐代表，理論上在遠東國際軍事法庭中也應該派代表參與」，藉此主張在軍事法庭上多增加一名法官也不至於會有問題。

為了增強國際影響力，著眼於從英國殖民地統治中獨立出來的印度，隔日的一月四日，便以印度人曾在日軍殘虐行為下「犧牲」一事，主張這也是對日作戰勝利的一種「貢獻」，足以自豪獲取參與審判的資格，因此向美國國務院正式提出要求，印度必須擁有法官指派權。

實際上，美國在此之前已經檢討過非獨立國印度與菲律賓的法官指派權。但隨著法官人數上升，如何統一眾人意志就更顯困難，而且也將花費更多時間。光是在日本《降伏文書》簽署用印的九個國家參與，就已略嫌太多，更何況「殖民地」能否稱得上「交戰國」，也還有商榷餘地。因此美國國務次卿艾奇遜告知這個從二戰期間便與自己親交的印度代表巴吉帕，如果法官增加至十一名，將導致法庭難以掌控，從而拒絕印度的請求。

如此一來，巴吉帕轉與英國駐美大使愛德華・哈利法克斯（Edward Frederick Lindley Wood, 1st Earl of Halifax）商量，之後將遠東委員會託付案呈報回印度本國。站在巴吉帕的觀點來看，印度較法、荷等國更具指派法官的正當資格——美國拒絕此項提議，將承擔世界輿論的惡評；另一方面，「英國政府為了幫助印度人達成正當的目的，應該會採取各種可能的手段，至少應該會爭取印度人的認同」，他的想法可謂老謀深算。而且，印度背後還有大英國協諸國，一等英國對印度採取宥和政策，展開積極支持運動後，紐西蘭旋即表明支持，加拿大與澳人利亞也不表反對。

◎巨大法庭的誕生

主張法官人數限定論的基南，二月初即思考此問題將成為開庭早期的障礙，因此積極活動，促使麥克阿瑟認可印度的要求。自此美國政策開始轉變，而決定性的關鍵，則是國務院近東．非洲事務局長羅伊．亨德森（Loy W.Henderson）於三月一日寫給國務卿伯恩斯的一封信。

亨德森說，「印度人……對法庭實際上都以白人國家構成的特性感到極端不快」，因此增加除中國之外的亞洲諸國才是明智的決定；他又論及反對印度加入對美印關係「有害」，應當認同印度的要求。接著美國國務院以「不反對」印度要求——亦即不負責任的消極同意態度——接著還決定讓菲律賓也派出法官。

三月四日，英國代表在遠東委員會針對「SWNCC五七／三」法官指派資格，提出修正「FEC組成國」的提案。接著根據四月三日「FEC〇〇七／三」，決定給予印度和菲律賓法官指派權。因為這個結果，《遠東國際軍事法庭憲章》也在四月二十六日修正為「本法庭應有六人以上十一人以下之法官，由盟軍最高統帥就日本降書各署名國、印度及菲律賓所提之人選名單中任命之」。

如上所述，在印度強硬要求的結果下，法庭組成國與遠東委員會構成國轉為完全一致。

指派法官的道義性資格係基於對日戰爭中的「犧牲」與「貢獻」。而美國轉變態度的最大原因，在於遠東國際軍事法庭「政治上希望避免被認為對亞洲諸國待遇不均」的判斷。在第二次世界大戰後國際政治結構改變的背景下，遠東國際軍事法庭由十一個國家化身為一個巨大的法庭。

◎最終受指派的是？

然而，印度好不容易爭取到指派權後，卻一直無法派出法官。英國檢察總長蕭克洛斯於四月二十九日困惑地表示，「我們在印度任命法官一事上造成了這麼一場騷動……現在印度政府……卻無法任命應擔任法官一職的人物。」不過也就在同一天，印度終於向美國國務院指派了法官。

受指派的人物，正是任職於加爾各答高等法院法官的拉達賓諾德・帕爾（Radhabinod Pal）。根據NHK的訪談（NHK Special《帕爾法官質問了什麼》紀錄片節目），當時帕爾並非第一候選人，但因為其他候選人態度裹足不前，而探詢帕爾時他則爽快答應，因而才由他擔任此職務。

帕爾在大約兩年半之後，寫了一份厚實的少數意見書，認為戰爭在國際法上並不被認定為犯罪，因此反對戰勝國處罰日本領導者，這也就是所謂的「帕爾判決」。他提出這部判決意見書後，立刻在日本獲得絕大的人氣與聲望。一九六六年十月帕爾第四度造訪日本時，獲得勳一等瑞寶章榮譽，日本數次歡迎帕爾之中，此次應該稱得上是最具代表性的時刻（當時的首相為岸信介的胞弟——佐藤榮作）。

這裡要注意的是，印度政府並非原本就從「帕爾判決」的思考方式出發，所以才指派這麼一位法官，實際上應如英國歷史學家伊恩・尼許（Ian H. Nish）所點出的一般，印度政府完全沒預料到帕爾竟然會提出與同盟國敵對的相反意見。

目標著眼於印度獨立，印度人非常堅持這份以「同盟國對等成員」身分坐上法官席的「榮譽」。印度政府應該也想懲罰虐待印度戰俘的日本軍人，但僅以陪席檢察官身分參加，終究只能屈於首席檢察官基南之下，成為「其他的大多數」而遭徹底埋沒。因此對印度政府而言，最重要的還是取得法官席次。

因而當印度陸軍部在法官指派權上獲得勝利後，便不太重視檢察官的派遣，實際上到了一九四六年九月左右，印方准許原本簽半年契約的印度代表檢察官梅農（馬德拉斯省高等法院檢察官）辭職之後亦未再派繼任者。

根據與板垣、拉什・比哈里・布修（Rash Behari Bose）、帕爾等人頗有深交的印度獨立運動家 A. M. 奈爾（Aiyappan-Pillai Madhavan Nair，戰後於銀座開了一家「奈爾餐廳」）的說法，梅農是因為不願意配合英美一同懲處日本，因此才決意回國的。（《不為人知的印度獨立鬥爭》）如果奈爾所言屬實，則受指派的印度檢察官與新德里政府之間，認知上似乎存在著相當程度的落差。

◎帕爾表明辭意

印度法官帕爾最初堂堂出現在遠東國際軍事法庭上時，正值一九四六年五月十七日，法官團駁回辯方所提管轄權迴避動議之際。實際上，除了印度與菲律賓之外的九位法官，已經達成文書合意，如果判決中出現少數意見，將不對外公開，但是，晚來的帕爾卻拒絕加入此項合意。當下，法官團立刻陷入苦惱，擔心少數意見可能被公諸於世。

如同英國法官派翠克（William D. Patrick）感嘆「帕爾從被任命之初，便採取了與眾不同的鮮明立場」一般，帕爾抵達日本之際，便對「反和平罪」採取否定立場。

不過，帕爾卻未料想到審判時期竟會如此之久。原本預估東京審判很快就會結束，因此才答應前往日本擔任法官的帕爾，當他察覺審判將曠日廢時後，即於一九四六年十月一日對首席法官威廉・韋伯表明辭意，希望辭去自己擔任的法官一職。

當初明言（東京審判任務）只有半年期間。……基於此一認知，……在高等法院長期休假結束前……本人推遲了所有的重要案件。之後因得知本軍事法庭工作，終究無法在半年內結束……本人為了履行對加爾各答委託人與法庭之責任，必須返回印度。（美國務院文書）

根據《遠東國際軍事法庭憲章》第四條b規定，只要「出席法官過半數」之下，便可執行法庭的意思決定。但開庭至今不過才過五個多月，便有法官退出，場面恐怕不太好看。麥克阿瑟反對帕爾辭職，並以之前印度在法官指派上已經造成過一次騷動為由，說服帕爾留任。

如此一來不得不滯留至東京審判結束的帕爾，除了上法庭與進圖書館之外，就是蟄居在帝國飯店的房中，分析大量審判記錄與文獻，持續撰寫他的判決意見書，前述那份冗長的判決意見書便是在這種狀態下書寫而成。

帕爾的另一個特色，就是缺席公審的次數異常地多。他為了探望臥病在床的夫人，多次長期回國，公審的四百六十六日當中，帕爾缺席日數實際上達到一百零九天（第二名是韋伯的五十三天）。

◎首席法官韋伯才是對立的核心

但是，法官團不安的因素，並非只有帕爾。尤有比帕爾更甚者，那就是批判「反和平罪」帶有事後法性格，在法官團中帶來緊張與造成內部分歧的首席法官——韋伯。

甫開庭後的一九四六年五月十三日，辯護方提出管轄權迴避動議，主張遠東國際軍事法庭對「反和平罪」與「危害人類罪」並無管轄權。為此法官團針對「反和平罪」

代表國家	法官姓名	生日	年齡	之前擔任職務或現職
荷蘭王國	伯特・羅林 Bert V. A. Röling	1906年12月	40歲	烏特勒支法院法官
菲律賓 自治領	德爾芬・哈那尼拉 Delfin Jaranilla	1883年12月	63歲	總檢察長、最高法院法官
英國	威廉・派翠克 William Flood Webb	1889年12月	57歲	蘇格蘭大法官
美國	密朗・克萊墨爾少將 Myron C. Cramer	1881年11月	65歲	美國陸軍軍法署署長
蘇聯	伊凡・密切葉維支・ 柴揚諾夫少將 I. M. Zaryanov	1894年11月	52歲	最高法院法官

各國代表法官一覽表（表格年齡1946年12月時）

代表國家	法官姓名	生日	年齡	之前擔任職務或現職
澳大利亞	威廉・韋伯 William Flood Webb	1887年1月	59歲	澳大利亞最高法院法官
加拿大 聯邦	愛德華・史都華・麥克杜加 Edward Stuart McDougall	1886年9月	60歲	加拿大魁北克省 上訴法院法官
中華民國	梅汝璈	1904年11月	42歲	立法院外務委員會 代理委員長
法國	亨利・伯納德 Henri Bernard	1899年10月	47歲	巴黎第一軍事法庭 首席檢察官
英屬印度	拉達賓諾德・帕爾 Radhabinod Pal	1886年1月	60歲	加爾各答高等法院法官
紐西蘭	艾瑞瑪・哈維・諾斯克羅夫特 Erima Harvey Northcroft	1886年12月	62歲	紐西蘭最高法院法官

問題陷入了一陣苦思（但沒有證據顯示他們同樣在意「危害人類罪」）。

法官團磋商後，英國法官派翠克主張《遠東國際軍事法庭憲章》確實具備正當性，他的意見獲得不少支持，但反對意見也相當強勢。歷經長時間的「爭論」，最終法官團僅對法庭具有管轄權一事達成合意。

接下來在五月十七日的公審上，韋伯駁回了辯方此項動議，並宣布「理由將於未來宣告」。辯方批評沒有出示理由即駁回動議，未免太過牽強，但法官團內部的見解仍處於分裂對立的狀態，因此根本不可能發布駁回的「理由」。

因為美國已經指定了首席檢察官，所以麥克阿瑟選擇了在戰爭時期曾協助對日戰爭犯罪調查的澳大利亞法官韋伯擔任首席法官（紐倫堡審判時，首席法官由法官之間互相推選）。但韋伯卻恩將仇報，在法官團的協調中，他讓管轄權相關問題的共識——亦即侵略戰爭的犯罪性問題，從大英國協內部便開始分崩離析。

事情起於韋伯的議論。

他從一九四六年六月起到八月提出一個議題，主張法官團應針對「紐倫堡原則（Nuremberg doctrines）」[02]——把侵略戰爭當成國際法上的犯罪，也就是「反和平罪」的命題——進行慎重的考量。亦即，把交戰時期的戰爭本身違法化，再把此事認定為

國際法上的犯罪，是一件「不可能」的事情，遠東國際軍事法庭應只對《降伏文書》簽署時間點上所存在的戰爭犯罪進行管轄。若沒有條約依據即宣告被告有罪，法庭將成為「司法殺人者」，並會招來全世界的非難。如果本次審判的憲章與當前的國際法有所扞格，那麼法官的「義務」便是無視遭憲章變更的部分。

韋伯的企圖，與其說是「批判審判」，不如說是想要「表現法庭的嚴正」，而他初期的國際法論，又與「帕爾判決」非常相似。

許多法官，特別是大英國協的法官們，認為韋伯不過是「同儕中首席」，卻採取了如此專制的作法，紛紛表達了不滿。而且韋伯是個沒耐性又神經質的人物，他也儘量避免與同僚法官們有私人交流。這種情感上的尖銳摩擦，在在煽動著法官團。

◎團結的派翠克集團

英國的派翠克法官任職於高等法院（蘇格蘭的最高刑事法院）[03]，屬於典型「具威嚴的法官」，是一位給人崇高尊嚴感的人物。派翠克法官認為，如何合理運用本次憲章的「戰爭犯罪化與個人責任」本質，才是法官們的責任。他相信討厭此一想法的人，都不應該成為東京審判的法官。

於是派翠克和紐西蘭法官諾斯克羅夫特、加拿大法官愛德華．麥克杜加聯手，共同對抗韋伯。法官團內部的對立，就此便沿著「韋伯集團對抗派翠克集團」這條軸線展開。

派翠克集團的三人，著重於國際軍事審判中的普遍性與案例價值，主張簽署《降伏文書》的時間點上，侵略戰爭已然是國際法上的犯罪，而扮演事實認定角色的法官，並沒有重新檢討憲章的權限。這也成為之後多數判決[04]的立場。

如果法官團都一致同意這條路線的話，那麼對於東京審判是「最初就已經決定好結論」（德富蘇峰《德富蘇峰．終戰後日記》Ⅲ）的看法，可以說就是正確的。但是，僅從判決相關事宜來看，所謂「已經先有結論」的論調，恐怕只是街談巷議間的事後諸葛說法。從事實上來看，法官團內部從開庭起，便針對如何規範「戰爭的犯罪性」而出現尖銳對立，隨著對立的演進，其實也隱藏了會出現完全不同的判決、以及法庭甚將瓦解的可能性。

在英國系統的法庭中，有由首席法官撰寫作為判決基礎的「前導性判決」慣例。因此，韋伯一邊看準了紐倫堡的判決結果，一邊於一九四六年十一月二十七日分發了意見書給其他各國法官。意見書中冗長地引用了亞里斯多德、聖奧古斯丁（Augustine of Hippo）[05]、湯瑪斯・阿奎那（Thomas Aquinas）[06]、胡果・格老秀斯（Hugo de Groot）[07]等人的言說，以自然法說明侵略戰爭的違法性，而遠東國際軍事法庭的憲章之法與自然法一致，因此具有正當性。所謂的「自然法」，舉例來說，指的是「不侵犯他人之物」等人類理性中存在的普遍令式，是與成文法、習慣法等因人為而成立的「實證法」相對立的概念。

然而，韋伯此一意見書，卻遭大英國協的三位法官加上蘇聯法官大加撻伐，甚至連內斂的中國法官梅汝璈也提出批評。諾斯克羅夫特甚至私底下嚴厲批評說那是「學生寫的程度很差的國際法論文」，簡而言之，就是無法使用的判決案。韋伯受到屈辱，滿腔激憤，但卻沒有其他法官願意支持他。

即便如此，韋伯仍繼續撰寫意見書。因為韋伯的意見書始終不如己意，派翠克集團在不悅之下，於一九四七年一月告知韋伯，他們將自行起草判決理由書。經此刺激，韋伯更加激憤，一九四七年一月二十日再度提出意見書，雖然更改了在《巴黎非戰公約》下侵略戰爭遭犯罪化的理論，但仍堅持自然法的法理。

◎各國法官團的多樣立場

一九四七年初左右，其他的法官們又做如何考量？以下將整理諸位法官的立場。

中國的梅汝璈法官雖然無法確認此時所採取的立場，但從前後的態度來看，他對「紐倫堡原則」是採取肯定的態度。

蘇聯的伊凡・柴揚諾夫少將大致同意派翠克集團的見解，同時也認為除了《遠東國際軍事法庭憲章》之外，也應該併用其他國際法原則為佳。

最年輕的荷蘭法官伯特・羅林（Bert V. A. Röling）於一九四七年一月論及，因無前例可尋，因此認為「不應將侵略戰爭視為國際法上的犯罪」。而且，他認為通常會激起人們報復慾望的正是另一方所採取的殘虐行為，因此處罰此一部分便屬充分。羅林本身是刑法學專家，依他本人的說法，他被任命時「關於國際法的問題一竅不通」（伯特・羅林等著《東京審判與超越」》），因此他抵達日本後，對「紐倫堡原則」大概是採取批判的態度。

法國法官亨利・伯納德（Henri Bernard）則從憲章之法的正當性乃由人性「良心」引導而出的自然法論展開自己的意見。這論點與韋伯具有一定的共通性。

由左至右為澳大利亞法官威廉・韋伯（William Flood Webb）、中國法官梅汝璈、蘇聯法官伊凡・密切葉維支・柴揚諾夫（I. M. Zaryanov）。

印度法官拉達賓諾德・帕爾（Radhabinod Pal）

英國法官威廉・派翠克（William D. Patrick）

下述的三名法官因到任較遲，因此開庭時尚不在場。

印度法官帕爾從到任之後，不僅對東京審判的「規範」採取否定的態度，同盟國內部也對他保持警戒。在這個時期他也發布約二百六十頁、迴避「反和平罪」的法律意見書。帕爾貫徹不顧他人眼光、「特立獨行」的風格，在法官團中算是游離分子。派翠克對於印度政府為何要指派帕爾，而英國政府又為何要支持任命印度法官一事，始終不斷抱怨。

不過，此處不可誤解，法官團中的對立主軸其實並不在帕爾身上，而是在「韋伯對派翠克集團」上。日本人似乎都過度重視帕爾的存在，事實上帕爾在法官團內部不過是個「邊緣」的角色，最終連派翠克也放棄了始終固執己見的帕爾。

菲律賓法官德爾芬・哈那尼拉（Delfín Jaranilla）在開庭後大約一個月的一九四六年六月十三日才初次加入審判。有關他的部分，似乎沒有人知道他的想法，但考量到他是「巴丹死亡行軍」[08]的當事人，在對此事仍記憶猶新的前提下，可以推估他大概是站在贊成有罪判決的一方。

最年長的美國法官密朗・克萊墨爾（Myron C. Cramer）少將，因約翰・希金斯（John P. Higgins，麻州最高法院首席法官）質疑東京審判的合法性而於開庭之初辭職，克萊墨爾因而於一九四六年七月接任美方法官一職。克萊墨爾從哈佛法學院畢業後即投身法律工作，從軍參加第一次世界大戰後，改進入美國陸軍軍法署，第二次世界大戰中擔任軍法署署長，是一位對史汀牛戰爭犯罪化路線進行嚴厲批判的人物。他就任法官時，已經接受了「紐倫堡原則」，但他因遲於到任加上個人的消極性，使美國在法官團內部的存在感明顯縮小許多。

如此這般，諸位法官的意見完全未能統一，因此法官團只能於一九四七年一月三十日決定，關於管轄權的判決理由，將等到「最終判決」時才發表。

◎瀕臨瓦解的法官團

在歐洲方面，紐倫堡審判採取由代表英國的傑弗里．勞倫斯（Geoffrey Lawrence）首席法官起草判決文，接著尋求他國法官意見的方法。雖說如此，實際上並無法完全由單一個人撰寫，因此判決書針對特定部分分配給各法官執筆。紐倫堡審判的法官團因為培養出相當的團結心，在判決書撰寫的運作上相當圓滑順暢。即便是個人意見書，也只有蘇聯法官認為應該更加重判刑而提出反對意見，僅此而已。

但東京審判的情況卻截然不同。根據派翠克寫給倫敦的報告書，提道：「隨著時間的經過，卻遲遲不見首席法官能與法官團針對單一判決意見整理出一套合意，其他的法官們對首席法官的所作所為都抱持著批判的態度。」

要處理一個新的法律，動用了十一位來自不同法律體系的法官，確實是太多了。一九四七年二月左右，法官們擅自處理個別業務，想要基於「紐倫堡原則」而做出統一的判決，幾乎成了不可能的任務。這個情況究竟有多嚴重，可以透過站在同盟國立場並為之代辯的橫田喜三郎（東京大學教授，後任最高法院首席法官）見解反推，便可窺知一二。「這兩次的國際判決……，若在法律理論上能完全一致，即可獲得國際法上極具價值的決定性先例，藉此可以得到確立國際法規則的效果。」（〈東京判決之解剖〉）換言之，如果紐倫堡與東京審判不相一致，則判決在法律上、道義上的正當性將全面崩解。

接著從三月到四月，紐西蘭法官諾斯克羅夫特與加拿大法官麥克杜加已經不耐事態發展，皆向本國提出辭意。紐西蘭政府以辭任將導致大英國協破壞東京審判的理由，加以慰留諾斯克羅夫特。由此可知，審判團的危機——或者可以說是東京審判的危機，竟已發展到這種地步。

一九四七年三月底，派翠克向倫敦報告東京的現狀。四月，諾斯克羅夫特認為帕爾與羅林大概會提出反對意見，因此與英國的加德納中將談及，如果因此浪費了紐倫堡審判的成果，不如終止東京審判更為妥適。加德納的情報一傳回倫敦，英國首相艾德禮立刻要求外交大臣貝文妥善處置此事。

◎與麥克阿瑟的衝突

從英國政府的角度看來，東京的事態已經到了「毀滅性」的地步。

如果終止審判，東京審判將會變成一場鬧劇，「歐洲的威信」將瓦解粉碎，並將受到全世界的嘲笑；接著同盟國也將不得不接受、承認日本軍國主義者的正當性。

在經濟的苦境中，加上「帝國」瀕臨危機的狀態，英國至少想要維持住自身的「威信」，因此開始找尋有無防止東京審判失敗的方法。

英國的相關人士於五月十四日，在上議院的大法官室進行協商，並達成了兩項合意。亦即：

一、由麥克阿瑟打開僵局。

二、派遣盟國戰爭犯罪委員會（UNWCC）委員長萊特（澳大利亞代表）前往東京，說服法官們不再批評《遠東國際軍事法庭憲章》。

英國駐日代表處處長愛爾佛瑞・加斯科因收到這個命令，於同年五月十四日前往與麥克阿瑟會談。不過麥克阿瑟對「美國那些巧詐律師們」採取策略導致審判長期化感到憤怒，至於法官團的內部紛爭，則覺得很遺憾並不能給予韋伯絕對性的權力，對話至此便告一段落。而且麥克阿瑟將軍認為，法官團應該會判決珍珠港事件相關負責人有罪，並樂觀認為不必然要根據紐倫堡原則。

對麥克阿瑟而言，「紐倫堡原則」怎麼樣都無妨，可以說從基本上就與英國此番來訪所提的問題意識相去甚遠。

◎只能依靠派翠克運作拉攏多數派

派翠克的見解，認為倫敦方面提出來的兩個策略，都不管用。他認為「一」案中，麥克阿瑟並不被准許干涉法庭，而「二」案中由萊特委員長遊說，只會讓法官團的態度更加僵固，特別是「韋伯大概會失去自制力，進而憤怒發狂」。

七月二十四日，英國外交大臣貝文針對英國、加拿大、紐西蘭的法官辭職問題，認為即便讓這些法官們離職，接下來也找不出繼任者；若不依「紐倫堡原則」統一各法官的判決，不僅會危害到東京審判，也會傷及世人對紐倫堡審判的信賴性，因此他充滿危機感地表明，狀況「茲事體大」。

一方面為了自己國家的聲望，另一方面又需領導大英國協的三位法官，派翠克為了多拉攏一些「紐倫堡信徒」，開始與法官同僚們接觸。形勢至此，也只剩下派翠克的拉攏多數派運作，還能寄託點希望。

到了一九四七年八月，在討論關於對日談和的坎培拉大英國協會議上，紐西蘭首相弗雷澤對澳大利亞首相奇夫利表明，希望澳大利亞召回韋伯。時序剛進入十月，奇夫利便強制命令韋伯，要求他返國處理原本澳大利亞最高法院的業務——這是韋伯於一九四五年五月取得的職位。下達此一命令的起因，就是韋伯造成了「法官團的內部對立」。澳大利亞政府透過暫時將韋伯調回國內，藉此躲避一下各方接連不斷對韋伯的批評。

十一月十日，韋伯苦澀地離開了日本，一直到十二月中旬才返回東京。這段期間，帕爾也回國一直待在印度。

2・法官團的重整以及做出判決

◎多數派的七位法官

一九四八年二月到三月，法官團內部整合出了「多數派」，成立了以下七位法官的集團。

派翠克（英國）
麥克杜加（加拿大）
諾斯克羅夫特（紐西蘭）
克萊墨爾（美國）
柴揚諾夫（蘇聯）
梅汝璈（中國）
哈那尼拉（菲律賓）

剩下的一方，這四位在決策過程中遭到排除而成為「少數派」：

韋伯（澳大利亞）
羅林（荷蘭）
伯納德（法國）
帕爾（印度）

所謂的「多數派」，皆為贊成「紐倫堡原則」的法官集團，認為侵略戰爭已然屬於國際法上的犯罪行為。派翠克大約由一九四七年春天，即開始拉攏克萊墨爾、柴揚諾夫、梅汝璈、哈那尼拉、伯納德（最終拉攏失敗），暗地進行集結多數派的作業；派翠克也與韋伯、羅林、帕爾接觸過，但從最初就對這三位不抱太大希望。

換言之，形成「多數派」該歸功於英國法官派翠克的運作。英國原本只為了「確保帝國威信」與「處罰殘虐行為」而參加了東京審判，結果卻意料之外地，不得不扮演起重要角色，挑起從撰寫起訴書到判決作成等之重責。

接著，組織起「多數派起草委員會」（委員長為美國法官克萊墨爾），開始作成法律部分的判決。一九四八年三月十七日的會議中，決定了管轄權的判定理由。派翠克與麥克杜加不在遠東國際軍事法庭加入獨自的新見解，而借用了紐倫堡判決中的「憲章之法具有決定性，本法庭受其拘束」的概念。

順帶說明，清瀨一郎寫道：「判決起草委員會成立後……法官並不出席，無論調查證人或法庭作業，皆使用不知名人士擔任委員來執行，而所謂的判決書，不過是參考起訴書與其他二、三種文件寫就的文章罷了。」（《秘錄東京審判》）這大概是法官們請秘書蒐集資料撰寫草稿的情況，被誇大之後傳入清瀨耳中，才出現這段文字。不過，實際上這並不符合事實。

◎判決書的寫法

針對事後法問題，經過了內部的對立後，多數派的七位法官掌握了判決書起草權。

根據羅林的說法，「關於合意的大致方針，應基於全體法官出席，於法官室討論」，但實際上「並非如此。」（伯特·羅林等著《東京審判與超越」》）另外根據伯納德的反對意見，在東京審判的多數判決當中，「法律理論與事實認定」皆由多數派所撰寫。手續上，由多數派的各法官們分擔起草，接著在多數派起草委員會中修正並加以承認。這些草案也發給少數派的法官，有異議的法官則以書面方式周知其他法官。只有被告「個人情狀」部分才由所有法官以口頭方式評議討論。根據一九四八年十二月由匿名法官提供情報的報導，此係由全體法官根據各起訴理由，裁決（verdict）有罪、無罪，並討論關於量刑的問題。此處的「個人情狀」，應該就是指各被告的裁決與量刑一事。

在一九四八年四月十六日的法庭上，韋伯宣布「保留判決，於發表之前休庭」。公審四百一十六次（包括判決公審的話共計四百二十四次），耗時大約兩年的長期公審，至此審結。共有四百一十九名證人（檢方一百零九名、辯方三百一十名），檢方舉證一百九十二天，辯方反駁二百二十五日，公審速記達到四萬九千八百五十八頁。

（大衛・薩頓《東條英機的審判》）

之後僅剩撰寫判決書。紐倫堡的判決書大概耗費六周時間寫成；東京的狀況因為證據數量更為龐大，甚至多數派內部也有意見對立的情況，所以到寫成為止花了更多的時間。韋伯表示，判決書撰寫緩慢，乃因先前「打造了一個龐大法官團的結果」，特別是幾位法官對於牽扯本國問題時過度敏感，導致進度緩慢。

韋伯持續撰寫獨自意見書，在五月底提出草案時，特別強調不把重點放在自然法上。即便如此，多數派仍逐一反駁韋伯的意見。例如，韋伯質疑「侵略戰爭之共謀」的正當性，蘇聯的柴揚諾夫便駁斥，導入共謀概念可以使國際法更加發展進步，甚至援用麥克阿瑟的「至上權威」來反對韋伯。

多數派在八月二十日合意，要減少起訴書上過多的起訴理由。首先，戰爭「共謀」的有罪者，無須兼具「計畫」與「準備」方為有罪，「開始」與「遂行」也可加以合併，因而刪除了起訴理由6～26。

而對於侵略戰爭的共謀，只留下「全面性共謀」的起訴理由1，作為判定要件。此點與紐倫堡審判相較，具備了一個更重要的意義。紐倫堡的判決，是以近於大陸法系共犯理論之解釋出發，因此共謀的成立時期與實行時期不可相隔過遠，因此檢方不追究單一且全面的共謀，而寧可去認定存在多數個別計畫。但東京的多數派法官們，卻採取了與此相反的方針。

此外，起訴理由37～52之「殺人」訴因，因與侵略戰爭和違反戰爭法的構成要件重複等理由，也遭刪除，起訴理由53的殘虐行為之共謀，也排除在構成要件之外。

◎最終的爭議點

最終的爭議點集中在「侵略戰爭的共謀」、「侵略戰爭的遂行」以及「殘虐行為」這三個領域，構成要件也由起訴狀總計五十五個起訴理由，減少至十個。具體列舉如下：

起訴理由1：侵略戰爭的全面性共謀
起訴理由27：九一八事變之遂行對中戰爭
起訴理由29：遂行對美戰爭
起訴理由31：遂行對大英國協戰爭
起訴理由32：遂行對荷蘭戰爭
起訴理由33：遂行對法國戰爭
起訴理由35：張鼓峰事件之遂行對蘇聯戰爭
起訴理由36：諾門罕事件之遂行對蘇聯與對蒙古戰爭
起訴理由54：違反戰爭法
起訴理由55：不履行違反戰爭法之防止義務

一九四八年七月二十六日，法官團會議上終於決定了部分的判決，接著將完成的部分交付翻譯。日本的橫田喜三郎、真崎秀樹（甚三郎之子，外務官僚）、長洲一二（之後成為橫濱國立大學教授、神奈川知事）等人也參加了翻譯團。在三到四個月之間，於戒嚴之下被安置在位於白金三光町的服部故居（服部鐘錶店第二代社長服部玄

在服部故居進行翻譯作業

三宅邸），在幾乎是「軟禁」狀態下從事翻譯工作。服部故居是透過日本占領期下的「特別調達廳」中介，以租賃契約方式接收的私人宅邸。判決正本陸續送達，法律部分則是最後才送達。由此也可理解，法律問題似乎一直爭執到最後為止。

重新開庭前半個月，多數判決完成，推估大致是一九四八年十月中旬前後。另一方面，根據橫田喜三郎的說法，同年六月，帕爾判決「大部分已經完成」，由市谷占領軍司令部持續進行翻譯作業。（橫田喜三郎《我的一生》）

如上所述，伴隨審判的進行，法官團的分裂也越加深刻，甚至一度瀕臨審判瓦解的危機。之後透過法官團重整為「多數派」與「少數派」，也就是法官團靠自己的運作，將包含十一個國家的龐大法庭進行實質性統合，才終於脫離危機。以「紐倫堡原則」為基礎的多數判決，在歷經艱苦後方才成立。

◎判決的「紐倫堡化」

一九四八年四月審結後，七月三十一日發布了禁止公務員爭議行為的「政令二〇一號」[09]，引發了激烈的反對運動。八月下旬，眾所矚目的「帝銀事件」[10]（強盜殺人事件）嫌疑犯落網，負責乙丙級戰犯的橫濱審判宣告九州大學活體解剖事件的判決（死刑五名、終身監禁四名）。接著昭電冤獄事件[11]越演越烈，終於導致蘆田均內閣下台，第二次吉田茂內閣於十月十五日成立。各家報社接連追蹤這些事件，連負責不知何時才會出現判決的東京審判記者們，也被調派支援報導其他社會事件。

被告之一的武藤章寫道：「在監獄中待了三年，對人生已經抱持相當的覺悟，只想告訴對方，怎麼樣都好，趕緊說清楚；對於判決結果，既不抱希望，也不帶有期待。」（《軍務局長武藤章回想錄》）被告們對於漫長等待的心情已經到了這種地步。當他們終於被告知公審宣判的日期時，已經是開庭前的十一月二日了。

根據韋伯的說法，多數判決的朗讀從一九四八年十一月四日一直進行到十二日，共進行了七天。少數意見雖然會發表，但並不在法庭上宣讀。

東京審判的「判決」，採取多數審判的方法。《國際軍事法庭憲章》第二十六條記有「法庭判決為最終判決，且不再允許再審查」。《遠東國際軍事法庭憲章》雖然沒有相同的再審禁止規定，不過這不過是將麥克阿瑟的量刑變更權以「再審查」字樣來表現而已——紐倫堡審判中，同盟國管理理事會[12]擁有量刑變更權，可確認量刑——並非意味其他司法機關有權「再審」。開庭前檢方也已經考量到被沒有「再審查」的訴願權。除去制度面問題，東鄉茂德表示：「東京審判的判決……是不可能變更的。若能更改，則美國政府、駐日盟軍總司令（SCAP）等將陷入 fiasco（混亂狀態）。」[13]（東鄉茂彥《祖父東鄉茂德的生涯》）

簡要來說，就是東京審判的多數判決是不具上訴審資格的最終確定判決。

接著來看一下多數判決的認定。首先，關於造成法官團分裂的管轄權法律問題，法庭表示，對於紐倫堡判決的立場持「無條件贊成」之意，認定法庭憲章「對本法庭法具有決定性，本法庭受其拘束。」換言之，此特別法庭的管轄權依據，僅根據法庭憲章；反過來說，關於憲章規定之「反和平罪」，法庭依此做出判決，便是理所當然。在《巴黎非戰公約》中已經將侵略戰爭視為「國際法上之不法」，只要「計畫、遂行（侵略戰爭）者……即為犯罪」。罪刑法定主義不過是「一般性的正義原則」，對於自覺有違法性的侵略者，不加以處罰才是「不當」。如此這般，強調國際軍事法庭之法，並未脫離國際法，並以此作為駁回辯護方管轄權迴避動議的理由。

至此，東京審判的判決，終於達成「紐倫堡化」了。

◎判決的「歷史」觀

在事實認定上，以二次大戰以前的日本「歷史」而言，皆採「反軸心國主義」的策略來描寫。多數判決中寫道：「由起訴事實來看，我們必須直接調查從一九二八年至一九四五年，共十七年間的日本歷史。……我們的調查……也延伸至更過往的日本歷史研究。……起訴事實涵蓋的時期，也是日本在內政與外交上採取強力活動的期間。」

接下來判決書中詳述的事實認定，具備了以下三種特質。

第一種特質：多數判決書認定，自一九二八年以降橫跨十八年的期間，日本存有一種「全面性的共謀」。日本以掌控東亞、西太平洋、南太平洋、印度洋——至少沒寫成掌控全世界——為目的之「共謀」產生於田中義一內閣的一九二七年至二九年、「軍人一派」與提倡控制亞洲、西伯利亞東部、南洋諸島的大川周明合作的時期，之後便一直存至一九四五年日本投降為止。

成為九一八事變導火石的柳條湖事件，被認定是「由隸屬於參謀本部的軍官、關東軍的軍官、櫻會的會員及其他人員，經過事前綿密計畫」後施行的，而作為陸軍中央的負責人建川美次少將，以及作為滿洲「關鍵人物」的板垣征四郎大佐皆遭指名。陸軍大臣南次郎「承認關東軍的行動」，板垣與土肥原賢二大佐則遭認定擁立遜帝溥儀。柳條湖發生前後的經過都有詳細的說明，但石原莞爾卻未登場。

接著在一九三六年，廣田弘毅內閣時決定的「基準國策」，實際上原本只併列了作為對外政策目標的陸軍北進論與海軍南進論，但在判決上卻誇大認定為「日本進行戰爭準備的整體基礎」，成為日本根本的侵略計畫。

之後這些共謀者們，逐次打垮日本的穩健派勢力，到了第一次近衛文麿內閣成立時，已然達成「支配日本」的狀態，為了達成他們自身的目的，「逐一遂行」必要的對外侵略。這樣的判決最後提出的結論是：為了遂行侵略戰爭的共謀，已經構成了最高程度的犯罪。

簡要而言，判決的「歷史」觀便是，罔顧從田中義一內閣至鈴木貫太郎為止歷經了十七任政權轉換，日本一直表現出「侵略政策的一貫性」。在此判決的歷史觀中，陸軍被當成了主角，但當武藤章於一九四八年八月得知，連重光葵也認同不管發生任何事件，錯誤全部都在軍方時，感嘆地在日記中寫下：「連日本的外交代表也這是這種狀態，無怪乎外國會如此誤解日本。」（《軍務局長武藤章回想錄》）

布蘭農律師的結辯主張：「證據反而明白顯示……缺乏指導力……並不存在具有共通計畫與目的之中央集權團體。」（一九四八年三月四日）如布蘭農所述，東京審判只明白顯示出日本政治不具中央集權性，呈現分權特徵，以及政治菁英之間充滿對立。東鄉茂德也對不通曉國際政治與日本政治狀況的法官們，「籠統」又「不負責」的定下判決，感到憤怒不已。（東鄉茂彥《祖父東鄉茂德的生涯》）

然而，法庭判決的使命，並不在掌握日本政治外交史的幅度，也不在於根據事實進行實證分析，而在於展示日本「錯誤的歷史」，並在此基礎上評判被告究竟是有罪還是無罪。

追根究底，美國導入「共謀」要件，是因為靠此構成要件便能將被告一網打盡，因此這不過是一種陰謀史觀的說明工具罷了。所謂基於事實認定的「共謀」，說穿了就是這麼回事，根本不是值得生氣加以反駁的貨色。

正常而言，法官的工作應該是針對檢察官與辯護律師兩造的主張，進行綜合性的判斷。在這部分，多數判決派的法官所持立場卻與檢察官極為相近。雖然如此，前文已經闡明法官團內部的對立結構，各法官的想法相當多樣，而且有時立場相互對立，如果沒有派翠克的拉攏多數動員——日本的最高法院也有這種拉攏動員——法庭是有可能會陷入無法提出統一判決的狀況。

法庭與檢方各自獨立作業，是下面將說明的第二種特徵。

◎如果與「國際政治結果」切割

第二種特質：就是為了以均等方式處理長期的「共謀」過程，導致了美國相當重視的太平洋戰爭階段於判決中所占比重下降。特別是以珍珠港為目標的「殺人」訴因在過程中也遭削除。

判決文中淡淡整理了「走向珍珠港之道」，甚至提及東鄉外務大臣「確實有發電報」給日本駐美大使，該「訓令」電報命令駐美大使於攻擊開始前三十分鐘必須親手交付最後通牒，此敘述等於否定了檢方「無事前通知逕行攻擊」的舉證。「如果一切運作順利，為了警告珍珠港的軍隊，應該能給華盛頓方面大約二十分鐘的反應時間。雖然如此，日方確實也深切期望能達到偷襲效果，完全不給對方任何餘裕對應此次預料之外的事故」。這部分判決與其說是「單方面的論罪」，不如說是對美國相當冷淡。由基南對「珍珠港的相關事宜幾乎全遭漠視」而大為震怒來看，可以得知判決並不符合美國與麥克阿瑟的期待。

第三種特質：對於蘇聯的部分，日本對蘇政策遭法庭微妙地認定為「具積極攻擊性與侵略性」。判決中說明，《日蘇中立條約》（《日蘇互不侵犯條約》）簽署後，松岡外務大臣迅速提及若德蘇爆發戰爭，日本將攻擊蘇聯，因此指責日本政府採取「不誠實政策」。但在張鼓峰事件上，「日軍的攻擊」係由陸軍參謀本部與板垣陸軍大臣「蓄意計畫」，故認定為「明顯之侵略行為」，判決文認為諾門罕事件也「應認定是由日本方面施行之侵略戰爭」（引用判決文上的強調旁點皆為作者所加）。

基本上，因顧忌於屬於多數派的蘇聯法官，因此判決向檢方告發的內容靠攏，即便難以直言斷定日方行為即屬「侵略」，仍採取了類似的微妙表達方式。

第四種特質：認定殘虐行為的起訴理由54及55為「經證實之犯罪」。且於「通例的戰爭犯罪」上列舉眾多實例，而在東京疏忽自己防止義務的指導者（包含文官），則判定負有不作為責任。「結論只能有一個，亦即——殘虐行為若非是日本政府、諸位官吏及軍隊指揮者的秘密命令，便是故意容許其發生。」

另一方面，關於「危害人類罪」，既無事實認定亦無起訴理由認定。羅林的日後回想提及，東京審判中「危害人類罪」的重要性不高，鴉片政策等控訴舉證也不夠充分。法官團比檢方更不重視此一犯罪類型。

我們經常聽到「歷史是由勝利者寫的」。無論古今東西，所謂的政府，就是否定前朝的政治體制，將其描述為一個「黑暗的時代」，藉此開啟自身的正當性。第二次世界大戰的勝利者（外國），也寫下了否定日本舊體制的「歷史」。

然而，此種論罪式的「歷史」，往往會刺激失敗者一方的憤怒與屈辱感，加之描述的內容總有不合理之處，不可能永續流存。「歷史」的決定與確定，本身即為一種政治行為，從同盟國一方來看，使用此種論述實際上是相當危險的政策。

另外，從日本這方面來看又如何？確實，東京審判給日本人一個面對自己過去的機會。但我們也必須確認，在這個基礎上判決的「歷史」，不過只是國際政治的運作結果，與科學性的「歷史」具有本質上的差異。即便如此，我們也不至於全盤否定，認為「東京審判毫無意義」，畢竟，如果能將「國際政治的結果」切割出去，我們應該可以更冷靜地理解東京審判的判決。

◎鐵門在背後響起

從若干資料來推測，量刑確定大致是在十一月三日至十二日之間，應該是判決宣告之前不久才確定下來。至於木村兵太郎與重光葵，據說是判刑的十一月十二日當天中午，才由法官團會議確定刑罰裁量。根據評論家竹山道雄的說法，「有傳聞說」羅林在法官團會議上「獨自一人奮鬥了甚至六個小時」。（《昭和的精神史》）

十一月十二日，周五的午後三點五十五分終於開始宣告判刑。法庭記者席上出現了楢橋渡、野坂參三[14]、川端康成[15]、大佛次郎[16]等人。因松岡洋右、永野修身、大川周明三人已經不在，故總共有二十五名被告。

過去一直都是被告全員入席後，法官團才入庭，此時則按照被告姓名的英文字母順序，逐一唱名入席，並由首席法官韋伯宣告其刑。

「被告／荒木貞夫／基於被告受有罪判定之起訴狀中之起訴理由，遠東國際軍事法庭，對被告處以終身禁錮之刑。」

「被告／土肥原賢二／……處以絞首刑。」

當宣判文官廣田弘毅被處絞刑的瞬間，法庭上傳出一陣異樣的驚訝。最後宣判的東條英機也處絞刑。韋伯宣告因病缺席的賀屋興宣、白鳥敏夫、梅津美治郎處以終身監禁刑後，宣布閉庭。東京審判就此閉幕。

由結果來看，土肥原、廣田、板垣、松井、武藤、木村、東條等七名被告被處絞刑。宣告之後，他們立即與終身監禁組隔離，回到巢鴨監獄之後也被關在沒有塌塌米的牢房，並受到嚴密的監視。當天武藤在日記中寫下生動的記述：「進入牢房，背後傳來鐵門哐啷關閉的聲響。我首次感受到自己是名死囚。」（《軍務局長武藤章回想錄》）

另一方面，除了有期徒刑二十年的東鄉，以及有期徒刑七年的重光之外，其餘十六名皆為終身監禁刑，沒有被判無罪的人（被告的個別判決參考表格）。順帶說明，紐倫堡審判的二十二名被告中，十二名死刑、三名終身監禁、四名有期徒刑，餘下三名宣判無罪。

個別被告之有罪起訴理由與量刑

被告		有罪認定起訴理由	量刑
1	荒木貞夫	1,27	終身監禁刑
2	土肥原賢二	1,27,29,31,32,35,36,54	死刑
3	橋本欣五郎	1,27	終身監禁刑
4	畑俊六	1,27,29,31,32,55	終身監禁刑
5	平沼騏一郎	1, 27,29,31,32,36	終身監禁刑
6	廣田弘毅	1,27,55	死刑
7	星野直樹	1,27,29,31,32	終身監禁刑
8	板垣征四郎	1,27,29,31,32,35,36,54	死刑
9	賀屋興宣	1,27,29,31,32	終身監禁刑
10	木戶幸一	1,27,29,31,32	終身監禁刑
11	木村兵太郎	1,27,29,31,32,54,55	死刑
12	小磯國昭	1,27,29,31,32,55	終身監禁刑
13	松井石根	55,	死刑
14	南次郎	1,27	終身監禁刑
15	武藤章	1,27,29,31,32,54,55	死刑
16	岡敬純	1,27,29,31,32	終身監禁刑
17	大島浩	1,	終身監禁刑
18	佐藤賢了	1,27,29,31,32	終身監禁刑
19	重光葵	27,29,31,32,33,55	有期徒刑 7 年
20	嶋田繁太郎	1,27,29,31,32	終身監禁刑
21	白鳥敏夫	1,	終身監禁刑
22	鈴木貞一	1,27,29,31,32	終身監禁刑
23	東鄉茂德	1,27,29,31,32	有期徒刑 20 年
24	東條英機	1,27,29,31,32,33,54	死刑
25	梅津美治郎	1,27,29,1,32	終身監禁刑

出處：新田滿夫編《遠東國際軍事審判速記錄》第十卷

那麼，對於東京審判，日本人又如何反應？接到死刑宣判的被告家屬，自然受到無比衝擊。因為此前有辯護律師誇口自己的被告是「獲判無罪判決的第一人選」，因此部分被告的家人甚至「不顧他人眼光瘋了似哭喊，對律師叫嚷自己的怨恨。」（島內龍起《東京審判》）另根據新聞報導，昭和天皇聽聞木戶與廣田被判有罪時，也表現出「微微激動的模樣」。

另一方面，日本的主要報紙則理所當然肯定量刑，並訴求信奉和平與民主主義才是日本的應盡的責任。甚至連舊日本海軍相關人士的豐田隈雄，也認為本次審判「就提供日本反省自身的材料這點而言，毋寧應當感謝才是」。留下了令人強烈的印象。

◎未抵抗的日本人

如同前首相蘆田均在他日記中寫道，「在國內並沒有掀起太大的波瀾」一般，日本人雖然開心地聆聽東條的證詞，但對於判決，卻意外地沒有太多反抗。

首先，知識分子幾乎都把戰爭當作「最大的罪惡」，避之唯恐不及，並且明確支持東京審判的判決與理念。一九四八年十二月十二日，在「和平問題討論會」（和平問題談話會的前身）[17]的東西研究總會上，將此次判評價為與《日本國憲法》第九條「徹底的和平主義」不可分割，是「和平與文明」的象徵。知識分子們如美國所期望的，充滿「自責之念」，力說日本人全體應該對國家性的戰爭責任有所自覺。正如坂本多加雄的尖銳批判般，他指出這些知識分子們與占領初期的美國享有共通的國際認識。

其次，對政治菁英（政治家、官僚）而言，東京審判是一種「禁忌」。因此新聞記者們也沒有採訪日本政府方面的評論意見。（野村正男《被審判的日本》）吉田茂等人是站在與英美協調合作的觀點來接受東京審判，此點已在前文說明。

第三，日本國民無法反抗，係因殘虐行為的影響過大。在記者席旁聽判決的大佛次郎認為，這次審判不止「被告」受審，甚至連「日本近代的過往」與「日本人」全體，都接受了審判。這正是聯合國所希望獲得的反應，而大佛次郎會有這種感受，即是對殘虐行為引以為恥的結果。面對日軍的殘虐行為，他認為：「光就此點，在文明的面前，不，就算是為了遭玷污的日本名譽，（日本）人們也應該甘願接受極刑。」

另一方面，有許多的日本人深自認為，開戰的責任應該只由領導者背負，自己則是領導者欺騙的「被害者」。但與此同時，日本人果然還是會對協助殘虐行為而感內疚，因而默認此次的審判。

◎潛在的民族情感

上述三種類型雖然觀點各異，在「對戰爭持否定態度」這點上卻是相通的。但因此就認定對於東京審判，「日本人之間不存在抵抗想法」，恐怕言之過早。

英國哲學家約翰・史都華・彌爾（John Stuart Mill）舉出，產出民族情感的最大要因，在於「民族歷史」與「共同的榮耀與屈辱、歡喜與悔恨」等。暫且不論思想進步的知識分子，東條英機受刑隔天的《朝日新聞》（〈天聲人語〉一九四八年十二月二十四日）中，除了表達不願再次發生戰爭之外，也對處刑一事表達「無法扼抑如地鳴般悲愴的衝動。即便知悉在道理上那是必然的結果……但身為一介國民，那卻是無法簡單切割的問題」，如此告白複雜的心境。一般的日本人也對已屆高齡的平沼騏一郎、南次郎，以及重光葵、廣田弘毅等前外交官感到同情，特別是對遭判死刑的廣田，還興起了免死請願運動。

因此英國駐日代表處處長加斯科因認為，日本人並非自發性地支持判決。

一九四九年十月，盟軍最高司令官總司令部（GHQ）外交局長威廉・西博爾德也表達，許多日本人都覺得對日本戰犯的裁決，不過是勝利者的復仇性審判。

如此看來，第一章第三節提及史汀生的「教育」二元論，亦即指導者通過處罰，間接讓國民抱持「自責之念」的手法，仍算不上成功。因為從許多例子可以看出，日本人就算有反抗的想法也不見得會公開表現出來。

此外，還有另一番很特殊的光景。在遙遠西伯利亞的強制戰俘營，遭拘留的日本人還召開了「東京審判判決慶祝會」。一部分帶著沉痛面容的軍官們，斜眼旁觀推崇共產主義，遭「西伯利亞民主運動」洗腦的舊日本軍人們，拍手喝采東京審判下的有罪判決。（共同通信社社會部編《沉默的檔案》）

◎「終身監禁至少能繼續活著」

東京審判的量刑，究竟是如何決定的？在紐倫堡的例子中，法官團會針對各被告的起訴理由，檢討如何裁決與量刑，透過四名法官中的三名同意，以多數決來確立結果。例如：魯道夫・赫斯（Rudolf Hess）的情況，對於「共謀」與「反和平罪」兩項起訴理由，全員一致判定有罪；至於「通例的戰爭犯罪」與「危害人類罪」兩項，則贊否同數，因此獲判無罪；各法官們各自進行量刑提案，最後折衷判處終身監禁刑。

與此相對，東京審判卻極度缺乏相關資訊，因此無法得知論罪情形。似乎的確是採取各法官針對被告進行量刑提案，繼之以投票過半數取得決定的方法。荷蘭法官羅林於一九八三年曾做出如下表述：

死刑判決採多數決是事實。……實際執行投票時……我以為身為法官有提出抗議的機會。換言之，事實卻非如此。死刑判決時是採多數決，此點無誤，但卻發生突然閉庭的狀況（是否指法官團評議突然終結？），因此想要對死刑提出辯駁的可能性，也就如此遭打斷而失去了。（細谷千博《質問東京審判》）

只如此說明仍有點意義不明，如果對照他一九八二年的證詞，即可知道他大概對量刑決定時間「過短」感到後悔。亦即，韋伯針對法官團的評議，也認為「採用了異於常情的方法」，雖是過半數的六票對五票，但竟然毫不猶豫便判處死刑。羅林也表示，在決定了「殘忍且惡名昭彰的被告」量刑後，如果立刻處理另一名「沒那麼惡名

昭彰的被告A」，法官團因為能區別出「兩者相異」之處，所以做出的判決就會對「被告A有利」。（阿諾．布萊克曼《東京審判》）

在讀賣新聞社的安排下，旁聽最後一天公審的小說家川端康成寫道：「這些『大人物』們面對絞刑與終身監禁刑時，也無法隱藏自己的心情。……宛如戲劇一般，人的生死分界，就看在我的眼底，讓我受到相當大的衝擊。……終身監禁至少能繼續活著。」如果一併考慮戰犯釋放過程，在東京審判的場合，死刑與終身監禁刑之間的確存在著「天與地一般的差別」。

◎「反和平罪」之重

接著思考一下死刑的要因。

很明確的是，犯了「反和平罪」的全體性共謀（起訴理由1）並不至於遭判死刑，即便在紐倫堡審判也是如此。在這個多數派法官最為重視的核心起訴理由中，二十五名被告裡有二十三名有罪，而在起訴理由1無罪的重光葵與松井石根，則分別獲得「最輕量刑」與「最重量刑」。而推動三國同盟如大島浩與白鳥敏夫的例子，僅有起訴理由1有罪時，遭判終身監禁已屬上限。

因此，死刑的決定要因便是「重度的殘虐行為」。基南在東京審判宣判的當晚，於音羽的三井故居（三井南家第十代家主三井高陽的宅邸）喚來中部日本新聞社的記者，一手拿著威士忌玻璃杯，一邊憤怒地說：

花了兩年七個月的法官們，究竟在幹什麼。已經都把侵略戰爭當作犯罪來判決了……竟然，其中的三分之二都免於死刑。何況，遭判死刑的七個人都是因為在殘虐行為上有罪。追究殘虐行為應該是橫濱審判該幹的事情。（《秘錄大東亞戰史》第六卷）

但是，羅林在一九六〇年曾說過，因為全世界在判決戰犯時，只有處罰殘虐行為時不會感到良心的苛責，如果只是以侵略戰爭的理由判決，往後大概會覺得有所愧疚。或許，正如羅林所言。「反和平罪」的事後法問題，造成了死刑判決的障礙。因此英美在開庭之前，才認為違反戰爭法是必要條件。（參考第三章第二節）

作為決定性證據的，仍以法官團的判斷最為重要。關於這點，美國法官克萊墨爾於一九四八年六月對韋伯主張，雖然在「成文法中不存在」以侵略戰爭要件判處死刑之規定，但若違反戰爭法，仍有「科處死刑的權限」。東京審判的法官團以「紐倫堡原則」追求被告的罪刑，但仍避免藉此判處死刑。

◎從殘虐行為的觀點來看

接下來試著從殘虐行為的觀點來考慮死刑判斷。

起訴理由54（命令、許可殘虐行為）、起訴理由55（不履行殘虐行為防止義務）其中之一有罪的土肥原賢二、畑俊六、廣田弘毅、板垣征四郎、木村兵太郎、小磯國昭、松井石根、武藤章、重光葵、東條英機等十名，其中除畑、小磯、重光之外，其餘七名皆判處死刑。然而起訴理由54與起訴理由55之間，似乎沒有何者更為重大的差別。如此一來，同樣是殘虐行為，要依據什麼要件才能決定判處死刑？

影響死刑判決的第一個原因是「事件的重大性」。

例如，廣田與松井僅因起訴理由55即遭判處死刑，其判決理由在於「從日軍占領起最初六周期間……遭殺害的一般人與俘虜總數，達二十萬人以上」，這便是對南京事件的認定。清瀨一郎在《秘錄東京審判》中分析，如果廣田只是在內閣閣議上未討論如妥善何處理南京事件，應該可以免除死刑，但廣田內閣決定的「基準國策」，卻是造成他死刑的決定性要素。當然，他的分析，優先順位完全相反了。

廣田（有三起訴理由遭判有罪）如果只犯「侵略」一項，應該可遭判終身監禁，但南京事件發生時他是外務大臣，因為法庭追究他怠忽職守之責，所以他才成為文官當中唯一遭死刑判決的人。判決文中提及南京事件時，「木戶身為閣僚（文部大臣兼厚生大臣）。對於他未防止事件發生而所該擔負之責任，證據並不夠充分」，這也可以作為法官團重視南京事件的佐證。如果南京事件當時的首相近衛文麿仍活著被起訴，大概會有很大的機會與廣田一同——甚至取代廣田——遭到死刑判決。

松井受到死刑判決，肯定是因他在南京事件時，正好擔任中支那方面軍（華中方面軍）司令官之故。松井自己把南京事件視為「與我相關的主要問題」，而且抱持著面對「死刑的覺悟」。（野村正男《被審判的日本》、島內龍起《東京審判》）順帶說明，武藤章（松井的參謀副長）位於「屬下的地位」，對於事件不具備「能加以阻止的手段」，因此在南京事件上獲判無須負責。

關於南京事件，因為檢方的舉證帶給人們太大的衝擊，在公審過程中成為東京審判的象徵性事件。因此，被告之中必須有人負起責任，而正好站在「不作為責任」的範例地位上的——包括日本政府與現地軍隊——正是廣田與松井。

另一方面，同樣在起訴理由55上有罪的重光葵，「在共謀的要件成立上，完全沒有任何關連，直到一九四三年四月成為外務大臣為止，他並未參與遂行侵略戰爭」，因而得以酌量情狀，只判處有期徒刑七年。

此外還有一點值得注意的就是，海軍的被告並沒有人遭判死刑。當時被關在巢鴨監獄的人當中，大家推測東條與嶋田兩人「絕對會死刑吧」，甚至連海軍當事者的舊日本海軍相關人士，也對嶋田的死刑有所覺悟。遭眾人如此推測的嶋田，最終只被判處終身監禁，原因就在殘虐行為要件上並未獲罪。海軍雖發生過殺害沉沒艦隊生還者的事件，但與嶋田相關部分因罪證不足而獲判無罪。

本應該最重視珍珠港事件的美國法官克萊墨爾，如前所述，認為殘虐行為是判處死刑時不可或缺的考量要素。如果偷襲珍珠港的海軍最大責任者永野修身（軍令部總長）沒病死而繼續接受審判，其判決也將端視是否構成殘虐行為要件。因為俘虜待遇歸陸軍管轄，因此以此要件起訴海軍時，往往會罪證不足，這對海軍而言也算是種幸運吧。

◎「遭選定攻擊」

影響死刑判決的第二原因，與「各國的利害關係」有所牽扯。

例如當木村兵太郎公審時，巢鴨監獄的乙丙級戰犯也詫異道：「小兵[18]？同盟國在這個人身上的哪裡找到宣傳價值了嗎？」（吉浦龜雄《巢鴨監獄・界限》）[19]實際上木村根本算不上值得判死刑的大人物。可是法庭判決認定，木村承認在建設泰緬鐵路時驅使俘虜，而且身為緬甸方面軍司令在殘虐行為上被認定有罪，也是他遭判死刑的重大理由，推測大概是大英國協的法官主張該判木村死刑。

另外武藤章的場合，他在軍務局長任中的行為量刑上應與終身監禁刑相當，但也因在蘇門答臘和菲律賓發生的殘虐行為而遭判死刑。

木村幸一如此回想：「快到最後關頭時，各國都有選定攻擊的被告。例如菲律賓就想殺了武藤，其他人如何都無所謂。中國想要板垣與土肥、松井……。各國都如此選定攻擊。」

其他地方也有類似的情報，因此判斷可信度應該很高。

此外，根據前文提及匿名提供消息的法官說法，只有廣田是六票對五票，以一票之差遭判死刑，其他六名被告皆是七票對四票，判決死刑。荒木、大島、木戶、嶋田——皆在殘虐行為要件上無罪——「雖然接近死刑，但贊成死刑的投票仍未達過半數的六票。」（《朝日新聞》一九四八年十二月十日）在所有的死刑上毫無例外都投下反對票的法官，有帕爾與柴揚諾夫。韋伯也屬於反對死刑組的成員。此外，羅林證實「伯納德沒有參加投票」。（伯特・羅林等著《東京審判與超越」》）如此一來，所謂「六票對五票」、「七票對四票」的票數總和本身就出現錯誤，匿名法官的證詞可靠度便值得存疑。

無論如何，只要沒有找到決定性的資料，真相仍不清楚，不過克萊墨爾等對以「反和平罪」判決死刑採批判立場的法官們，面對荒木等人的死刑，似乎轉向反對陣營，因此就算票數「接近」，實際上判決死刑的可能性應仍不高。

從上述說明，可以如此下一個結論。關於死刑，遠東國際軍事法庭重視的是「嚴重的殘虐行為」，在此之上，還受各國自身利害關係與被告各人的戰時行事所影響。

◎五份個別意見書

在東京審判，針對多數判決（英文撰寫，一千四百四十五頁），有近半數的五名法官提出了個別意見書。

【同意意見】

哈那尼拉（菲律賓）／英文撰寫／三十五頁

【個別意見】

韋伯（澳大利亞）／英文撰寫／二十一頁

【反對意見】

帕爾（印度）／英文撰寫／一千二百三十五頁

羅林（荷蘭）／英文撰寫／二百四十九頁

伯納德（法國）／英文撰寫／二十三頁

其中屬於多數派的僅有哈那尼拉一位。通常而言，所謂的同意意見書，是指雖然同意判決結論，但卻對判決的法理展開有所批評，因而撰寫意見。然而，屬於徹底親美派的哈那尼拉，只有批評對一部分被告的量刑「太過寬大」，剩下便是公然攻擊帕爾，以及借用投下原子彈才提早結束戰爭的美國政府見解而已。這是一份反映菲律賓反日情感——也牽涉到賠償問題——且自始自終全面肯定判決的風格特異同意意見書，可以說是為了反對帕爾與辯方書寫的文件。

另一方面，判決書撰寫過程中遭排擠的少數派法官羅林、伯納德、帕爾，甚至不知道判決書已經開始翻譯，這甚至到了讓羅林向多數派法官抗議「在有法官不知道最終判決內容的狀態下，竟然還能決定最終判決」的程度。

◎羅林與伯納德的反對意見書

羅林因為批評「戰爭犯罪化」而被重視「反和平罪」的英國與自己的母國荷蘭盯上。後經與荷蘭政府折衝後，羅林雖然提出了反對意見書，卻也不得不做出妥協，答應使用與多數派不同的依據將「反和平罪」正當化。

羅林的反對意見書中，並非從一九二八年的《巴黎非戰公約》開始議論侵略戰爭成為一種「犯罪」，而是從一九四五年八月的《倫敦協定》展開。他論及因為事後法禁止是一種「政策規定」，所以戰勝國可以「加以忽視」。但羅林仍反對只以「反和平罪」便宜判被告死刑，舉出歷史上有類似放逐拿破崙般的先例，「為正義而戰」的戰勝國擁有國際法上的權利，可以拘禁威脅戰後秩序的個人，並以此為據，認為判處終身監禁方為妥適。

羅林甚至也提及了具體的量刑，除了贊成廣田以外的死刑判決，他以為岡、佐藤、嶋田因違反戰爭法，應當判處死刑；另一方面，他也主張畑、廣田、木戶、重光、東鄉既沒有「反和平罪」亦無違反戰爭法的有罪證據。例如，對於侵略政策，廣田毋寧是站在反對的一方，且關於南京事件阻止暴虐行為一事上，羅林的立場是廣田有對杉山元陸軍大臣進行「個人性折衝」，因此不應該被問責。重點就是，羅林對「證據的解釋」，與多數判決並不相同。

伯納德的反對意見，首先，也顯示出對多數派的敵意，暴露了判決如何撰成的內幕，最知名的便是他批評這其中的程序「缺陷」。其次，延續過往的理論，以位於國家上位，所謂「良心與普遍性之理性」的自然法為依據，將侵略戰爭正當化成為一種「犯罪」。第三，他認為因為無法提出「直接性證據」，證明日本有支配他國領土的「陰謀」，因此至多只能證明日本具有支配亞洲的「希望」，所以結論是不能以「反和平罪」對被告進行有罪判決。第四，針對本次審判已明確指出天皇是「嫌犯之一」，因此對天皇獲得不起訴處分的「不平等」待遇，感到「遺憾」。伯納德認為從太平洋戰爭開始的時間點，天皇即身為「一位主要的引發者」，本次審判的被告們毋寧說是「他的共犯」。較諸下文將提及的韋伯見解，伯納德更加斷定天皇必須負起責任，此點卻鮮為人知。

◎韋伯的兩面性

韋伯的個別意見，是在少數意見書中最簡短的。

其一，他與多數派一樣承認憲章的拘束力——同時主張羅林、伯納爾、帕爾三位法官具有再度檢討憲章的權限——依據《巴黎非戰公約》肯定「侵略戰爭的不法性與犯罪性」。

其二，提及天皇的戰爭責任。亦即，天皇受到獨特崇拜此點，與普通君主立憲制不同，且天皇未曾行使駁回開戰的權限。雖然如此，韋伯本身並非對天皇不起訴有所不滿，而是想主張考量到天皇的責任，應該對被告們酌量減刑。與伯納德相較，算是繞了一圈的表現方式，實在是相當微妙的議論。

不過因為在公審中「韋伯＝天皇追訴論者」的印象已被固定，因而此一針對天皇的部分引來了多方面的注目，其程度甚至到了一九八三年昭和天皇親自訪問澳大利亞時，還詢問入江相政侍從長：「關於韋伯等人，該如何對應？」

然而，韋伯其實具有兩面性，他於審判期間曾沉痛地對麥克阿瑟辨明過，「我（來日本前）曾對赫伯特．威爾．伊瓦特博士說過，如果要起訴天皇，我將不參加審判。」

韋伯在個別意見書中提及天皇責任論，其實是針對母國澳大利亞所寫的。

◎遠東國際軍事法庭的「獨立」性

大致而言，少數派法官會提出個別意見書，是為了抗議他們被排除在判決做成之外，並表明自己與多數判決站在不同的立場。帕爾的狀況是內心暗藏著反對意見來到日本，並且自始自終都對同盟國方針採取「與我何干」的態度。

進一步，我們也得確認各國政府並無法強制遠東國際軍事法庭進行多數判決。十八世紀後半的美國政治家亞歷山大．漢彌爾頓（Alexander Hamilton）在《聯邦論》（The Federalist Papers）第七十八篇中提及，弱小的司法部門（法院）有遭行政部門與立法部門影響之虞，並指出若法院與其他二權力部門結合，將會帶來可怕的後果，力說「法院完全獨立」的重要性。但肯定東京審判的人，卻完全沒將此點放在心上。另一方面，否定論者認為法庭、檢方、同盟國政府簡直化為「一體」，經過本書的檢討結果，這樣的論點似乎也不盡然正確。

東京審判的法官，如派翠克之流，與本國政府立場不見得毫無無關係——這也是因為派翠克個性原本即尊重政府的結果，而非英國政府能夠自由操控派翠克——但絕不像檢察官一般是「政府的代理人」。各國政府無法控制法庭，結果形成了法官團的對立結構，到最後還諷刺般地出現許多個別意見書。遠東國際軍事法庭即便無法「完全獨立」，但至少也應該認定「擁有一定程度的獨立」。

3．如何解讀帕爾判決

◎關於起訴事實全部「無罪」

接下來將嘗試對少數派中大放異彩的帕爾法官反對意見進行考察。

帕爾判決書。

「帕爾判決」是東京審判中最大的反命題（Antithese）。因此，基本上，東京審判否定論者會稱讚帕爾，肯定論者則對帕爾採取攻擊的態度。日本右派分子對帕爾的禮讚，其實與「哲人」帕爾守護日本名譽的民族性情感及「自衛戰爭論」密不可分。另一方面，反對的左派，則不想認可被右派推崇為守護神般的「反共主義者」帕爾。無論如何，強調的盡是政治性或情感性的議論。

盟軍占領日本後的一九五二年五月，緒方竹虎前往加爾各答拜見帕爾，對於「博士回國探望病妻期間，夫人在病床上哭著勉勵博士，讓法庭接受日本立場之前絕對無須回國」的這段美談，緒方「感動到顏面抽搐」，在日記中寫下：「博士清澈的眼神，與其說是位學者，更應當說是位偉人。」（緒方竹虎傳記刊行會編《緒方竹虎》）類似這樣的帕爾評論實在不勝枚舉，實際上，帕爾也應當是位了不起的人物吧。但，本書將抽離這種情緒論調，針對帕爾判決進行政治史方面的分析。

首先，必須先確認帕爾判決的梗概。根據帕爾的主張，法庭憲章規定的「犯罪」諸行為是否真為「犯罪」，應該由法庭加以判斷。若非如此則無法成為「司法法庭」，而只是墮落成一種「儀式化的復仇『道具』」。談及帕爾的主張究竟為何，從結論來說便是：戰勝國的管轄權僅止於「通例的戰爭犯罪」，至於「新的法律」——也就是「反和平罪」——戰勝國並不具有制訂法律的權限。

原本「侵略」就是一個難以定義的概念，戰爭的法理性格即便在《巴黎非戰公約》中也幾乎沒有改變。雖然籌備統治他國被視為「犯罪」，但這種行為在第二次世界大戰之前根本就是所有強國共通的「污點」。「沒有過往污點的強國」根本不存在，特別是擁有投下原子彈這個「最大污點」的美國，根本沒有資格提出「人道」來審判他人。東京與紐倫堡的兩次審判，或許對未來的世界政府如何建構「法之支配」（the rule of law）[20]有所貢獻，但直到那個烏托邦實現之前，這兩次審判只是對所有戰敗國開了不利的先例而已。正因如此，帕爾才斷言戰爭的犯罪化判定「為時尚早」。

帕爾進一步質疑法庭受理證據的基準，也反對多處判決的事實認定。東京審判的被告與拿破崙或希特勒不同，他們只是在《明治憲法》運作下，作為一個國家機構來行動而已。也就是說，第二次世界大戰是「日本這個國家的戰爭」。

關於殘虐行為，狀況又如何？因為在占領地有壓倒性的證據說明日軍犯下殘虐行為，加上辯方也不否認南京事件存在的事實，因此帕爾也承認日本違反戰爭法。問題在於，該如何把刑事責任與被告進行連結。帕爾讀過證據後，認為日軍殘虐行為屬於「零星獨立事件」，與檢方主張的不同，既非「政府的政策」，亦非在「內閣官僚的命令或許可」下執行的行為，而且東京的內閣官僚對前線的軍隊也無管理權限。

帕爾同意，「內閣官僚的不作為責任」是應該成為世界政府的「行為準則」概念，但那也是將來的事情。另一方面，關於前線軍隊司令官在現場負有法律責任，應制止軍隊施行殘暴行為這點，帕爾也承認「軍司令官的不作為責任」，並認為應針對每個個案進行檢討。至於知悉南京發生不法行為的松井雖已經下達徹底維持軍紀命令卻「無法發生效力」，故難以認定其「具有法律責任上的故意並忽視不法」，帕爾主張此諸般情狀中，從證據來看，皆在前線軍隊施行殘虐行為上不具責任。

帶著上述主張的帕爾，對於以個人被起訴的被告全員，得出所有的起訴事實皆「無罪」的結論。

◎與古典現實主義者重合的法理學[21]

接下來將從分別從法理論與事實認定兩個方面，來思考帕爾判決。

首先，帕爾的法理學係依據法實證主義（即只承認成文法為法律規範的立場），對東京審判的多數判決進行批判。在這個觀點上，筆者給予帕爾判決很高的評價。

帕爾的專門是印度法哲學，不過如果因此認為：「這麼說來他不就是國際法的門外漢嗎？」其實這樣的批評不具什麼意義。擁有卓越資質的人，只要經過半年的集中學習，便可簡單抹去凡庸專家原本優勢，並且迅速追過對方。

帕爾並不認同《巴黎非戰公約》的「違法化」效果——帕爾似乎沒有區別「犯罪」與「違法」的差別（參考第二章第一節）——帕爾這種理論與以「國家主權平等」和「權力行使」做為國際關係基本原理的古典現實主義者想法不謀而合。當然帕爾並不同意將「權力行使」當作一種當然手段，且他的事後法批判觀點與傳統國際政治觀幾乎是兩條平行線，毫無交集。這樣的帕爾對於標榜著法律正義，只處罰戰敗者的「戰勝者政策」，抱持著否定的態度。

帕爾表明，「侵略」相當難以定義。誠然，「侵略戰爭」並非透過學者理論，而是由現實的國際關係來進行解釋，實際上要定義是不可能的。

舉例而言：一九四一年的珍珠港攻擊、二〇〇三年的伊拉克攻擊，兩者皆是針對非迫切威脅實施先發制人攻擊的「預防戰爭」，但與立刻被套上「侵略」烙印的珍珠港攻擊相對，進攻伊拉克時卻沒有發生同樣的狀況。此外，紐倫堡審判使用「侵略」概念時，也未先加以定義，至於理由，是因為例如為了阻止外敵入侵而施行的先發制人攻擊時，有可能會變成一種「侵略」；加之法庭判斷如果半強迫性地對「侵略」進行定義，當未來發生「意外事態」時，這樣的定義將難以對應處理。

即便現在的海牙國際刑事法院（ICC）也承認「侵略戰爭罪」——亦即「反和平罪」的管轄——仍須等待將來「侵略」定義成立之時。換言之，實際上目前是置於其管轄權外之意。

帕爾更進一步主張，因為「侵略」罪是事後法，因而無法成立。關於此點，開啟東京審判實證研究的李察・邁尼爾（Richard H. Minear）於一九七〇年代已正確指出，帕爾論及被告的行為時，認為他們的行為是「不義」，但「沒有違法」。

確實帕爾判決獨自走在「日本無罪論」的路上。在這個脈絡中使用「無罪」這個字眼，可能本身就帶有誤導的意思。帕爾是從法理討論上鋪陳「無法認定被告在刑法上的責任」，卻在廣泛的道義性議論上遭擴大解釋成「日本沒有任何罪過」的說法。帕爾的理論可以在下面這段文字中清楚理解。「日本在滿洲採取的行動，確實世界各國大概都不承認，但同時大概也難以指責這樣的行動是一種犯罪。」（旁點為作者所加）

簡要而言，帕爾是因為懲罰的依據，也就是「反和平罪」的「法律」本身就不成立，因此才主張「被告」全員在刑法上皆「無罪」。而關於殘虐行為，雖然帕爾承認「法律」存在，但因檢方的立論或舉證不足，才在此理由下才判定被告「無罪」。

◎反西方帝國主義

第二，在事實認定上，帕爾的思想基礎強烈反映出反西方帝國主義的想法。首先，對日本抱持好感或親近感的法官，並非只有帕爾，羅林也是如此，甚至屬於多數派的麥克杜加也對日本人抱持著好意。（三文字正平〈遠東國際軍事法庭〉）如此說來，考量撰寫帕爾判決的動機，如果只提對日本抱持好意，顯然不夠充分。背後還必須有某種更具高度的概念，也就是反西方帝國主義。

一八八六年一月，帕爾出生於印度東北部的孟加拉區域納迪亞區（Nadia district，現在的孟加拉共和國）一個貧窮的村落。與他同鄉的蘇巴斯・錢德拉・鮑斯（Subhas Chandra Bose，一八九七年生）則是出生在孟加拉區域屈指可數的名望家庭裡。帕爾出身於陶藝工人的低階種性，而且又是跟著媽媽的單親家庭，過著「比人類還不如」的極度貧困生活，對於英國帝國主義的「壓榨與高壓統治」有著最切身的理解。

根據印度社會學者阿席斯・南地（Ashis Nandy）的說法，帕爾的故鄉孟加拉地區是反英運動的重要據點，因為這層關係而展現出與日本有著強烈連結的特殊風土，而且帕爾又屬於相信有可能實現「亞洲團結」（Asian solidarity）的世代。（阿席斯・南地《野蠻的佛洛依德及其他關於可能的和可恢復的白我的論文》）當「亞洲同胞」日本於日俄戰爭中獲勝時，帕爾打從心底感到歡喜。帕爾本人不斷回顧說：「同為亞洲同胞的日本，面對白人侵略主義終於獲得最初的勝利。」

他一面辛苦打工一面在加爾各答大學專攻數學，並以第一名畢業。但在英國統治下的印度，能與白人平起平坐，保證可享富貴與名譽的職業，就是法律專家。帕爾也在母親殷切的期望下，轉而投身法務工作。在一九四〇年代前半，他成為加爾各答高等法院法官以及加爾各答大學副校長。

一九四六年五月，為了東京審判首次前往日本時，盟軍最高司令官總司令部（GHQ）一知道帕爾是「印度的民族主義者」，立刻不分配做為法官宿舍的帝國飯店套房給他。經韋伯向麥克阿瑟抗議，才提供帝國飯店宿舍給帕爾，但帕爾並未忘懷這份屈辱。（提姆．馬加《在東京的審判：日本戰爭罪行的審判》）

如此這般，帕爾雖然過度重視人種這項因素，但也有符合這種舉止的背景理由。

◎事實認定的政治性

類似帕爾這種民族情感與立場，在當時的印度人當中其實相當普遍。

一九四五年十一月，印度的殖民地宗主國英國，把三名與日本聯手主張「武力抵抗主義」的印度國民軍（INA，Indian National Army）軍官，以反叛罪送至軍事法庭審判。為此，印度人呼籲國家獨立與終止審判，並展開激烈的抗議遊行，與各地的警察隊衝突，引發了流血事件的慘案。

在此之前高揭「非暴力主義」的印度國民軍受到國民會議派的批評，此種反英國的氣勢為印度獨立運動所利用，激烈批判投下原子彈的杜魯門與鎮壓東南亞反殖民地主義的歐洲宗主國們，才是「真正的犯人」。國民議會派組織的精銳辯護團也主張本次起訴不具正當性，並認為與英國交戰的錢德拉．鮑斯之自由印度臨時政府才具備合法性。辯護團譴責這次審判不應該成為「勝者的審判」，反而應該「審判宗主國」。印度國民軍審判的三名被告於年底遭判無期流放，但判決之後英軍也沒有選擇的餘地，採取了宥和策略，立刻宣布停止執行。

在此之後又發生了第二次印度國民軍審判，法庭因為殘虐行為判決了一位伊斯蘭教徒少校七年有期徒刑，一九四六年二月為此又發生了大規模的抗議行動。加爾各答發布了戒嚴令，印度軍發生叛亂。（藤原岩市《F機關》、稻垣武《革命家錢德拉．鮑斯》）帕爾初次來到日本的時候，印度正在經歷著這些騷動。

接著於一九四七年二月二十日，英國首相艾德禮宣布將主權轉移還給印度；同年八月十四日伊斯蘭教國家巴基斯坦、十五日印度教國家印度，分別獨立。

當時反西方帝國主義是印度的主流意識形態。帕爾批判的「勝利者」，即是身為殖民地宗主國的西方諸國，作為一種反射，他對日本產生了比好意更深一層的「同感」。

如此一來，帕爾判決相對化了日本的行動，使日本的作為不再是絕對的罪惡，帕爾判決更近似於「辯方的理論」。例如，人們經常引用的帕爾對《赫爾備忘錄》的解釋，其中一句與不相干國家的無意義比喻，亦即，如果收到這種通牒（備忘錄），「即便是摩納哥王國或盧森堡大公國，也會對美國舉兵操戈吧！」——如牛村圭所警告的一般，「帕爾的遺詞」很容易引人誤會——帕爾並做出珍珠港攻擊是「在不得已的情況下選擇了命定的策略」的結論。

並非只有「反軸心國主義」的多數判決才充滿政治性。立足於「反西洋帝國主義」的帕爾判決，在事實認定上也帶有明顯的政治性。從這個角度來看，與批評多數判決一樣，帕爾的判決也不能獲得太高的評價——即便帕爾判決較多數判決優秀太多——理由便是，其實雙方都有所偏頗。

◎肇因於強烈的個性

筆者以為，帕爾判決會遭解讀為「日本無罪論」，帕爾本身也得負起一部分的責任。個人淺見，在帕爾的理論中，除了「反和平罪」無法成立，還切割了政治史上的事實認定，似乎只要針對殘虐行為進行事實認定即可。

如果從批評事後法僅適用於戰敗國的觀點來進行事實認定，無論如何都難脫「彼此互相」的理論，在這種同一法理應同樣適用於雙方的思考邏輯下，才產生出與辯方反證接近的判決。帕爾判決遭人解讀為「日本無罪論」，其基礎大概在此。

在帕爾的事實認定中，九一八事變、中日戰爭、太平洋戰爭中不存在應該負責的日本領導者。帕爾的法理既然不是黑箱作業的裝置，卻得出這樣的結果，怎麼想都令人感到奇怪。因為派不上用場的事實認定法理造成全面性免責的狀況，是帕爾判決最令人惋惜之處。

綜合以上要點，可以讀出帕爾判決具有兩面性格，這兩種要素構成了帕爾判決。

一、作為一種精緻的法理，從法實證主義的立場出發批判「勝者的審判」；

二、基於返西方帝國主義的觀點，擁有過剩的政治性事實認定。

從法理學而言，在法官團之中，帕爾的意見也算不上特立獨行的異端論述。質疑「紐倫堡原則」的法官，雖然只有少數的韋伯、羅林，但絕非只有帕爾一人。此外，即便在事實認定的堅持下還帶有反西方帝國主義與對日擁有同理心的想法，但這在同時代的印度人身上並不少見。換言之，帕爾判決的「論旨」本身，並非僅有帕爾才能撰寫得出來。

但從「非軍事化」的占領目標來看，法官否定東京審判的規範與政策，原本就是不被允許的。然而帕爾不在乎地無視此種束縛，不論在任何壓力下皆無所畏懼，全面否定「勝者的審判」，這種「個性」僅能在帕爾身上看到。

帕爾判決會異常醒目，其根本原因終究要從帕爾的「個性」中去探求。

◎與印度政府的距離

其次，針對把帕爾判決視為「印度政府的見解」這樣的立場來探討。這個解釋在審判當時相當熱門，但從結論而言，這只是從「亞洲解放」理念與冷戰期間印度的「非同盟政策」來類推帕爾判決所造成的誤解。

從大戰剛結束起，與一心只想對日本報復的東南亞相較，在日本人的眼中，印度算是相當寬容的。聖雄甘地（Mahatma Gandhi，一九四八年一月遭暗殺）的非暴力主義在戰後的日本受到理想化，賈瓦哈拉爾・尼赫魯（Jawaharlal Nehru）首相贈與日本的大象「印迪拉」於一九四九年終於來到上野動物園，很長一段時間都是兒童們的最愛。日本政府於一九五八年也提供印度戰後最初的日圓對外貸款。日本人深植著對印度的好感，表現出來時，屢屢提及的就是帕爾。

但根據帕爾遺族的說法，審判中帕爾暫時回國時，卻遭態度嚴厲的尼赫爾逼迫，要求不准為日本辯護，但帕爾拒絕了。（豐田隈雄《戰爭審判餘錄》、薩恰巴拉塔・帕爾〈孫兒揭示之東京審判帕爾法官的氣慨〉）在帕爾判決當中，雖也有歷史學者家永三郎執拗批評的「帕爾反共主義」部分，但那也是帕爾特意舉出尼赫魯的親蘇言論，並認為此種親蘇論述對國際社會安定化「一點幫助都沒有」，因而加以排斥之故。

帕爾判決是帕爾的個人見解，與印度政府無關。筆者在一九九三年已經如此指出過，（日暮吉延《帕爾判決再考》）此處仍想重新強調一次同樣的結論。

根據那羅辛哈・莫西（Narasimha Murthy）指出，印度自一九三〇年代起一直到二次大戰結束後為止，對日本都採取嚴厲的態度，但以一九四七年八月印度獨立為契機，轉換為「讓往事隨水流去」的不計前嫌政策，但這種作法的背後，仍是基於豎立印度在國際政治上的威信，以及對日通商等現實利益的考量。

到了一九四八年八月三日，印度政府認為，接受帕爾判決作為「印度的官方見解」恐有不妥，因而向英國政府詢問，是否該發表印度與帕爾判決無關的聲明。英國判斷如果發表聲明，反而會替帕爾判決招來不必要的矚目，因而轉告印度政府，「現階段」保持沉默方為「良策」。

印度政府作為「同盟國成員」，為了重視國家體面，爭取獲得法官席位而造成那麼大的騷動，最後選出不遵從政府的帕爾，結果反而危及印度政府的立場。這種狀況下，在國際政治理論上來看，否定與帕爾判決的關係才是正確解答。

◎「蝙蝠」般的兩面討好立場

但是，當帕爾判決公開後，印度國內的輿論卻對帕爾產生共鳴。

印度政府很快面對關於帕爾判決的兩難局面。對外，有與帕爾判決相對立的同盟國立場；對內，則有對帕爾心情抱持同感的國民。

在這種情況下，要說印度政府採取了什麼行動，首先，與帕爾判決無關一事印度政府並未發表公開「聲明」，只對相關國家秘密進行了「通知」。根據近年發掘的新資料，尼赫爾於十一月二十九日發了如下的電報給西孟加拉邦首長。

「與同僚閣僚協議。原一致同意（關於帕爾判決）無須發給麥克阿瑟將軍任何電報。但本件情況不同，我政府保持無須聯絡的行為，將導致他國把東京審判帕爾法官的異議判決與我方直接做連結。該判決中草率陳述大量我方完全不同意的意見，對於外界質疑是否印度政府教唆帕爾做出判決一事，必須向相關各政府進行正式通知，說明我方全無參與，也無須負任何責任。」（內藤雅雄〈帕爾法官《異議判決》的虛構〉）

印度政府選擇的，是透過外交管道向相關國家「通知」印度與帕爾判決毫無關係的方法。身為徹底現實主義者的尼赫爾，認為此舉應足以應付。因為如果以公開「聲明」的方式，反而會給印度國內輿論帶來不必要的刺激。

其次，當一九四八年十一月二十二日麥克阿瑟召集判決諮問會議時，印度政府建議駐日的印度代表處長B.N. 查卡巴提（Chakrabarti）——當帕爾來日本時曾伸出援手的人物——提出「應讓所有死刑犯皆減輕至終身監禁」的說法。（日暮吉延《東京審判的國際關係》）絕大多數的場合，這個建議都讓大家對印度普遍帶有「寬大」的印象，因此容易讓人誤解此與帕爾判決屬於同種思考類型。

然而，印度的建議不論與帕爾判決或同盟國方針都相左，原因是其中隱藏了印度政府的算計。亦即，死刑的減刑提案，對「內」可以向國民表現政府的「寬大」，製造出與帕爾接近的印象；對「外」，面對同盟國也能宣示印度政府的想法，表明印度政府的態度與帕爾認定全部被告均無罪的判決不同。這宛如《伊索寓言》中那隻「蝙蝠」才會提出的建議。

◎「支持態度始終如一」

觀察日本的媒體反映，雖然《日本時報》與地方報有所注目，但主要的大報卻都不見報導篇幅。換言之，日本國內對帕爾判決的反應意料之外的小。

不過，當日本恢復主權之後，一九五二年五月田中正明編的《日本無罪論》（太平洋出版社）、六月吉松正勝編譯的《戳破戰史》（日本書籍印刷東京支社）等，書店立刻出版了多本節譯的帕爾判決書籍，至十一月時全面譯本《全譯日本無罪論》（日本書房）也刊行上市。

此外，一九五二年十一月上旬，日本政府申請赦免甲級戰犯時，尼赫爾也支持釋放甲級戰犯。不僅如此，印度的外交次長在十二月還忝不知恥地對首屆日本駐印度大使西山勉說：「印度政府對於帕爾法官從遠東國際軍事法庭的最初起便主張戰犯嫌疑者無罪一事，一直非常明瞭，而印度政府支持此判決的態度，也一向始終如一。」（第十四回公開《外交記錄》）

對印度政府而言，審判當時「身為同盟國一員」的立場最為重要。但到了一九五〇年代，印度外交的重點轉移至「中立主義」與「非同盟」的框架下，此時帕爾判決的事後利用價值提高，因此印度政府才出現如此劇烈的態度改變。

---

01 實際《遠東國際軍事法庭憲章》第二條：「成員」：本法庭應有六人以上、十一人以下之法官，由盟軍最高統帥就日本降書各署名國、印度及菲律賓所提之人選名單中任命之。

02 「紐倫堡原則」（Nuremberg doctrines）：原書採用片假名拼音「Nuremberg Doctrines」，對照依照上下文，

作者所指原則較常被稱為「Nuremberg Principles」。

03 英國最高法院無權審理來自蘇格蘭的刑事案件，而必須由蘇格蘭的高等法院（High Court of Justiciary）審理，因此蘇格蘭高等法院是當地的最高刑事法院。

04 此指以多數意見為判決意見，文中稱「多數判決」。相對的，少數意見未能成為判決，僅能表達為審判少數意見書。

05 聖奧古斯丁（Augustine of Hippo）：生活於羅馬帝國末期，早期西方基督教的神學家、哲學家，曾任天主教會在阿爾及利亞希波（Hippo Regius）城的主教。聖奧古斯丁的主要貢獻是關於基督教的哲學論證，他看重理論性的冥思，輕視實用的知識，強調罪的自發性。他相信人的罪行使人遠離神，而導致惡。

06 湯瑪斯．阿奎那（Thomas Aquinas）：歐洲中世紀經院派哲學家和神學家。他是自然神學最早的提倡者之一，也是湯瑪斯學派的創立者，他從基督宗教神學立場出發，認為「本性之律」的自然法蘊含人性的成全與自足，借用希臘哲學的觀點，採用「分有」與「類比」方法，建立起以自然法為樞紐，上通求恆法下貫人定法的形而上學架構。

07 胡果．格老秀斯（Hugo de Groot）：出生於荷蘭，基督教護教學者，亦為國際法及海洋法鼻祖，他將自然法與神學分離，認為自然法基於人性，合於人性的舉止便為自然法所允許。然而人性基本需求有兩方面，一是自我保護的欲望，一是對社會的需求，兩者矛盾時，就要以理性來權衡，因此自然法容許人們追求自己的生存，但基於人的社會性，自然法也不允許侵犯別人所擁有的事物。他的論述引用大量希臘、羅馬、猶太教神學，以及歷史學家、詩人、修辭學家及聖經，藉此證明「萬民同意」的人性。格老秀斯研究主題之一為國際法，並將國際法歸入「意定法」下，主張國際法基於自然法，但與自然法永恆不便相異，國際法會因現實與歷史背景而改變，而符合自衛、恢復、懲罰的正義戰爭不必然被自然法與意定法所禁止。

08—巴丹死亡行軍：一九四二年四月進攻巴丹半島後，日軍強制以步行方式移送遭俘虜的美菲聯軍，沿途因疾病、衰弱、受虐等原因，造成大量人員死亡的事件。

09—一九四八年蘆田均首相基於麥克阿瑟書簡而頒發的政令。占領軍為了對應戰後民主化政策的轉換，發布法令禁止公務員罷工和進行集體談判。

10—一九四八年一月二十六日，發生於東京都豐島區長崎的帝國銀行（現在的三井住友銀行）椎名之店的毒殺搶劫事件。犯人藉口附近住家集體發生痢疾症狀，盟軍最高司令官總司令部（GHQ）為了消毒，要求行員引用預防藥品，趁機以氰酸鉀毒殺銀行人員，並搶走總計超過十六萬日圓的現金及支票。

11—化學肥料公司昭和電工社長日野原節三，為了獲取復興金融金庫的融資，對政治人物進行高額匯款的事件。一九四八年六月，從日野原起，包括蘆田均首相、西尾末廣副首相等，共計四十四名人員遭到起訴，導致蘆田均內閣總辭。

12—指同盟國的「德國管理理事會」（Control Council for Germany）。

13—fiasco 有慘敗、徹底失敗、可恥的失敗、失策之意，原書中以片假名書寫，後方括弧中「混亂狀態」之解釋原作者所加。

14—野坂參三（1892-1993）：日本政治家。歷任日本共產黨議長、共產國際日本代表、日本共產黨第一書記、眾議員、參議員。

15 川端康成（1889-1972）：日本小說家、文藝評論家。《伊豆的舞孃》、《雪國》等為其代表作。

16 大佛次郎（1897-1973）：日本作家、小說家。著作中以《鞍馬天狗》最為出名。

17 一九四八年安倍能成、仁科芳雄等五十餘名知識分子集會，提出〈關於戰爭與和平的日本科學者聲明〉，於聲明上署名的學者們於隔年年初又分別組織了東京和平問題談話會與京都和平問題談話會。

18 指木村兵太郎。小兵在日語中尚有小個子、小貨色等意思。

19 吉浦龜雄也因為涉嫌虐待戰俘，從一九四八年二月被關入巢鴨監獄至同年十月為止。吉浦至少有二本著作，其一為他在巢鴨監獄的回想錄《黃色房間——巢鴨監獄的口譯醫生》（黄色い部屋ースガモ．プリズンの通訳医者），其二為《巢鴨監獄地區》（巣鴨拘置所界隈）。本書作者日暮似乎將第一本書與第二本的「界隈」混淆在一起，原文寫成《スガモ．プリズン（Sugamo Prison）界隈》。

20 法之支配（the rule of law）：也稱「法治」、「依法治理」、「以法治理」等。

21 古典現實主義是由哲學、歷史與法律衍生的理論流派，其特色在於明確依賴判斷，並認為若國際關係可依照經驗和實證的標準預測，則國際關係就失去其意義。法理學又稱法理論、法哲學等。

第六章

為何未實施
第二次東京審判

盟軍最高司令官總司令部玄關前的麥克阿瑟
（一九四八年十一月二十二日）。

1・國際審判與後續審判

◎「紐倫堡之後」應當何去何從？

東京審判在判刑宣告之後結束。但其餘的甲級戰犯嫌疑人又該如何處置？盟軍最高司令官總司令部（GHQ）共逮捕了百餘名的甲級戰犯嫌疑人，因此理論上就算出現「第二次東京審判」也不足為奇。但今天的我們都已經知道，此事並未發生。那麼，究竟為何沒有施行後續審判？

關於此點，前甲級戰犯嫌疑人岸信介抒發陳述如下。

對關在巢鴨的我們而言，國際局勢朝冷戰推進，成為我們唯一的寄託。當時想著，如果國際局勢惡化朝冷戰發展，或許不需上絞刑台整件事情就能過去了。……昭和二十一（一九四六）年左右，也就是正關注是否會有第二次起訴的時期，知悉了冷戰這件事情。……對遠東審判的起訴僅有一次而無後續審判，理由就是因為美蘇冷戰啊。（原彬久編《岸信介證言錄》）

在岸信介的分析中，認為只要美蘇雙方對立激化，美國為了拉攏日本進入西方陣營，便會終止對戰犯處罰。確實這樣的邏輯沒有任何矛盾之處，但放棄第二次東京審判的理由，真的只是因為冷戰嗎？關於此種基本政策問題，首先還是應該參考美國的對德政策。

在對德占領的舞台上，針對該如何處置紐倫堡國際軍事審判上未處理到的主要戰犯嫌疑人，盟軍早早便開始檢討是否需要召開第二次的主要戰犯審判。

一九四五年秋天起，在德美軍政府（位於柏林）的法律顧問查爾斯・費伊（Charles Fahy）與歐洲戰區美軍司令部（位於法蘭克福）的戰區法務官愛德華・貝茲（Edward C. Betts）准將，和勞勃・傑克森首席檢察官商討「紐倫堡審判後」相關事宜。到了年底他們得出結論，認為國際審判結束後首席檢察官仍將對主要戰犯進行後續審判，並且也將審判美軍占領區內的非主要戰犯。杜魯門總統於一九四六年一月十六日承認此結論時，等於也正式決定了將進行「後續」德國主要戰犯的審判。

接下來的問題，便是這個「後續審判」是要當作「國際審判」，或者是「各國的各自審判」。傑克森首席檢察官本身在紐倫堡審判結束後，便回到美國聯邦最高法院繼續擔任法官。一九四六年三月底，特爾福德．泰勒（Telford Taylor）上校（隔月升為准將）被選為預定後任者，後續審判的準備持續進行當中。泰勒個人以為只有產業資本家必須在國際審判上審理，同時蘇聯與法國也抱持同樣的想法。

◎紐倫堡後續審判的成立

但是對於東京審判提倡「美國主導論」的勞勃．傑克森仍然非常厭惡國際審判，一九四六年五月中旬，他建議杜魯門，剩下的主要戰犯嫌疑人應該全數採取「各國各自審判」的形式。傑克森對蘇聯利用紐倫堡審判來達成自國政治目的感到憤怒，更加深了他反蘇聯的想法。此外，管理能力卓越的盧修斯．克萊軍政府副總督也在八月之後對美國陸軍部表明，如果辦理第二次國際審判，只會凸顯美蘇間的意識形態對立，反而會有損審判的目的。

華盛頓的國務院、陸軍部在一九四六年夏天檢討國際審判的可能性。從德國第一線回到美國擔任國務院法律顧問的查爾斯．費伊，批評即便舉行第二次國際審判，也不會有效果。但國務卿伯恩斯則認為，如果其他國家期望國際審判，不得已之下也只能為之。美國陸軍部也認為為了防止德國軍國主義重生，因此希望能對產業資本家進行國際審判。如此一來，華盛頓未能整合出對第二次國際審判的統一意見，因此決議等到紐倫堡審判判決宣告後，再下最終決定。

紐倫堡審判的宣判，是在一九四六年十月一日。之後在十月上旬，美、英、法、蘇四大國達成共識，認為在紐倫堡審判判決中確立先例後，應該避免「第二次國際審判」，並合意各國單獨繼續審判主要戰犯。對西方陣營而言，處理對蘇聯關係的困難度，似乎成為放棄「第二次國際審判」的主要原因。

在這樣的背景下，一九四六年十月十八日，美國設置了單獨的「管理理事會法庭」。管轄的犯罪包括「反和平罪」、「通例的戰爭犯罪」、「危害人類罪」、「犯罪性組織成員」等四項。十月二十四日，傑克森辭去職務，由泰勒接任首席檢察官。

此美國獨自成立的「紐倫堡後續審判」（Subsequent Nuremberg Trials）的特質，在於能夠以「反和平罪」起訴主要戰犯。最初的起訴狀於一九四六年十一月五日提出，並於十二月九日開庭審理二十三名醫師，至一九四九年四月十四日閉庭為止，合計舉行了十二次審判，起訴了涉入政策決定的平民、軍人、產業資本家、法律專家等共計八十五名。（特爾福德・泰勒《陸軍部長的最後報告》）此外，英法兩國也在自己國家的占領地區設置同樣的法庭（關於蘇聯部分狀況不明）。

◎對日本的後續審判構想

那麼，對日本的甲級戰犯嫌疑人又採取什麼樣的處理方式？東京審判開庭後，甲級戰犯嫌疑人有馬賴寧、自宅拘禁的池田成彬等獲得不起訴釋放，但至一九四七年六月二十六日為止，仍留下「五十名」嫌疑犯。根據栗屋憲太郎的說法，參謀二部部長查爾斯．威洛比主張應加以釋放；但與此相對，國際檢察局與法務局則對儘速加以釋放抱持較慎重的態度。（栗屋憲太郎《通往東京審判的道路》）之後基南首席檢察官與盟軍最高司令官總司令部（GHQ）法務局長艾爾瓦．卡本特（Alva C. Carpenter）於一九四六年後半，聲明有實施甲級「第二次審判」的可能性。

收到了這份聲明，英國於一九四七年二月向美國國務院探聽消息。對於盟軍最高司令官總司令部逮捕的甲級戰犯嫌疑人，英國認為都只是對戰爭計畫負輕度責任的「小角色」，因此並不想捲入這次的審判當中。

英國與美方接觸過後的一九四七年三月十八日，美國陸軍部的民事課戰爭犯罪支局認為可以學習德國審判的先例，提出由美國單獨繼續審判甲級戰犯嫌疑人的方針。到了五月五日，更加確定了如下的暫訂方針。

一、審查甲級戰犯嫌疑人，相當於乙丙級的嫌疑犯則移管給盟軍最高司令官總司令部法務局。

二、關於甲級戰犯嫌疑人的後續審判，設置「三個」美國法庭。

三、辯護律師限定只有日本人得以擔任，美國人辯護律師只能擔任商量輔助角色。

四、後續審判的開始日期，將不等東京審判結束而直接訂於「一九四七年十月一日」。

一九四七年春天，美國陸軍部將對德政策套用於日本甲級戰犯嫌疑人，並且構思不採用「國際審判」而由「美國單獨對日後續審判」的方法。

◎麥克阿瑟的乙丙級審判論

然而，一九四七年五月十二日麥克阿瑟透過給美國參謀長聯席會議（JCS）的電報，警告繼續拘禁約五十名的甲級戰犯嫌疑人將會對美國的占領造成「損失」，除此之外，尚提及下述的「FEC〇〇七／三」解釋問題。在「FEC〇〇七／三」支配下的日本，狀況與紐倫堡後續審判不同，不容許由單一國家的法庭審理「反和平罪」，也就是說，能夠處理「反和平罪」的只有國際法庭而已。

在這種狀況下，麥克阿瑟要求授予他把甲級戰犯嫌疑人當作乙丙級嫌犯來處理的權限。這個替代方案的意圖很明白，麥克阿瑟討厭且顧忌國際審判與「反和平罪」的判定，因此想要爭取自己能夠控制的「乙丙級審判」。

確實美國的對日政策上，事實上一直以來都特別強調「為了處理『反和平罪』而成立國際法庭」，但最終當美國認為該將判決導向依「當權者解釋」而定時，華盛頓方面便選擇接受了麥克阿瑟的解釋。

如上所述，美國陸軍部民事局與麥克阿瑟，在迴避國際審判上的意見一致，但另一方面針對是否實施甲級審判，雙方則處於完全對立的立場。為此美國陸軍部當下決定，要儘早實施「甲級戰犯嫌疑人審查」。

這個指令是在一九四七年六月十七日，由擁有甲級起訴責任與權限、但當時正暫時回美國的基南向東京方面的檢察官所下達的命令。命令要求甲級戰犯嫌疑人的審查由美國的工作人員與各國檢察官分配擔任，之後再向戰爭犯罪支局提出相關文件。

◎「第二次國際審判」的惡夢

基南所下達的指令，讓在東京的大英國協檢察官們大為吃驚。他們作夢也沒想到竟然要持續拘禁甲級戰犯嫌疑人。大英國協的檢察官們除了向美國檢察官群提出抗議，也各自向本國政府回報此等事態。

此時英國駐美大使館的佛德里克・艾佛森（Frederic Evason）於一九四七年八月六日拜訪了美國國務院法律顧問室的凱薩琳・懷特（Catherine White）女士，以委婉迂迴的方式，表達英國不想共負長期拘禁甲級戰犯嫌疑人的責任，並且也不打算參加第二次國際審判。據此可以判斷，倫敦的外交部將「第二次國際審判」當作一種不切實際的幻影，且若果真想要審判，英方也認為應由美國單獨辦理。

另一方面，回到東京的基南於八月十一日的記者會上，提及美國陸軍部下令要求及早實施剩餘甲級戰犯嫌疑人的審判。實際上美國陸軍部戰爭犯罪支局檢討了國際檢察局提出的四十八名甲級戰犯嫌疑人審查文件，隨著證據追加，指出能夠起訴岸信介等六名嫌犯。

英國外交部發覺「第二次國際審判」的惡夢終於逐漸迫近，因此英國外交部採用了大英國協檢察官群的意見（亞瑟・柯明斯・卡爾提案），決定提議將甲級戰犯嫌疑人掛在「美國的乙丙級審判」中。如此可以使甲級戰犯嫌疑人因證據不足而獲不起訴的處理獲得正當化，且因為正在進行中的東京審判可能出現獲判「反和平罪」無罪的被告，英國預測即便針對甲級戰犯嫌疑人進行二次起訴大概也無法成功，而遠東國際軍事審判的進行又是「令人絕望地緩慢且缺乏效率」，因此同意第二次審判應該由一個國家來負責辦理。至此大英國協與麥克阿瑟的方法論歸於一致。

一九四七年十月九日，英國對美國國務院正式提出上述立場，此外，即便有「第二次國際審判」英國也拒絕參加。英國已經於同年九月三十日廢止了外交部戰爭犯罪局，持續收束英方自身的戰犯審判。

◎迴避甲級戰犯嫌疑人審判

華盛頓方面於一九四七年八月二十日，由美國陸軍部戰爭犯罪支局長愛德華・楊

（Edward Young）、暫時返美的法務局長艾爾瓦．卡本特，以及國務院法律顧問室占領地負責人歐內斯特．葛羅斯（Ernest A. Gross）等人，協議如何處理甲級戰犯嫌疑人，且「希望避免更進一步的國際審判」成為一般共通的合意（此時尚未正式決定）。換言之，將採取由美國單獨進行「甲級戰犯嫌疑人後續審判」。

如上述一般，至一九四七年夏天階段，華盛頓方面幾乎已經不再抱有國際審判的想法。甲級戰犯嫌疑人的處理方法有下述二種：

一、甲級後續審判（陸軍部、國務院、基南）。

二、乙丙級審判（麥克阿瑟、大英國協）。

即便舉行「第二次東京審判」，也將不會是「國際審判」，而應該會採取與德國相同的「單一國家審判」。

十天後的八月三十日，巢鴨監獄的鮎川義介（滿洲重工業總裁）、正力松太郎（讀賣新聞社社長）、真崎甚三郎（教育總監）等十五名，加上自宅拘禁中的緒方竹虎（小磯內閣國務相）、久原房之助（立憲政友會總裁）、德富蘇峰（言論報國會會長）等八名，獲得不起訴釋放，剩下的甲級戰犯嫌疑人大約還有二十名左右。

基南一直到八月返回東京工作崗位為止，都與美國陸軍部相同，支持由美國單獨處理「甲級戰犯嫌疑人後續審判」。舊日本海軍於一九四七年九月獲得「將不再繼續追究「甲」（如同甲級，審判將於市谷結束）」的情資，亦即所謂的「基南情報」（豐田隈雄《戰爭審判餘錄》）。基南回到東京後，在麥克阿瑟意見的壓力下，直截了當轉換成「甲級戰犯嫌疑人的乙丙級審判」論調。對甲級戰犯嫌疑人該如何處理，基南是擁有決定權的人，光就此點，他的態度轉變便帶有極大的意義。

接著麥克阿瑟於一九四八年一月十三日，送出了關鍵性的電報。內容中說明，基南認為甲級戰犯嫌疑人後續審判無論如何將曠日廢時，因此「強力勸告」「不要再進一步發起甲級戰犯嫌疑者審判」，並提議十九名甲級戰犯嫌疑者（十六名關在巢鴨監獄，三名自宅拘禁）中，將能以乙丙級起訴的人移管給盟軍最高司令官總司令部法務局，其他的嫌犯則予以釋放。

這封「麥克阿瑟．基南共同勸告」獲得美國陸軍部與國務院雙方的承認。這項承認於一九四八年一月三十一日，由陸軍部轉達給了麥克阿瑟。換言之，一九四八年一月，美國已經確定了放棄「國際審判」與「甲級戰犯嫌疑人後續審判」兩種方式。接著在二月中旬，陸軍部和盟軍最高司令官總司令部聲明，將不再舉行第二次國際審判。這也暗示了甲級戰犯嫌疑人將以乙丙級戰犯審判來論處罪刑的可能性。

2．麥克阿瑟的執念

◎前閣僚審判

在一九四八年三月八日這個時間點上的甲級戰犯嫌疑人有：

青木一男／東條內閣大東亞大臣
安倍源基／鈴木內閣內務大臣
天羽英二／情報局總裁
安藤紀三郎／東條內閣內務大臣
石原廣一郎／石原產業社長
岩村通世／東條內閣法務大臣
岸信介／東條內閣商工大臣
葛生能久／黑龍會會長
兒玉譽士夫／兒玉機關領導人
後藤文夫／東條內閣國務大臣

笹川良一／國粹大眾黨總裁
高橋三吉前海軍大將／軍令部次長
谷正之／東條內閣外務大臣
寺島健／東條內閣遞信大臣
豐田副武前海軍大將／軍令部總長
西尾壽造前陸軍大將／支那派遣軍（中國派遣軍）總司令官

而自宅拘禁者有：
須磨彌吉郎／外務省情報部長
多田駿前陸軍大將／北支那方面軍（華北方面軍）司令官
本多熊太郎／駐華大使

以上合計共「十九名」。也有記錄「二十一名」的情況，包含：
大川周明
田村浩前陸軍中將（俘虜情報局長）

麥克阿瑟於一九四八年九月二十七日，要求將甲級戰犯嫌疑人中「前內閣官僚」八名以乙丙級戰犯進行審判。

這八名包括了東條英機內閣的青木、安藤、岩村、岸、後藤、谷、寺島、以及鈴木貫太郎內閣的安倍。麥克阿瑟處罰東條內閣的執念並未消失。

此際麥克阿瑟表示，希望在東京審判判決宣告後約四十五天開始「前閣僚審判」，若不認可此作法，他將釋放全部的甲級戰犯嫌疑人，此舉獲得了肯尼斯・克萊伯恩・羅亞爾（Kenneth Claiborne Royall）陸軍長官的承認。

◎GHQ審判

接著盟軍最高司令官總司令部（GHQ）在第二次吉田茂內閣甫成立的一九四八年十月十九日，實際上以乙丙級戰犯名義起訴了豐田副武前海軍大將與田村浩前陸軍中將二人。這兩位軍人的審判，被稱為「GHQ審判」。

「前閣僚審判」與「GHQ審判」有個共同特徵，也就是由盟軍最高司令官總司

豐田副武

田村浩

令部加入相關政府代表法官形成「混合軍事法庭」。所謂的「混合軍事法庭」，是美國在乙丙級審判時納入其他國家代表的方式——橫濱審判即採此種方式——在制度上與東京審判的甲級「國際法庭」有所區別。實際上，GHQ審判的官方指令單純只有採取「軍事法庭」，而不使用「國際」這個詞彙。然而，盟軍最高司令官總司令部無論如何仍想讓前甲級戰犯嫌疑人看起來像接受「國際」法庭審判，對此次審判賦予較單純乙丙級審判更高的價值。這種將本次法庭當作「GHQ直轄」審判的作法，不過只是為了讓這些前甲級戰犯嫌疑者的審判，看來更引人矚目的「演出」罷了。

但是，表明願意參加GHQ審判的國家，僅有澳大利亞與蘇聯。澳大利亞考量此次法庭仍必須是「國際審判」，因此在豐田審判中派出了法官。另一方面，蘇聯則因為遲遲未指派法官，與盟軍最高司令官總司令部產生齟齬，最後以不參加作終。

審理結果，一九四九年二月二十三日，田村浩因容許部下虐待俘虜，遭判八年重度勞役（一九五一年十二月獲得假釋）。身為聯合艦隊司令長官的豐田副武，則因軍令部總長任中的殘虐行為遭法庭問責，但於一九四九年九月六日獲判無罪。

◎「不利的」先例

根據GHQ審判，甲級戰犯嫌疑人合計共十九名。其中天羽、石原、葛生、須磨、高橋、多田、西尾、本多、大川、兒玉、笹川等十一名，屬於無法以乙丙級戰犯起訴而獲釋的一組。剩下的青山、安倍、安藤、岩村、岸、後藤、谷、寺島等八名，則於一九四九年一月預定接受前閣僚審判。

讓我們審視一下岸信介的獄中日記。

一九四八年十月二十日，當岸聽聞法務局將以乙丙級戰犯的理由對自己進行調查時，還認為「以該當乙丙級的理由遭起訴，根本不符常識」而感到困惑不滿。

隨著GHQ審判的推展，岸信介終於察覺自己可能遭到起訴，在十一月十三日五十二歲生日的這天於日記寫下：「看到東京審判的判決，我等遭起訴的日子也不遠了。……曾有幾度抱持能獲釋的希望，但現今卻完全不報期待。」看得出來已經抱持了一定程度的覺悟。（岸信介等《岸信介的回想》）

確實，考量到麥克阿瑟的執念，實際上一九四九年一月岸信介很可能受到審判。不過今天的我們已經知道，這八位前內閣官僚最終並未遭到起訴。那麼，為何盟軍最高司令官總司令部放棄起訴這些人？

問題的解答，就在東京審判的判決當中。因為盟軍最高司令官總司令部法務局判斷，東京審判的判決對前閣僚審判形成一種「不利的」先例。

第一：東京審判的檢方以違反戰爭法的起訴理由54與起訴理由55，起訴戰爭期間非軍人閣僚的賀屋興宣、重光葵、鈴木貞一、東鄉茂德等四人，判決宣告時僅重光葵因起訴理由55遭判有罪。因此盟軍最高司令官總司令部判斷，基於「同類型證據」的八名前閣僚獲判無罪的可能性相當高。

第二：在起訴理由54與起訴理由55之中遭判有罪的，除了重光葵與因南京事件遭追究責任的廣田弘義之外，其餘全部都是陸軍軍人。因此即便舉行前閣僚審判，GHQ也悲觀認為，大概無法順利判處被告有罪。

◎遭自我「規範」所束縛

「第二次甲級審判」，亦即後續審判遭到放棄，原因不僅止於冷戰，還得加上依照當時日本的狀況，甲級戰犯審判只能以國際審判進行審理，而英國與麥克阿瑟又不喜歡國際審判之故。也就是因為同盟國內部的複雜內情，才造成如此結果。

即便如此，對甲級戰犯嫌疑人施以「乙丙級審判（前閣僚審判）」，在現實上仍具有相當的可能性。畢竟既有美國陸軍部的許可，且由美國單獨審理八名嫌犯，也不至於耗費過多時間。但是既然要起訴，就必須獲得有罪的結果，如果無法達成此一目的，考量到盟軍最高司令官總司令部的威信，還不如不辦理較妥。

從而我們也應該率直理解，即便盟軍最高司令官總司令部真心想執行前閣僚審判，但受東京審判的影響後也不得不放棄。因為東京審判強調「司法的性質」，所以同盟國方面無法忽視審判做出的判決，換言之這帶來了一個諷刺的結果，也就是同盟國反而因此被自己製造出來的「規範」給綁住了。

一九四八年十二月二十三日零時過後，巢鴨監獄執行了東條等七人的死刑。當天據說昭和天皇心情鬱悶，整天都關在自己屋中。

各新聞社掌握到管轄巢鴨監獄的第八軍司令官沃頓・華克（Walton H. Walker）中將於二十一日造訪了麥克阿瑟，因此二十二日夜間媒體全部擠入盟軍最高司令官總司令部的公關局。

接著二十四日的白天，甲級戰犯嫌疑人全員十七名（多田駿與本多熊太郎至十二月中旬已然過世）皆被釋放。法務部長卡本特基於進行中的GHQ審判與十七名甲級戰犯嫌疑人的釋放，宣布「日本的前主要戰爭犯罪嫌犯已處理完畢」。選在聖誕節前夕釋放嫌犯，是為了緩解前一天巢鴨監獄處刑對社會的衝擊。

3．審判終結後的轉變

◎肯南的審判終結論

美國國務院遠東局東北亞事務局局長休．波頓（Hugh Borton）於一九四七年八月五日，總結了《對日和平條約草案》。在這個所謂的「波頓草案」中，預設了一個簽訂和約後仍能繼續監視日本的「嚴峻和平」狀態；關於戰犯處理，即便日本恢復主權後同盟國仍能施行審判，日本則有支援與負責執行刑罰的義務。赦免受刑者的權限完全掌握在同盟國一方的「對日大使理事會」（遠東委員會構成國的日本監視組織）手中，日本不得介入。

但同年五月五日，美國國務院政策計畫處（PPS，Policy Planning Staff）的喬治．肯南室長批評「波頓草案」無法對應冷戰下的新國際環境，並於一九四八年三月下旬對國務卿喬治．馬歇爾（George C. Marshall, Jr.）提出了「PPS二八」提案（Recommendations with Respect to U.S. Policy Toward Japan）。

「PPS二八」中，將「無害化」[01]的對日政策轉換為協助日本達成經濟自立與社會安定，因此建議儘早結束戰犯審判。甲級審判設定「儘速終止審判的最終期限」——且一九四八年一月也確定放棄第二次甲級審判——乙丙級審判中對不起訴的嫌犯朝「釋放」方向進行「審查」，應該實施審判的也加速進行。

肯南原先便認為在國際關係協調下的戰犯審判不具有效性。因為戰犯審判，就是肯南批判的法律萬能主義取徑的典型。所謂的外交，是諸國之間為了緩和紛爭的持續過程，也是一種說服與妥協的技術。但第二次世界大戰之後的戰犯審判，卻陷入了以為依據法律規制便能解決國際問題的幻想之中，面對侵犯法律者之「惡」，表現出過度激憤的錯誤。的確法律擁有某種程度的魔力，容易讓人認為能以文明的法律抑止野蠻的鬥爭，法律無條件地便是正確的。但肯南認為在國際政治的場合中，這套想法顯然無法適用。

肯南更進一步警告，檢方與辯方工作的並非「法的世界」，而是「國際政治的世界」，能悠遊於這種環境中的，僅有精通歷史與國際關係的人。人們所認為的「法庭」，實際上是類似外交會議般，表現諸國利害與衝突的國際政治舞台，這也是為什麼在這種場合即便有法律專家也派不上用場之故。肯南揭示了透過司法手續來處理戰爭起因的困難程度。

喬治·肯南
（George Kennan）

肯南還指出，對日本的「政治性審判」將損及同盟國的利益。他最擔心的是審判對心理層面造成的不良影響，也就是會造成反美情緒。雖然日本人對不知何時才會結束的戰犯處罰、對於這種「屈辱的試煉」並未露骨地表現反彈情緒，但內心仍然同情身為同胞的戰犯們。

實際上，盟軍最高司令官總司令部法務局與日本政府於一九四九年對下述觀點達成了一致意見。亦即，如果審判被認為不公正，便會失去「審判的教育價值」，此舉對將來的國際關係反而是「有害」的。已遭判決的戰犯及其家屬幾乎都沒有「有罪意識」，認為自己的「失意」是因為「敗戰」或「同盟國的復仇」所導致，並怨嘆日本政府的「無力」。總理廳聯絡調整事務局第三部的戰爭審判課長甚至擔心戰犯與舊日軍人們將成為超國家主義（ultranationalism）[02]或共產主義的拉攏目標。（第十四回公開《外交記錄》）

宇垣一成於一九四九年六月，以下文表達了他對戰犯的同情。

> 戰犯者的處刑也相當嚴酷。對其他遭免除公職者、軍方相關人員等之處分也頗為冷峻，其程度較明治維新時朝廷對付反政府者更為嚴峻。……許多昭和浪人對國家國民的冷酷產生仇恨思想，且每天都在持續惡化。（《宇垣一成日記》第三卷）

◎德國的狀況

實際上德國的狀況也與日本相當近似。根據後續審判首席檢察官泰勒於一九四八年十一月的報告，社會對戰犯審判的注意度已然降低，德國人也開始脫離甫戰敗時那種「無感覺且不關心的精神狀態」。依照同盟國原本的意圖，是想透過戰犯審判給予德國人精神上「有罪」的衝擊感，藉此應能使民主主義扎根，但實際上狀況卻遠非如此單純。泰勒總結認為，占領政策中，沒有比戰犯審判更「觸怒德國人靈魂與良心」的事情。當戰敗者從虛脫狀態中重新站起時，對戰犯審判的抵抗也會隨之加強。

德國戰犯審判的儘早結束政策也持續推進。美國軍政府於一九四七年三月的達豪（Dachau）審判（美國對德非主要戰犯審判）時，設定期限希望於隔年六月為止結束審判。七月十五日「JCS一七七九」將德國占領目標轉換為戰後重建，並命令戰犯審判應儘早確立結果，而達豪審判也於一九四八年八月結束。

接著英美法等西方集團於一九四八年三月的倫敦會議上建議西德分離方針，蘇聯也開始封鎖柏林。這種狀況下，英國工黨政權於一九四八年三月以「戰犯處罰……將使未來的世代失去希望」為理由，決定結束對德非主要戰犯的審判。（歐文・考特勒編《紐倫堡四十年後：鬥爭的正義在我們的時代》）

同時保守黨黨魁邱吉爾於一九四八年十一月十二日批評了東京審判：「美國接下來勢必要與日本進行合作。在此重大時期，而且戰爭結束已經過了三年，尚將日本知名人士們處以絞刑，這種行為我認為相當愚蠢。……如果是同盟國一方戰敗，在同樣道理下富蘭克林・羅斯福與我也早就遭處刑了吧。」（沃特・米利斯編《福瑞斯特日記》）早在一九四一年就比任何人都更早訴求處罰納粹戰犯的邱吉爾，他所希望的是領導者的立刻處決。因長期化而妨害「西方集團團結」的東京審判，不管邱吉爾或肯南，大概都讓他們覺得痛苦而已。

◎美國的政策轉換

一九四八年五月二十八日，英美的外交當局之間有鑑於日本「公職追放與戰爭犯罪審判給人惡劣印象，並且造成人民心理不穩」，因此對儘早結束方針達成合意。接著以肯南的「PPS二八」為基礎，一九四八年十月九日美國國家安全會議（NSC，National Security Council）決定了對日基本政策「NSC一三／二」，有關戰犯條款第十八條有如下記述。

甲級戰犯嫌疑人的審判結束，等待法庭的判決。我們應釋放無起訴意圖的「乙」、「丙」級嫌犯，「乙」、「丙」級嫌犯全員繼續審查，並應求儘早結束。至於其他人士的審判，也應儘早開始、儘早結束。

「NSC 一三／二」建議，對於阻礙日本安定化並造成反美情緒的戰犯審判，應當早日結束，但並未標示確切的結束日期。

此刻美國的戰犯處罰政策朝終結方向轉換——此「轉換」並非政策上的「逆轉」，而是提前「移到」終結階段。那麼，美國究竟是因為什麼樣的因素，才轉換到結束審判的方針上？

第一：為了對應冷戰下的國際關係，「NSC 一三／二」的對日政策從原本的無害化，轉換成政治安定化，並提出了結束審判的方針。

第二：戰犯審判內含會對占領地人民心理造成不好影響的缺點，也就是必須盡可能減少戰敗者的反抗。特別是對肯南來說，正好遇到能實現他過往主張的冷戰環境，而不是因為有冷戰，所以才提倡讓審判儘早結束。

第三：如天川晃所點明，還有美國的預算問題。戰犯審判是由美國陸軍部的預算在營運，一九四七年以後，共和黨成為議會多數，即以「納稅者負擔理論」批評戰犯審判。從預算編列的相關條件上來看，陸軍部幾乎在一九四八年會計年度內便必須完成所有作業，因此比起「NSC 一三／二」，美國陸軍部內的預算是更現實的問題。

◎紐西蘭提案與甲級審判的終結

從一般常識來思考，戰勝者的戰犯審判不可能永遠持續。一九四八年一月，美國施行「第二次東京審判」的可能性實際上已經消失了。但，那畢竟不是同盟國全體的決定，各國對乙丙級的審判依然持續。身為同盟國，又如何處理審判終結問題？

因此，遠東委員會（FEC）出現了以同盟國全體結束戰犯審判的動向。一九四八年七月二十九日，紐西蘭為此對遠東委員會提出了「FEC三一四」號政策決定案。此「FEC三一四」的內容包括：「不應該開始」甲級戰犯嫌疑人的第二次審判（甲級條款）；關於乙丙級犯罪應於「（一九四八年）十二月三十一日之後，停止繼續任何搜查。此外，所有關於犯罪的審判皆應於一九四九年六月三十日之前結束」（乙丙級條款）。

紐西蘭依據自己國家派遣東京審判的檢察官意見，論及戰犯審判散漫延長將引起日本的反抗並損及「同盟國的利益」。為此，只要沒有結束審判的國際合意，紐西蘭就無法安心。此外，類似紐西蘭等小國並未執行乙丙級審判，因此能毫無困難地提倡儘早結束審判。設定結束期限的手法，在前一年占領德國的舞台上便已提出討論過，紐西蘭大概是從英國手中獲得情報，藉此習得此種操作手法並提出此一提案。

無論如何，「FEC三一四」案於一九四八年十月十一日提交遠東委員會審議。最初，全面支持紐西蘭包含甲級條款與乙丙級條款的只有英國、法國與蘇聯。其他多數各國認為乙丙級條款是個問題，他們不願意自己國家進行中的乙丙級審判遭強制終結（唯加拿大與印度立場不明）。

另一方面，關於甲級戰犯嫌疑人審判的終結，大家在關注的問題上幾乎沒有什麼爭議，各國也未提出單獨起訴甲級戰犯嫌疑人的要求，亦即未再要求對日進行後續審判。遠東委員會在一九四九年二月二十四日，針對切割乙丙級條款繼續審議，僅就甲級條款對「FEC三一四／八」進行投票，獲得九票贊成、兩票棄權（菲律賓、印度）的結果，因而採納此一提案。原條文如下：

> 遠東委員會針對政策問題做出如下決定。……遠東委員會政策決定「FEC〇〇七／三」之第一項a中，關於類型化犯罪（甲級犯罪「反和平罪」），不應對日本人戰犯進行進一步審判。

「FEC三一四／八」（一九四九年三月八日交付麥克阿瑟）在國際合意下確定了結束對日甲級戰犯嫌疑人審判。伴隨於此，同二月二十四日，所謂遠東國際軍事法庭這個國際政治的場合，也正式關閉。

◎「反和平罪」的彼方

結束甲級戰犯嫌疑人審判的決定能夠圓滑進行，肇因於各國政府不再關心「進一步起訴甲級戰犯嫌疑人」。即便在遠東委員會內或外針對甲級戰犯嫌疑人起訴不斷擺臉色表達不滿的中國國民黨政權，因為國共內戰的日益激烈，隨著一九四八年四月人民解放軍奪回延安後使得戰局丕變，國民黨政權也轉換政策，同意審判終結，實際上是因為國民黨政府也沒有餘裕進行戰犯起訴。

如此一來，在日本對戰爭領導者的責任追究，便只限於東京審判。

此外，若將視野拓廣到整個國際社會，便可察覺甲級戰犯嫌疑人審判終結的決定，與「反和平罪」「規範」本身的重要性逐漸消失不無關係。「戰爭犯罪化」的魅力，早在一九四九年中旬，在美國政府內便不受重視。當時的華盛頓方面，甚至出現檢討「反和平罪」除了審判戰敗者的情況外，於國際社會上究竟能否適用的聲音。

至於在聯合國的舞台上，甫在紐倫堡審判後便出現了「紐倫堡諸原則法典化」與「設置國際刑事法庭」的動作，除此之外，因為對於「侵略」定義難以獲得國際上的合意，這些動作也於一九五四年十二月受挫停頓。（日暮吉延《東京審判的國際關係》）

今日，侵略行為在道義上會受到嚴峻的非難，因此國家指導者都採取相當慎重的作法。此點讓某政治學者於一九八〇年表示：「因為舉行國際軍事審判，處決了戰爭領導者，此舉讓在世界上要發動侵略戰爭，明顯變得更加困難。」而對東京審判的「規範」效果給予了高度評價。

但，事實果真如此嗎？

第二次世界大戰之後，各國避免以侵略方式解決紛爭，更主要的原因是核武的出現，以及基於自由通商的利益現實面考量。此外在「規範變化」上具有真正影響力的，恐怕是《聯合國憲章》中禁止除自衛戰爭與集團安全保障之外的武力行使規定吧。

兩次的國際軍事法庭，除了在殘虐行為領域中對國際法進步有所貢獻，但另一方面在抑止戰爭的面向上，仍停留在二次大戰後特例性的「犯罪化」中，並沒有顯現出更大的影響力。

◎「應該結束所有的審判」

剩下來的，就是如何結束乙丙級審判的問題。因為「NSC 一三／二」號權限只及於美國的審判，而且也未訂定明確的期限，這對國際上的合意具有重大的意義。

但是因為如此，反而在乙丙級條款中招惹了激烈的抵抗。乙丙級審判屬於各國的國家主權，在情感上受到各國國內民眾輿論影響甚鉅，從此點來看，該等級的審判與各國國內政治密不可分。因此，只要本國國民對戰犯處罰的熱情尚未冷卻，那麼繼續執行審判才符合國家利益。

戰爭結束已經過了三年，菲律賓、荷蘭、澳大利亞等國的報復熱情仍然根深柢固，美國的橫濱審判也必然要延長。在此情況下，諸國的課題便在於如何跳脫乙丙級條款的約束力，以及能將審判終了期限延長多久之上。

圍繞各種修正提案激烈攻防後，最終採用了乙丙級條款的「FEC 三一四／一五」案，這是採用甲級條款後約一個月的事情，時間點已經來到一九四九年三月三十一日。投票中贊成六票（美國、英國、法國、澳大利亞、紐西蘭、印度）、反對一票（菲律賓）、棄權四票（中國、蘇聯、荷蘭、加拿大），從投票狀況來看，算是相當驚險的決定。原文如下：

對組成遠東委員會的各政府進行以下建議勸告。……關於遠東委員會政策決定「FEC〇〇七／三」第一項b及第一項c之犯罪——包含上記政策決定第一項a之犯罪（甲級戰犯）嫌疑人所犯具有嫌疑之相同犯罪（乙丙級犯罪）——應盡可能於一九四九年六月三十日以前完成搜查，且應盡可能於一九四九年九月三十日之前結束所有審判。

此處試著比較「三一四／一五」（四月一日以「情資」形式送交麥克阿瑟）與紐西蘭提出的第一次提案。

一：形式由「政策決定」轉變成「建議勸告」，因此對各國失去約束力。

二：審判結束期限延長到「一九四九年九月三十日」之上，還追加了「盡可能」字樣，等於為時限規定開了一個後門。

三：甲級戰犯「嫌疑人所犯具有嫌疑」之乙丙級犯罪部分，將甲級戰犯嫌疑人以乙丙級起訴的狀況也納入「FEC三一四」案的框架內。

◎占領政策轉換的路標

各國的乙丙級審判實施狀況，如表格所表示。該表依照審判終了的順序排列，因此可以看到審判持續到最晚的是澳大利亞。

澳大利亞對日本人的「非人類之怪物」認知，與憎惡般的反日情感，一向持續不衰，一九五〇年六月五日甫上任的自由黨政權勞勃．孟席斯（Sir Robert Gordon Menzies）首相，立刻於紐幾內亞東北的曼奴斯島展開乙丙級審判。

此外，蘇聯於一九四九年十二月二十五日突然追究日本的細菌戰問題，展開伯力審判，並僅於五天之後即宣告：前關東軍總司令官山田乙三前陸軍大將等共十二名因「準備及使用細菌戰用武器」之罪名宣告有罪。進一步於隔年二月，脅迫英美兩國以細菌戰罪名設置「國際軍事法庭」，審理昭和天皇、石井四郎前軍醫中將等五人。但英美二國判斷這僅是蘇聯為了報復日本批評蘇聯於西伯利亞拘留戰俘，意圖造成日本意見分裂的謀略，因而忽視蘇聯的要求，此案也因此無疾而終。

如此看來，到一九四九年九月三十日為止結束審判的只有英國與中國，「三一四／一五」案的建議，對不想結束審判的澳大利亞或蘇聯等國，並沒有任何束縛能力。

同盟國的乙丙級審判

審判國	開始日	結束日	主要審判地	被告人數
英國	1946.1.20	1948.12.20	香港、新加坡、馬來亞等	865
中國（中國國民黨政權）	1946.4	1949.1.26	南京、太原、上海、廣東等	517
美國	1945.8	1949.10.19	橫濱、馬尼拉、關島等	1344
荷蘭	1946.8.5	1949.12.24	爪哇、巴達維亞、蘇門答臘等	995
菲律賓	1947.8.1	1949.12.28	馬尼拉	151
法國	1946.6	1950.3.29	西貢	181
澳大利亞	1945.12.2	1951.4.9	香港、新加坡、曼奴斯島等	777

出處：根據日本厚生省援護局編《歸國與援護的三十年步伐》與豐田隈雄《戰爭審判餘錄》製作而成。

雖然如此，大半的國家都在一九四九年之內結束審判，因此該建議案作為促成審判結束的外在環境壓力，仍具有一定的意義。

日本外務省從「FEC三一四」中讀到原本的懲罰性占領政策將有「大轉換」的氣氛，事實上確實在同一年之內便出現了緩和對日求償等事宜，可以看出占領政策整體正在持續轉變方向。

01 「無害化」一詞依照原文使用。一九四四年十二月美國政府內部設置了國務—陸軍（戰爭）—海軍協調委員會（SWNCC，The State-War-Navy Coordinating Committee），一九四五年六月決定了「初期方針」，並於九月二十二日發表日本「投降後美國的初期對日方針」。方針中指出占領管理的「終極目標」在防止「對美國的威脅」、「對世界和平及安全的威脅」與成立「和平且負責的政府」，其具體作法為排除軍國主義與超國家主義，在政治經濟等各領域推動「非軍事化．民主化」等。作者所指的「無害化」，應是指此「非軍事化．民主化」等政策。

02 超國家主義（ultranationalism）：一民族或國民在民族國家（nation state）的形成發展過程中，以民族主義為契機使國家進行極端的膨脹與擴大，強調自民族至上主義、優越主義，為了壓抑、合併其他民族而擴大至國家性、軍事性侵略，動員、統合、正統化國民的一種思想、運動乃至體制。第二次世界大戰前日本藉由天皇制意識形態打造的「大東亞共榮圈」、「八紘一宇」概念，或者納粹德國的「血與土」概念，皆可視為超國家主義思想的典型（整理自《世界大百科事典》第二版）。

第七章

如何開始釋放戰犯

獲假釋的重光葵。
（左）巢鴨監獄前的寒暄問候，（右）遙拜皇居。

1．何時、如何辦理

◎戰犯移管問題

因為澳大利亞進行曼奴斯島審判之故，對日戰犯審判完全結束得延後至一九五一年四月九日。但無論如何，一般的想法大概都以為，只要審判結束了，戰犯問題也會隨之結束。

但實際上並非如此。因為戰犯問題的焦點，從原本的監禁或減刑等管理方面，轉移到戰犯釋放的階段。今天我們已經知道，在此釋放過程中，甲級戰犯也獲釋離開巢鴨監獄。這些甲級戰犯為何、以及如何獲釋？接下來本章將針對此問題進行考察。

赦免戰犯的想法本身並沒有與占領政策「反其道而行」。美國政府內部早從一九四六年八月即指出只要在獄中「行為優良」便有減刑的可能性。美國陸軍部的戰爭犯罪支局最遲在一九四八年末，已針對「赦免與回歸社會等審判後措施」展開具體研究。其考量乃是因為不僅只有處罰，也講求赦免的刑事手續，才能提高審判的「公正度」，也可證明民主主義國家的道義水準。簡單而言，從很早的時期開始，赦免便是美國戰犯審判計畫中的一部分。

問題在於，從何時、以及如何開始赦免。事情的發端，還是得回到德國問題。一九四八年美國法庭對德非主要戰犯審判（達豪審判）的受刑者，開始提出訴願。在馬爾梅第大屠殺的審判中（七十三名被告中，死刑四十三名、終身監禁二十二名、有期徒刑八名）確實發現透過拷問脅迫嫌犯自白的情狀，在美國國會中，共和黨也對陸軍展開批評。

為此羅亞爾陸軍長官於一九四八年夏天暫時停止死刑執行，德州最高法院法官戈登．辛普森（Gordon Simpson）率調查團前往德國。此「辛普森委員會」在日期九月十四日的結論報告中指出，達豪審判「本質上是公平的」，但另一方面也建議應規畫常設的赦免（減刑）計畫。

美國陸軍部與在德軍政府一併檢討了赦免問題與戰犯監禁問題。接著陸軍部於一九四九年，作為縮小占領當局權限政策——削減占領成本的「實質談和」——的一環，美國思考出一個方法，即在美國保持監督權的狀態下，於一年之內將戰犯監禁任務分別委任給德國與日本方面。

收到陸軍部的詢問，盟軍最高司令官總司令部（GHQ）相關單位於一九四九年五月十六日乾脆地同意委託日方進行戰犯監禁。但更值得注目的是，第八軍法務部提議因為「德國的美軍占領區明顯正在檢討減刑問題」，所以也應該檢討日本人戰犯的減刑問題，雙方獲得如下的一致意見。「參謀長應將減刑問題當作個別的研究課題，將在別的機會再行討論，況且這是盟軍最高司令官層級才能決定的問題。」接下來的十天之內，盟軍最高司令官總司令部也同意甲級受刑人將在「不久的將來，轉移給現地（日本）當局進行監禁。」（GS文書）

陸軍部如此規畫戰犯移管，並獲得在德軍政府、盟軍最高司令官總司令部、國務院、司法院的同意。美國顯然不喜歡監禁戰犯所需付出的昂貴成本，但在日、德皆恢復政府主權之前，仍無法實現移管戰犯的想法。因為歐洲美軍司令官湯瑪斯・亨迪（Thomas T. Handy）陸軍上將於一九五〇年二月指出，將「第三帝國重要人物」委託西德並非明智之舉，「一般說來德國人民是否將這些受刑人當作戰犯，還是個疑問」。強力主張仍應由占領軍直接管理，所以陸軍部的戰犯移管構想，最終只留在構思的程度。

◎德國的減刑制度

接下來審視減刑問題。

在歐洲冷戰白熱化的情況下，一九四九年九月七日，由西方集團占領區統合而成的德意志聯邦共和國（西德）正式成立。二十日首任西德總理康拉德・艾德諾（Konrad Hermann Joseph Adenauer）開始了第一屆內閣。隨著西德政府成立，盟軍占領型態也從軍政轉向民政，史汀生的左右手麥克洛伊也從世界銀行總裁的位置轉為美國國務院管轄的高級專員。

至此戰犯的管轄呈現複雜的狀態。

一：紐倫堡審判的主要戰犯（監禁於四大國共同管理下的西柏林史班道監獄）管理責任，由軍政府長官移交至高級專員——在華盛頓則由陸軍部長移交至國務卿——高級專員由英法蘇三國共同分攤責任。

二：美國單獨進行的紐倫堡後續審判主要戰犯（監禁於美國管轄之蘭茨貝格——或稱蘭斯堡監獄），改由高級專員管轄。

三：在達豪的非主要戰犯（監禁於蘭茨貝格監獄），則和過去一樣由歐洲美軍司令官乃至美國陸軍部長管轄。受刑者人數，與達豪審判相關者占有壓倒性的多數。

受早先提及的辛普森委員會提議的影響，加上國會的壓力，一九四九年十二月二十日首先在蘭茨貝格監獄導入美國的行為優良優待制度，適用於終身監禁之外的有期徒刑者（來自達豪審判與紐倫堡後續審判）。這個系統是當受刑者遵守牢獄規則並獲得態度良好的評價時，每一個月可以減少五天的刑期。例如，一年之間縮短了六十天，則六年服刑便可縮減三百六十天，與減刑一年有著大約相同效果。換言之，此舉即實際上設置了減刑系統之意。

美軍更進一步針對各個受刑者進行審查，設置減刑建議機關，以確定各受刑者是否獲得減刑。根據約翰・孟德森（John Mendelsohn）的說法，在美軍的審判中即便是同一罪刑，量刑也不一致，至於審查，則由歐洲美軍總司令與高級專員各自施行，一九四九年十一月首先由湯瑪斯・亨迪總司令設置達豪審判的「戰爭犯罪變更委員會」（由五名高級軍官組成）；隔年三月，麥克洛伊設置了後續審判的「戰犯赦免諮詢委員會」（由三位公民組成）。相對於亨迪多半「不採用」建議勸告，麥克洛伊則多半「承認」之。（約翰・孟德森《戰爭罪行的審判與在德、日的寬容》）

例如，麥克洛伊於一九五一年一月三十一日發表的減刑最終決定，聲明自己「以慈悲之心努力緩解正義的執行」，在遭判死刑的十五人中，十人減刑至終身監禁（剩餘五名仍行刑），死刑以外的七十四名當中，也有六十四名獲得減刑。

◎艾德諾的立場

這個減刑之舉，招來猶太人團體與同盟國中各國國民的強烈不滿。另一方面，包括《紐約時報》、《華盛頓郵報》等美國大報則認為，雖然這是令人不快的決定，但為了讓西德成為西方諸國的成員之一，這大概是符合期望之舉，並對此表示理解之意。

西德當地則絕大多數都是歡迎此舉的聲音。根據普立茲獎作家凱．伯德（Kai Bird）的說法：「麥克洛伊的對德意志時代的決定中，沒有像大量減刑更加獲得狂熱稱讚的了。幾乎所有的德國人都強烈支持量刑的變更，而對五名受刑者……的絞刑執行決定採取批判態度。西德總理艾德諾甚至親自訪問麥克洛伊，請求重新考慮是否執行絞刑。」

麥克洛伊一家苦於收到恐嚇狀，威脅若執行死刑，將對麥克洛伊的小孩「進行復仇」，驚慌失措的麥克洛伊夫人表明同情戰犯的態度。（凱・伯德《主席：約翰・麥克洛伊和美國政界的製作》）德國社會的可怕沉重壓力，壓迫在麥克洛伊的肩頭上。

但，如果就此以往，西德給人的印象未免過於惡劣。因此艾德諾總理於一九五一年三月，不得不對記者群力說「德國人的反省」。他還對麥克洛伊說明，因為「違反人道法與違反戰爭法者（殘虐行為的責任者），不值得同情與慈悲」，因此德意志聯邦政府將不為其辯護；另一方面也陳述，戰犯畢竟是少數人，對德意志國防軍的名譽並不會造成影響。（JAG 文書）

既不能為納粹的殘虐行為進行辯解，卻又必須保護「德意志的榮譽」。艾德諾總理的立場，顯得異常微妙。

如此看來，類似謝里夫・巴西奧尼（M. Cherif Bassiouni）[01]的觀點——「與德國將戰犯視為遭社會輕蔑的對象不同，日本人不把戰犯當犯罪者，而視為犧牲者。對日本人而言，這些審判……是戰勝者的復仇」——可以說相當粗略籠統。（傑克森・摩加托《戰爭與現實政治》）但也不能就此單純化地說「德國與日本相同」。知悉國際政治嚴峻程度的德國，比日本更巧妙地對應了戰犯問題，這點應該無誤。不過，不管中短期性的變化與實際真相，單就簡便地一味強調兩國「不同」，這又與二戰之前日本的德國崇拜有著相似之處。

筆者以為，至一九五〇年代為止，日德對照之下，較之相異之處，共通點應該更多。上述這種戰敗者的反彈，其實只是戰犯審判帶給戰敗者的一種普遍作用而已。

◎來自麥克阿瑟的聖誕禮物

如上述一般，對德政策波及日本之際，日本的戰犯釋放過程也開始啟動。橫濱審判結束兩個月後的一九四九年十二月十九日，盟軍最高司令官總司令部（GHQ）參謀長愛德華．阿爾蒙德（Edward Almond）陸軍少將以德國為先例，根據美國聯邦法系統的行為優良優待制度與監禁優待（將判決前的監禁時間也算入刑期），指示法務局準備全部戰犯的減刑計畫。阿爾蒙德參謀長並附加說明麥克阿瑟希望儘早施行此計畫。

法務局於三天之後表示，為了包含導入對德政策中沒有的假釋制度，正在綜合性檢討赦免系統。實際上假釋這個方式任誰都想得出來。例如一九四九年十月，外務省聯絡局長木村四郎七與法務局長卡本特會談時，即探詢：「在美國實施的假釋系

獲釋的乙丙級戰犯。

獲釋戰犯與家人相聚，要抱起孩子的模樣。

統……是否考慮適用於本次大審？」但此時的盟軍最高司令官總司令部則回答，假釋制度因為需要後續保護觀察，因此「不適用於戰犯」，且相關國家之間也難以達成合意，直到《對日和平條約》簽署為止，恐怕難以施行。

盟軍最高司令官總司令部會導入假釋，是因麥克阿瑟對釋放戰犯相當積極，再加上返回日本內地服刑的人數增加，為了避免巢鴨監獄過量收容受刑者之故——特別是麥克阿瑟，甚至不等到法務局的計畫完成，便開始採取行動。亦即，一九四九年十二月二十四日麥克阿瑟命令第八軍「為了迅速開始減刑」，要求根據行為優良優待與監禁優待實施減刑。隔天二十五日做出如下發表：

麥克阿瑟元帥今日表示，除了終身監禁者以外，於巢鴨監獄服刑中的日本人戰犯，依照期間的優良表現，給予減刑的資格。另外也公布，目前正在研究包含終身監禁者在內，適用於全部戰犯的假釋系統。……因非主要（乙丙級）戰爭犯罪之故，服刑四年以下約四十六名的受刑者，應可迅速獲得釋放。在此新方針之下，除終身監禁者之外，戰犯於公審前遭受監禁的日數也得折算優待。（LS 文書）

這是來自麥克阿瑟的聖誕禮物（正式釋放是在二十八日）。

◎為表「寬大」

除了終身監禁者之外，導入戰犯的行為優良優待減刑（因應刑期一個月給予五天至十天的減刑）與監禁日期折算優待，並且預告了創設假釋制度。

與德國行為優良優待「一律都是五天」相對，盟軍最高司令官總司令部將刑期縮短幅度設在「五天至十天」。例如，半年以上未滿一年的有期徒刑，一個月減免五天，一年得以減免六十天，此與德國狀況相同。但如果是十年以上有期徒刑，一個月十天，一年能縮減一百二十天，因此就是德國一律五天的兩倍。（為此，德國也於一九五〇年八月二十五日將行為優良優待修正為每個月最多能縮減十天。）

在此之前的巢鴨監獄，狀況就如木戶幸一的感嘆一般：「今晨執行了四個人的死刑。……戰爭結束已經過了四年，現在還有非處以極刑不可的理由嗎？」（〈木戶幸一關係文書〉一九四九年八月二十日）所以此時受刑者們因減刑制度而看到一絲光明，也是理所當然的吧。此外，巢鴨監獄的死刑執行只到一九五〇年四月七日為止。

雖說如此，為何麥克阿瑟會如此積極釋放戰犯？韓戰進行期間的一九五〇年十月十五日，麥克阿瑟在北太平洋的威克島與杜魯門總統等人會談時，談及北朝鮮的戰犯時，說：「絕不能插手戰犯，即便插手也不會順利。應該全權委任給當地司令官。紐倫堡審判與東京審判就完全不具遏止能力。」（牛田久美譯〈威克島會談錄〉）麥克阿瑟非常看重戰犯審判長期化的負面影響，也考量儘早釋放日本人以示「寬大」。

但與紐倫堡審判不同，盟軍最高司令官總司令部並未公開東京審判的記錄。英美之間傳出高分貝的聲音，指出蘇聯已公開刊行俄語版判決，因此不能沒有英語版本。

一九五〇年五月止，美國陸軍部已經堅定立場，準備公開刊行多數判決、個別意見、起訴狀等基本文件——除去證據文件與公開判決速記記錄——但盟軍最高司令官總司令部雖然一度同意，旋即又態度不變，五月二十二日斷定，即便公開東京審判記錄也「幾乎沒有任何固有利益」。五月二十九日的電報上還詳述預算問題反對公開刊行記錄。

此項反對聲明發生在韓戰爆發的六月二十五日之前，因此說反對是因為朝鮮半島動亂之故，肯定是事後為了正當化的藉口，不可能是真正的理由。筆者認為，麥克阿瑟對東京審判的消極性評價，以及預算問題兩者相乘，才是使記錄公開刊行構想消失的真正理由。

◎假釋制度的啟動

接著一九五〇年三月七日，盟軍最高司令官總司令部發布「盟軍最高司令官回覆第五號——對戰爭犯罪者之赦免」（以下稱「回覆第五號」）。這是包含減刑、假釋等的統整性赦免系統，最大特徵是導入美式假釋（parole）。

審視其具體內容，新設置的「假釋委員會」，委員三名，委員長喬治・海根（George Hagen）是盟軍最高司令官總司令部法務局檢察課長。假釋委員會針對審判記錄、服刑態度、年齡、健康狀態等進行審查，對最高司令官提出假釋建議。是否假釋的最終決定權屬於最高司令官的權限。為取得假釋申請資格需要的形式性條件有：刑期四十四年以下時，已服刑達刑期的三分之一；刑期四十五年以上到終身監禁時，服刑已達十五年（此外雖然終身監禁與無期徒刑有所不同，根據日本刑法第二十八條假釋出獄要件，有期徒刑需達徒刑的三分之一，無期徒刑則需服刑超過十年）。

進而，第一項中對減刑、假釋規定「現今或今後，適用於**所有**在日本服刑之戰爭犯罪者」（旁點為作者所加）。這意味著：第一，甲級也適用；第二，美國之外的審判國所科刑之戰犯，只要在巢鴨監獄服刑，也能成為適用對象。例如，當相關政府希望將戰犯遣返日本內地時，盟軍最高司令官總司令部會要求該政府理解，該當戰犯將服從麥克阿瑟的「完全管轄權」，換言之，不僅止於身體拘禁，也包含成為赦免對象。與此規定相關的，例如《舊金山和約》生效後菲律賓與澳大利亞仍在日本境外監禁的乙丙級受刑者，但至一九五三年八月八日澳大利亞將人犯送回日本內地後，乙丙級戰犯全員皆在巢鴨監獄服刑。

德國的狀況，在一九五〇年三月時，假釋系統一直停留在「檢討中」的狀態。換言之，對日赦免在這個時間點上，已經超越了對德政策。

不過必須注意的是，盟軍最高司令官總司令部的立場至多也只是在司法的結構內施行減刑、假釋，也就是「釋放漸進論＝司法性解決」而已。盟軍最高司令官總司令部外交局長威廉・西博爾德贊同日本方面的大赦請求，並曾在盟軍最高司令官總司令部內部力說「釋放急進論＝政治性解決」，但法務局則認為，舉行政治性的大赦將抹消「過去的犯罪」，會使戰犯審判的價值消失，因而強烈反對。

「回覆第五號」的公布，是連英國事前都不知情的美方單獨行動，但公開表示抗議的只有中國國民黨政權與蘇聯而已。國民黨政權指出麥克阿瑟並沒有假釋甲級戰犯的權限。另外蘇聯於一九五〇年五月，顧忌重光葵出獄而以「在依國際法庭裁決而決定之服刑期間內，將日本主要戰犯釋放出來」於法不合的主張，非難「回覆第五號」的「不法」性。針對於此，美國於下一個月以「假釋無論在何種意義上皆非改變刑期……與文明的民主主義諸國慣用採行的制度一致」之理由進行反駁。

◎名人來訪

最初的假釋在五月一日。巢鴨的乙丙級戰犯對「回覆第五號」給予過高的評價，因此對前途也過度樂觀。甲級戰犯也是如此，賀屋興宣在日記中便如此寫道：「重光君已經決定於本月底左右出獄。東鄉君則大約是在今年底。其他終身刑的甲級戰犯雖有十五年的條件，但實際上也能迅速假釋出獄，因此大家都互相傳言走告。」（賀屋興宣《渦之中》）依據木戶幸一的說法：「自韓戰以來，世界處於極度緊迫的情勢下，因此社會上流動著這種局勢下不應該再談什麼戰犯了的氣氛。」（〈木戶幸一關係文書〉）

然而，這種樂觀的氣氛迅速煙消雲散。盟軍最高司令官總司令部假釋委員會的審查，比預想中更為嚴格，大大違背了受刑者們的期待。但假釋委員會會如此嚴格，一部分原因還在於日本方面的態度。正如海根委員長曾向日本方面抱怨過的一般，日本社會對離開巢鴨監獄的受刑者給予「過度的縱容與特別待遇」，繼承舊日軍一派的「歸國援護廳復員局」等單位「為了大批獲釋的戰犯們辦理歡迎會或慶祝宴會」。（LS文書）

如此一般，因為日本當局不把戰犯當成「普通的犯罪者」來處理，所以假釋委員會為了保護「審判的正當性」，只能致力於嚴格處理。戰勝者美國為了保持戰犯審判

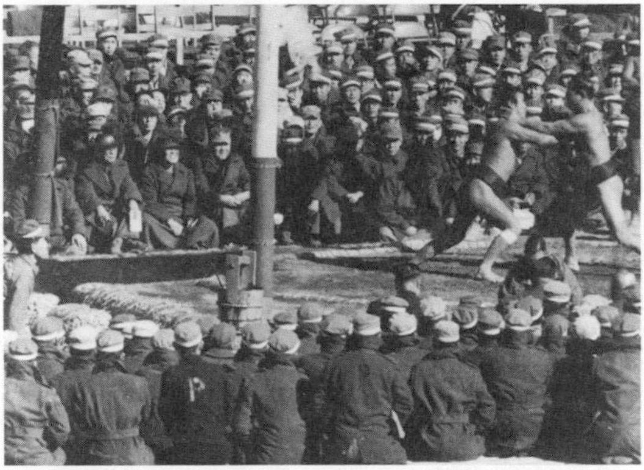

觀看相撲大戰的戰犯們。面向鏡頭從左至右有嶋田、大島、佐藤、鈴木、木戶、畑等人。

的「正義」與「正當性」，相當堅持於「釋放漸進論＝司法性解決」。

即便如此，為了讓受刑者有一個發洩管道，「回覆第五號」公告後巢鴨監獄的待遇也有所改善。木戶寫給夫人的一封書簡中如此寫道：「最近可以吃到完全的和食了。前些時候早餐品嘗到豆腐味噌湯、烤海苔、還有梅子乾配番茶，是許久未曾嘗過的日本口味，已經沒有起司等洋食了。」（〈木戶幸一關係文書〉一九五〇年五月一日）「今天還有演藝會，聽了柳家小桑[02]的落語和搖擺爵士組曲……等，大聲歡笑了一陣，不斷有一流的演藝人員來訪，反而比在外面社會還更能看到、聽到各式各樣的表演。」（〈木戶幸一關係文書〉一九五一年一月十四日）

實際上，《舊金山和約》簽署後，有藤山一郎[03]、美空雲雀[04]、長谷川一夫[05]、辰巳柳太郎[06]、柳家金語樓[07]、二世市川猿之助（市川猿翁）[08]、千代之山與栃錦等大相撲力士、千葉茂等巨人棒球隊選手……眾多知名人士不斷前來巢鴨監獄慰問。

根據荒木貞夫的說法，「原本這些人是來慰問乙丙級人們的」，但這樣的慰問也成為「日本人同情」戰犯的佐證。確實，如果是「極惡之人」，不會有這麼多知名人士來訪。這種現象也顯示出當時日本社會對戰犯的評價。

◎重光葵的假釋

到了一九四九年的階段，出現了「甲級戰犯的處理（減刑等）因為牽扯國際關係之故，較乙丙級戰犯更顯困難」的觀察結論。（重光葵《續巢鴨日記》）關於國際關係這點，大概主要是設想了蘇聯必然會反對而得出的觀察推論。

然而盟軍最高司令官總司令部（GHQ）的假釋制度也適用於甲級戰犯。當然甲級受刑者幾乎都是終身刑，因此依照「回覆第五號」的規定，他們要取得假釋資格至少必須服刑十五年，也就是至少得等到一九六〇年之後；而且，行為優良的優待制度並不適用於終身刑的犯人。因此實際上能夠等待獲得假釋資格的甲級受刑者，也只有有期徒刑二十年的東鄉茂德與七年的重光葵（東鄉於一九五〇年七月病歿）。

重光葵於一九五〇年三月，與六十七名乙丙級戰犯一同申請假釋。重光的日記中記載了有關十月三十一日聽證會的情況。「這裡有一處法庭，連證人台與旁聽席都一應俱全。……海根／關於俘虜待遇問題，本委員會只關心檢方提出之起訴理由55。……重光／俘虜的管理責任在軍部……對此外務省並無權限。……海根／保釋之後打算作什麼？」經過這樣的問答，假釋委員會於十一月二日決定了重光葵的假釋提議，同月十日，第八軍司令官下達假釋重光葵的命令。

重光的刑期原本要到一九五三年四月才會結束，就算有行為優良優待應該也得等到一九五一年十一月。但託假釋制度之福，他大約提早了一年，在一九五〇年十一月二十一日便獲准離開巢鴨監獄。

大門一開，新聞攝影班、通信社記者、廣播記者等蜂擁而上……。透過麥克風簡單地謝過大家，但人群混雜到動彈不得，完全沒辦法做下一步的動作。……汽車駛出後，許多人把臉探出巢鴨本館建築的窗戶，盛大拍手歡送我。……確實感受到自己已

經從監獄中解放出來。（重光葵《續巢鴨日記》）

假釋後的一九五一年七月，盟軍最高司令官總司令部假釋委員會的馬雷·格雷（Murray Gray）提及重光葵「刑期滿了之後即恢復全然自由之身，因此要擔任內閣總理大臣也好，從事任何事情也好，一切都無妨，我們也都大為歡迎。」（伊藤隆等編《續重光葵手記》）重光於一九五一年十一月七日刑期滿了，隔年三月褫奪公權（公職追放）也獲得恢復，開始歷任改進黨總裁、眾議院議員等職務，一九五四年十二月起擔任鳩山一郎內閣的外務大臣、副總理，並以此公職身分處理戰犯釋放的相關問題。

2·《舊金山和約》中的戰犯條款

◎「沒有柵欄的牢獄」

對於占領，前日本外務省條約局長西村熊雄曾形容：「所有的自由都被剝奪，除此之外還要遭受各種使喚。不知處罰何時將至、從何處而來，有人說那就幹點好事吧，可就算幹了好事也不開心。政府與國民，每個人都過了六年的愁苦時期，令人無法忘懷。」若進一步借用其他外交官的說法，可以說——回顧占領，就是一個「沒有柵欄的牢獄」。（江藤淳《另一種戰後史》）

不管如何寬大，占領的現實仍然嚴峻。隨著時間的經過，屈辱感也與日俱增。如何才能終止這樣的狀態，是占領後期日本悲壯的誓願。

此外，日本恢復主權後的戰犯管理與赦免問題應該如何處理，也是日本與同盟國雙方的重要課題，而其結論，即表現在《舊金山和約》的第十一條（戰犯條款）。以下，將先概觀《舊金山和約》第十一條的成立過程。

一九五〇年九月十四日，杜魯門總統聲明，他已命令國務院與遠東委員會（FEC）的十二國——追加了自印度分離獨立出來的巴基斯坦——開始針對對日談和進行非公開交涉。至此談和終於有了實現的可能性。

面對此種發展，日本外務省以條約局長西村熊雄為中心，迅速做出了對應方針（被稱為「A作業」），並於十月五日提交吉田首相。日期記錄十月四日的「關於美國《對日和平條約》案構想之我方要求方針」——雖然遭吉田首相退回——要求停止起訴戰犯、「大赦」戰犯，並希望和約簽署後戰犯的刑罰執行完全交由日本處理。（外務省條約局法規課《關於和平條約締結調查報告書》Ⅲ，以下簡稱《報告書》Ⅲ）條約局特意提出幾乎不可能獲得同意的「大赦」，是為了藉此引出對日本有利的條件。根據西村的說法，外務省官僚的心中都烙印著一個無法抹去的想法，那就是這將會是一次「嚴厲的談和」。

◎國務院的草案

然而，擔任對日談和問題的美國國務院顧問約翰·杜勒斯（John F. Dulles）於一九五〇年五月表示，追求的並非「嚴厲的談和」，而是「寬大的談和」；同年十一月二十四日美國國務院發表的「對日談和七原則」也明確公布「寬大的談和」方針。在這個基本方針下，戰犯問題又將如何處理？作為最初提案，杜勒斯與東北亞事務局局長約翰·艾利森（John Moore Allison）在韓戰爆發後的一九五〇年八月九日整理出《和平條約》草案，其中包含了戰犯條款（第十四條）。

對拘禁於日本者，日本國將遵守（尊重，respect）同盟國及其合作國軍事審判之科刑（sentences）。赦免、減刑、假釋、恩赦[09]等權限，僅在各審判中科刑國政府一國、或兩國以上承認時，日本國方得行使。關於遭遠東國際軍事法庭科刑者，此權限需基於同法庭中派任出席代表之政府過半數承認，日本國方得行使上述權限。（美國國務院《美國對外關係》一九五〇年，第六卷）

一：「遵守（尊重）同盟國及其合作國軍事審判之科刑」，是對日本課以刑罰執行義務的規定。此階段應該不包括從今而後日本皆須「承認判決」的含意，但「遵守科刑」的文字至少表達出想要保持「審判正當性」的意圖。

二：允許日本在審判國方面「承認」的條件下，行使赦免權限，且更進一步承認「恩赦」（pardon）——此處與「大赦」（amnesty）同義——的可能性。實際上美國國務院在本草案之前便曾考量，未來將給予日本方面對赦免的「總合性權限」。

前文曾提及一九四七年八月的「波頓草案」，（參考第六章第三節）該案中赦免是同盟國方面的專屬特權，不允許日方介入。但在冷戰環境下更重視對日關係的國務院，似乎試圖給予日本極大權限。

其次，對照日期為九月十一日的草案時，可以發現不同之處：

一：日本對於審判需「遵守（尊重）科刑」的字樣，完全遭到刪除。大概是美方判斷為了「寬大的談和」，不願凸顯日本的戰爭責任，加上根據條文其餘部分也能獲致同樣結果之故。

二：然而，或許畏懼如此設定將招來過於「寬大」之批評，關於赦免權限因此修改為由日本政府與科刑政府「共同行使」。之後，經過同盟國間的交涉與上議院外交委員會的協議，日本的權限又更為縮小。

美國務院在十月承認了「解除不可擔任公職（追放解除）」一項，但另一方面也要求日本方面「和約締結後，關於戰犯仍須確保執行其刑」。站在同盟國的立場，行政處分與司法審判兩者的嚴重度儼然不同，因此想透過「政治性大赦＝釋放急進論」來抹消戰犯的罪刑，是不可接受的。

◎戰爭責任條款的衝擊

進一步危害「寬大的談和」者，是英國的條約草案。英國草案借用了對義大利和平條約（一九四七年二月）的前文，導入戰爭責任條款，說明「侵略戰爭」的責任在於日本。一九五一年四月，透過美方知悉此消息的吉田首相與外務省事務當局，皆遭受相當的「衝擊」。

實際上，英國在同年一月初已經表現出更重視「西方集團團結」的態度，這是因為「比起日本軍國主義復活，共產主義更具現實威脅性」。即便如此，英國仍將戰爭責任條款放入草案當中，是因為該國國民的反日情緒，加上大英國協諸國施壓的結果。

特別是澳大利亞與紐西蘭，如同該年二月這兩國向美國國務院顧問杜勒斯宣稱的一般，認為《波茨坦公告》和「遠東國際軍事法庭之判決」才是日本戰爭責任的證明。澳紐兩國的觀點認為，不應該給予日本任何赦免權限，長期保證不讓日本軍國主義再度復活才是最必要的。

而英國註明日期四月二十日的暫訂草案中，首先在前文中記載了「日本國，在軍國主義體制下與德意志、義大利同為三國條約之當事國，企圖發起戰爭，其結果引發了與所有同盟國（Allied Powers）及參戰各國（Associated Powers）和其他聯合國家（United Nations）[10]的戰爭狀態，因此必須負擔此次戰爭責任」，亦即揭載了所謂的戰爭責任條款。

其次，針對戰犯條款（第二十一條）則有如下之規定。

日本國對遠東國際軍事法庭併日本國內及國外以正當方式組成之其他所有同盟國戰爭犯罪法庭之判決，負有承認之義務（Japan undertakes to accept the judgments）與執行該判決命令之義務，且需尊重對日本國民科加之有罪判決及刑罰（respecting convictions and sentences）。關於赦免、減刑、假釋等權限，受遠東國際軍事法庭科刑之日本國民，需在日本國政府及於同法庭派出代表之政府過半數同意下方得行使。又上文提及之外的戰爭犯罪法庭所科之刑，對在日本服刑之戰爭犯罪者，需在日本國及於各法庭科刑之一國或二國以上政府同意下，方得執行。（羅賓．凱編《關於紐西蘭對外關係的文件》第三卷）

後半段中，除了削除與全面釋放有關的「恩赦」一點之外，幾乎與美國的草案並無二致。英國草案的特徵，還是在前段的「判決承認」規定上，這是為了無論如何都要日本執行刑罰的實效性義務規定。不過對大英國協，特別是對澳大利亞與紐西蘭而言，「執行刑罰」不過就是理所當然的事情，反而是「判決承認」一項，才是要求日本政府承認基於與戰爭責任條款具有相同價值觀的「審判正當性」、「日本戰爭責任」之重要規定。

◎《對日和平條約》第十一條的成立

美國為了顧及日本方面的不安而必須面臨對英交涉，為了達成「非懲罰性的」《和平條約》，因此強烈反對英方所列的戰爭責任條款。接著製作了一份日期標記為六月十四日的英美共同條約案。來訪日本的東北亞事務局局長約翰・艾利森在同月二十五日向外務事務次官井口貞夫傳達，首先戰爭責任條款將刪除，且「恩赦」部分也會遭刪除。筆者認為，這可能是一種實質性的交換條件，換取英國主張的「判決承認」部分獲得追加。

美國削除英國草案中措辭強烈的「負有義務」（undertakes to）一詞，但容許了「判決承認」規定。因為當戰爭責任條款這種露骨的措辭表現消失後，連帶著「判決承認」規定便僅剩一種曖昧的印象——如此一來就出現了解釋的空間——大概這就是所謂的妥協吧。關於赦免部分，改變了一直以來由科刑政府與日本「共同」行使權限的結構，由同盟國獨占「決定」權，日本權限則位階下降成「建議」。（第七回公開《外交記錄》）這就是英美之間妥協得以成立的理由。

最終的《對日和平條約》第十一條（一九五一年九月八日簽署）如下：

> 日本國承認遠東國際軍事法庭併日本國內及國外其他所有同盟國戰爭犯罪法庭之判決（Japan accept the judgments），且需對拘禁於日本國內的日本國民執行上述法庭之科刑（and will carry out the sentences）。對於該當受刑者之赦免、減刑、假釋等權限，非由各法庭科刑之一國或二國以上政府決定及非基於日本國建議之場合以外，不得行使。關於受遠東國際軍事法庭科刑者，若非於同法庭派出代表之政府過半數同意及非基於日本國之建議場合以外，不得行使。

至一九五二年初，美英法三國也詢問西德總理艾德諾，對於戰犯審判「如果同意承認判決與執行其刑，可籌備將戰犯移交聯邦共和國管理監禁。」（美國國務院《美國對外關係》一九五二－一九五四年，第五卷）雖然這是模仿自《對日和平條約》的要求，原本只需要求「執行其刑」即可，卻特意再三強調「判決承認」，這是為使西德無法對同盟國「審判的正當性」提出異議。

◎關於「判決承認」規定

《對日和平條約》第十一條戰犯條款中，可以大致區別為前段的「判決承認」與後段的「赦免」兩部分。關於前段「判決承認」，可以確定的是日本必須「承認」（accepts）東京審判與乙丙級戰犯審判的「判決」（judgements），盟軍占領結束恢復國家主權後，仍對日本國內監禁的受刑者，負有「執行」（will carry out）其「刑」（sentences）的義務。

對日戰犯審判的法律性根據在於《波茨坦公告》第十項，但之後的具體政策則由同盟國裁量決定。如同禁止出任公職（即「公職追放」）無法變換成日本的法律一般，戰犯審判是日本政府無法碰觸的不可侵犯領域。《對日和平條約》第十一條，便意味著要求日本在國際法上照原樣追認這種審判。

然而，此條約規定實在太過曖昧，因此留下了多種解釋空間。條約是依照「當事國想要什麼」為基準來進行解釋的，但實際上日美兩國為了避免嚴密地對第十一條解釋追根究底，條文前段並不存在決定性的官方解釋，而這產生出了以下兩種批判性的解釋。

第一種：是「誤譯」的批判。此種右派的解釋指出外務省將「判決」當作「審判」，因而承認了「判決整體」、「判決本身」，日本只承認作為「審判結果」的「判決」而已。另一方面，左派的批評則認為，「判決」會加強有罪的印象，因此採用「審判」，是為了模糊其意義。

那麼，外務省翻譯的「審判」究竟代表什麼樣的意義？一九八六年八月十九日在日本眾議院內閣委員會中，中曾根內閣的官房長官後藤田正晴針對《對日和平條約》第十一條發表了日本政府的見解：「在國與國的關係上，日本政府有承認遠東軍事審判的事實……從而，我們終究是承認了所謂遠東軍事審判的結果。」

這樣的說法仍然相當粗略，之後日本政府的見解就更意義不明了。對於民主黨眾議院議員野田佳彥於二〇〇五年十月十七日提出的質詢意見書，小泉純一郎內閣的政府答辯書中只不斷重複日本在第十一條上「承認審判」，但卻未提及「審判」的意義。即便翻閱當時的記錄，其意義大概也不明確吧。而且，或許當初就希望能保持語意曖味的狀態。

因為原文是「judgements」，嚴密來說「審判」這個翻譯並不適切。即便如此，外務省仍故意譯成「審判」，說明這個舉措應該帶有某些意圖。東京審判的「判決」，根據當時外務省的有權解釋[11]，是「多數判決」之有罪、無罪裁決（verdict）與量刑。對戰犯審判搬出國內的刑事訴訟法，不知能具備多少意義，但通常裁決中也包含了事實認定。

此處可以點明的是，在這層意義下若只承認「判決」，便會排除帕爾與羅林的反對意見以及辯方的反證，讓日本處於不利的狀態。換言之，筆者認為外務省——西村熊雄的條約局——為了日本國內做出這樣的「意譯」，是為了使其「帶有一種批判審判的含意」。

第二種：「承認判決」規定即便在條約生效後，也不過是一種保證「判決效力」，也就是「執行其刑」的約定，「並不意味承認審判是正確的」。這種見解的代表例子，大概就屬宗教法人的神社本廳於二〇〇五年六月九日發表的「基本見解」吧。

根據西村熊雄說法，《對日和平條約》的諸條款中，許多都是當日本結束履行義務的同時，該時間點上立刻就失去存在意義的「執行規定」。若第十一條也只是「執行規定」，則當戰犯全數釋放後，實際上該條款的存在意義也會隨之消滅。西村「個人」則期望等到一個「無論從國民的記憶上，或者在外交上，都無需談到、也不必引用《舊金山和約》的時代」。（西村熊雄〈舊金山的回憶〉）

然而，條約是活的，如同當年的《巴黎非戰公約》事後成為「戰爭犯罪化」的根據而再度受到引用一般，其他條約也存在著事後遭改變解釋、並再度被利用的情況。在這層意義上，第十一條的前段是長久遭人遺忘的「潘朵拉寶盒」，而一九八五年中曾根首相公開參拜靖國神社之舉，意味著打開了這個寶盒。

◎最大要因是大英國協

一直以來筆者也都認為，確保「執行其刑」——亦即同盟國方面不准日本於恢復主權後便擅自釋放戰犯的目的，才是第十一條前段的意義所在。

第一次世界大戰後，協約國受到德國過於激烈反彈的影響，因而將違反戰爭法的戰犯審判委任德方進行。然而，這次萊比錫審判卻是敷衍搪塞、鬧劇化一般的審理，若干有罪的受刑者旋即獲得完全釋放。對協約國一方而言，這個「萊比錫大失敗」成為一種心靈創傷，（日暮吉延《東京審判的國際關係》）因此二戰之後謀求維持「執行其刑」，也是理所當然。

然而，當筆者重新檢討各國的第一手史料後，發現確保「執行其刑」這個解釋理由並不足以說明一切。如果是與美國間的兩國條約，大概不管美國聯邦議會有多少意見，也不會存在「判決承認」這樣的規定吧。然而此規定仍然存在，究其原因，還是在於為了獲取熱切希望明記日本「戰爭責任」的大英國協各國認同；換言之，「判決承諾」就是遭刪除之「戰爭責任條款」的替代品。若只想確保「判決效力」，意即「執行其刑」，則一九五〇年八月「杜勒斯─艾利森草案」中「遵守判決刑罰」等文字應已足夠，但這樣的規定並無法滿足英國與澳大利亞。

此外，此處還想確認一點，即澳大利亞與紐西蘭願同意「寬大談和」的根本理由並非因為戰犯條款，而在於透過《太平洋安全保障條約》（澳大利亞、紐西蘭、美國三國間的安全保障條約）獲得彼此間的相互防衛保證之故。

無論如何，從同盟國的這種立場來看第十一條前段中「執行其刑」規定的主要意義時，我們也必須一併思考這意味著日本獨立之後仍不可毀壞戰犯審判的「判決」，亦不准許提出異議；換言之，也就是內含著要確保同盟國「審判正當性」的意涵。

結果，「執行其刑」與「審判正當性」二者並非互相無關，反而是緊密不可分的。這種表現「判決公正度」的表達方式，雖然會使日本人產生抵抗感，但考量到同盟國方面為了迴避審判遭批評為「勝者的審判」而煞費苦心的事實，因此同盟國會有想要保護「正義」、「正當性」的想法，也是必然的。即便美國也為了保護其道義領導上的地位，不論在當時或在現在，也都不可能允許「審判具不正當性」的觀點。

◎為了國際道義

交涉當事者的另外一方，也就是日本外務省，對於有關英美共同條約案的戰犯條款，外務省評估「應無特別需要申訴異議修正內容」之處。（《報故書》VI）

從此處可以理解到，日本外務省對日本方面權限只限於「建議」一點，並不認為有問題，而且對於「判決承認」的規定也不怎麼抵抗。特別是「執行其刑」部分，外務省從過往便有準備要容許此項要求。因此條約局法規課在日期為一九四九年一月二十一日的文書上表示，因為接受了《波茨坦公告》，「站在我國立場上，理所當然應該承認審判結果的判決效力」。（第七回公開《外交記錄》）因之，外務省確實接受承認

「判決效力」等於「執行其刑」，此點應該無誤。

那麼，有關「審判的正當性」又是如何？關於這點，日本外務省表現相對沉默，但外務省不可能沒有注意到此點。歸國援護廳復員局詢問，依據「判決承認」是否日本就沒有空間對審判提出任何異議，針對於此，外務省聯絡局調查課長吉村又三郎於一九五一年八月十七日如此回答：「對於審判的任何部分，都不應該理解為毫無申訴異議之餘地。」[12]亦即可以理解為，如果出現人為錯誤或拷問取證等明顯不當之錯誤審判，仍有要求「救濟」之可能性。（第十四回公開《外交記錄》）

此處外務省認可的「異議」，只限於乙丙級的不當審判，並沒有要對「勝者的審判」申訴異議的姿態。日本外務省仍然相當看重「國際信義」一事。在外務省內其實留有批評東京審判起訴狀的內部文書，（日暮吉延《東京審判的國際關係》）但對外卻悶著頭完全沒表現出批評態度，因為他們在《波茨坦公告》下畢竟負有「協助」戰犯審判之義務。連帶地說，即便採取強硬態度的復員局，對於戰犯審判的「重審」——關於量刑不均或適法性爭議等——也因為「質疑實行的可能性，以及顧忌對方國家態度不友善」，而刻意未提出要求。

如此一般，日本外務省雖然內心一直有所反抗，但仍費心不去處碰「審判正當性」

這顆地雷。他們採取的一種「條約因為規定曖昧，所以留下了解釋的餘地，這是其中的奧妙之處。與其現在開始徒然持續投入關注細節部分，不如乾脆不管更好」的戰略性立場。

這裡讓我們參考一下一九五三年二月二日參議院本議會中，法務大臣犬養健的答辯。「日本人接手繼續監禁日本人的戰犯」，雖然是不幸的事情，但「在所謂超越憲法的法律秩序下，面對已然確定成立的判決內容，並只在這個範疇內接續承認該效果，在法理上並不違憲」，「雖然日本被認為是個不管對和平條約或其他事宜，都採取一種事後怎樣都無所謂態度的國家，但唯有此事，是國際信義上最重大的事情」。可以解讀出，講究的果然是「國際信義」。

◎恢復和平的代價

前印度法官帕爾於一九五二年十月第二度來訪日本時，與已經成為改進黨總裁的重光葵談起釋放戰犯是一項「義務」，並對日本政府「簡單乾脆地」接受《對日和平條約》第十一條表示不滿。（帕爾《和平的宣言》）日本律師聯合會也在一九五三年寫給國會的「要望書」中非難說：「如《和平條約》第十一條之條款，絕無可接受之理。」

（《秘錄大東亞戰史》第六卷）

確實，就像一九八〇年代國際法院（ICJ，International Court of Justice）曾判決美國在尼加拉瓜設置水雷一事違法，而美國的雷根（Ronald Wilson Reagan）政權卻拒絕接受一般，國際政治上是有可能拒絕判決的。（約瑟夫·奈依《國際紛爭》）但有加一條但書：「如果是在平常狀態」。

戰敗者的日本要和平恢復國權時，除了承認第十一條別無他法。特別是在與大英國協的關係上，不可能出現沒有第十一條的《對日和平條約》，因此帕爾的勸告，其實是相當脫離現實的。總而言之，承認《對日和平條約》的確帶有相當沉重的意義。

歷經上述經緯，站在東京審判否定論的立場將第十一條政治化的行為，似乎並不太聰明。《日本國憲法》第九十八條第二項關於遵守國際法規之規定，在現實的國際關係上具有一定意義，但此處我們或許應該傾聽一下坂本多加雄的沉重說明：

透過國家之間協議決定事宜，是為了不讓問題無限延續的一種國際法上之約定。……乙丙級審判之中，也有許多冤罪和不當審判……。但是，包含這一切……在

國際關係上仍然需要達成一個最終決定。（坂本多加雄《思考史教育》）

當然，以批評的角度來檢討東京審判，追究闡明第十一條的意義仍然是重要的。這做為東京審判的政策性評價是具有意義的，但對一件已經依賴國際關係決定的事宜卻使用政治性手段不斷反覆操弄，則遠非上策。

◎關於「赦免」規定

在第十一條後段的「赦免」規定中，要「赦免」（clemency）、「減刑」（reduce sentences）、「假釋」（parole）戰犯時，日本僅具「建議」權限，而審判國的「決定」才是不可或缺的。這是同盟國「釋放漸進論」的具體化體現，且乍看之下是個過於嚴苛的規定。然而當時日本方面的相關人事，反而是對「赦免」概念的廣泛程度有所期待。例如復員局的豐田隈雄寫道：「『Clemency』是極富通融性的、擁有廣泛含意的用語，除了當然包含在內的大赦、特赦，舉凡對寬大處理的一般建議，判斷上也可能包含在內（外務省、有力的美國人律師及國際法學者中，也有採用此種解釋的人）。」

（第十四回公開《外交記錄》）

外務省也認為關於「假釋、減刑等事宜再與美國商量即可」，亦即只要把對美交涉推向對日本有利的方向便行。儘管第十一條是條離「寬大」很遙遠的條款，但實際上也未必如巢鴨監獄受刑者們所激憤指出的一般，是條完全不見未來、內容對日本完全不利的條款。

賦予日本「建議」權限，依舊具有不小的意義。雖然與最初《和平條約》草案中的「行使」權限相較縮小了不少，但較之什麼都沒有的狀況，仍舊好上許多。而且日本方面的相關人事，反而還從「建議」權限當中找到了突破的出口。

3．日本恢復獨立後的「重大國內問題」

◎甲級比乙丙級還有利？

在此確認一下受刑者的人數。

占領期的假釋人數（一九五〇年三月～一九五二年四月）

年	甲級	美國	澳大利亞	荷蘭	英國	國民政府	英國	合計人數
1950	1	56	0	54	1	55	1	172
1951	0	111	2	128	48	45	48	350
1952	0	140	15	95	82	28	82	370
合計（人）	1	307	17	277	131	128	131	892

出處：法務省大臣官房司法法制調查部《戰爭犯罪審判概史要》

根據盟軍最高司令官總司令部（GHQ）的假釋制度，一九五二年四月二十八日《對日和平條約》生效為止，包含甲級的重光葵在內，合計共有「八百九十二名」獲得假釋（細項參考表格）。日本獲得獨立之後仍遭監禁的受刑者，包含國外服刑者合計「一千二百四十四名」。（《戰爭犯罪審判概要史》）從其中的甲級來看，死刑執行有東條等七名；病死的有梅津（一九四九年一月）、白鳥（一九四九年六月）、東鄉（一九五〇年七月）、小磯（一九五〇年十一月）四名；出獄的有重光一名，因此日本主權獨立後的受刑者有荒木、畑、平沼（一九五二年八月過世）、星野、賀屋、木戶、南、岡、大島、佐藤、嶋田、鈴木等十三名終身監禁者。

依據《對日和平條約》第十一條，以單一國家為單位進行軍事法庭所判決的乙丙級受刑人（包含台灣人、朝鮮人受刑者），只有經該審判國的「決定」才能赦免這些犯人，日本在外交上必須和澳大利亞、英國、荷蘭、法國、中國國民黨政權、美國、以及尚未被批准的菲律賓等，個別進行兩國交涉。另一方面，關於甲級戰犯需要遠東國際軍事法庭組成國「過半數之決定」，因而自然無法在兩國之間解決，而且日本的手所碰觸不到的同盟國內部動向，也左右著赦免的情況。

不過饒富深意的是，外務省的吉村又三郎於一九五一年九月的涉外聯絡會議中，預測較之乙丙級戰犯，甲級反而更容易獲得同盟國讓步。這雖然與日本人認為「乙丙級才更可憐」的想法正好相對，但絕非什麼特異的見解。

例如前律師布萊克尼在一九五一年階段，便認為甲級這一方更為有利。從美國人的角度來看，甲級的「反和平罪」因為是「舊日發生的事情，容易遭人遺忘」，相對的乙丙級的殘虐行為則為「極端惡劣的非文明犯行」，因此「相當難以宥恕」。（第十四回《外交記錄》）

◎戰犯援護運動的展開

前陸軍大佐松谷誠觀察到一個現象，即日本對於甲級戰犯的國民情感由「二戰甫結束時的憎惡感逐漸轉換為同情論」，而對乙丙級戰犯則「始終都帶著同情論」。（《日本再建秘話》）雖說如此，乙丙級戰犯的家人也發生過不少遭近鄰白眼、或者親事因而告吹的不幸實際案例。這種當人們覺得反正事不關己時才會出現的「同情論」，大概也說明了大多數的人其實都不抱關心。

訪問過巢鴨監獄的芥川賞作家安部公房寫道：「我們必須打破漠不關心，隔牆牽起乙丙級戰犯的手。乙丙級戰犯受刑人的釋放運動，原本就是一種和平運動。」這是日本獨立後一九五三年四月左右的事情。（〈遭背叛的戰爭犯罪者〉）

而盟軍占領期的戰犯援護運動，則由戰犯家族所組成府、縣層級的「留守家族會」為中心。雖然有些家族以「傷害家族名譽」的理由與受刑者斷絕關係，但幾乎所有的受刑人家族都堅信受刑者「一切都是為了國家才這麼幹的」辯稱，忍耐過著貧苦的生活。往後留守家族會組織逐漸擴大，一方面接受復員局的支援為停止死刑、戰犯送還日本內地、赦免等議題進行請願與相互扶助。此外，也有幾個宗教團體從事了戰犯援護運動。

盟軍最高司令官總司令部法務局於一九五〇年二月，對日本社會的如此動向展開警戒。

> 戰犯援護運動因其壓力波及日本政府機關與官僚，因而帶有政治活動性質。……進而，若此類活動持續發展，可能將會走向美化戰犯、將戰犯「殉教者化」的方向。我們懷疑日本政府……是否容許此類組織的活動。（GS文書）

之後，談和成為戰犯援護的轉捩點。在乙丙級戰犯服刑期滿的前海軍中將原忠一四處奔走，且與舊陸海軍相關人士會面動員下，一九五二年四月二十四日設立了一個「強力的民間團體」，組織名稱為「戰爭受刑者世話會」[13]（五月十日正式開始，一九五八年四月三十日解散）。理事長為藤原銀次郎[14]，常務理事長由青木一男、鮎川義介、岸信介、正力松太郎等前甲級戰犯嫌疑人就任，有田八郎（前外務大臣）、一萬田尚登（日銀總裁）、宇垣一成、藤山愛一郎（實業家，後任外務大臣）、山梨勝之通（前海軍大將）等有力人士也名列其中。

收到原忠一來報的前海軍大佐高松宮，因過往即希望釋放乙丙級戰犯，也首肯說「世話會確實很好」，並與原忠一談及該會今後對策：「戰犯解決的基礎，首先在於加深國民對此問題的認識」，以及「時機世局微妙，必須慎重考量避免造成反效果」等。（豐田隈雄《戰爭審判餘錄》）

戰爭受刑者世話會也與地方世話會——同年年底為止，三十二都道府縣也設立了世話會或同類型團體——合作，強力遊說法務府與外務省，促進戰犯釋放與戰犯援護。

日本律師聯合會中，前東京審判辯護律師林逸郎、三文字正平（小磯的辯護律師）、清瀨一郎等人，決定推動釋放戰犯的「國民運動」，一九五二年五月二十七日設立了「戰犯釋放委員會」（林擔任委員長，三文字、加藤隆久二位擔任副委員長）。他們提倡東京審判時辯方主張遭到壓抑抹殺，「對我們日本國民烙上侵略者烙印」等審判否定論，對政府、國會、新聞機構施壓，年底並於大阪與東京舉行「戰犯及時釋放」的國民大會。（《秘錄大東亞戰史》第六卷）

這些戰犯援護勢力的立場，皆採求取戰勝者「慈悲」，即「釋放急進論＝政治性解決」的方法。他們真正的目標是《對日和平條約》生效時進行「大赦」。例如擔任舊海軍國際法書記官的榎本重治（第二復員局殘務處理部）主張，為了「忘卻過往的戰爭……防止再度燃起惡感」（傍點為作者所加），在恢復和平關係時「大赦」違反戰爭法的戰犯，是十九世紀的國際慣例，《對日和平條約》中如未明文規定否認此慣例，則透過和約簽署後應自動進入「大赦」。（眾議院法務委員會《戰犯關係資料》）

然而，二十世紀兩次的總力戰[15]卻不適用此論。第一次世界大戰後《凡爾賽條約》雖規定了處罰戰犯，卻未能實現追訴皇帝一事，而違反戰爭法的審判也以「萊比錫大失敗」告終。吸取而體現這種「教訓」的，便是第二次世界大戰後的戰犯處罰政策。這個「過往的戰爭」，從規模與受害來看，是不容「忘卻」的。

◎受刑人，走向後樂園球場

《對日和平條約》於一九五二年四月二十八日生效，國際法上的戰爭狀態至此告終。禁止擔任公職的「公職追放令」廢止，巣鴨監獄完全移交日方管理。

但事實上，不僅沒有大赦，日本主權獨立後的一段時間內因相關各國的對應變得緩慢，一時間連假釋也停止了。為此，巣鴨的受刑人們認為日本政府為了討好外國而拋棄自己，巢鴨監獄一時間充滿了反政府的氣氛。

此外，日本獨立之後，國民對戰犯的同情心高漲，請願書大量送至各國大使館。英國駐日大使埃斯勒·德寧（Esler Dening）曾相當不愉快地表示，日本主權恢復前「以道歉程度表達悔悟之念」的請願書，此時變得充滿「威嚇性與傲慢」。

這種看法的增加、態度的加強，也並非毫無道理。同年十一月二十六日，六百二十九名戰犯受刑人穿著背上印有「P」（Prisoner 的第一個字母）的卡其色制服，分搭觀光巴士來到後樂園球場觀看棒球比賽。嶋田繁太郎愉快地說：「我是職業（棒球）的大球迷。」包含嶋田等這些觀戰活動，都被日本國內外媒體加上照片大幅報導。

這次活動是由日本職業棒球會長辦公室邀請招待，而巢鴨監獄的所長川上悍個人專斷允許犯人前往觀賽，因此隔天美國大使館旋即以質問的語調向川上所長抗議，川上則以適用「依《和平條約》第十一條執行其刑及赦免等相關法律」的監獄法為後盾，迴避了美方的指謫。（實松讓《巢鴨》、川上悍〈巢鴨監獄報告書〉）有關「依《和平條約》第十一條執行其刑及赦免等相關法律」，後文將再提及。英國則收到駐日大使館發來日本人「越來越厚顏無恥」的報告，而命令駐日大使館暗中警告日本政府。

政黨方面，在野黨的改進黨也利用釋放戰犯這個政治爭議點——甚至連執政黨的自由黨議員也察覺到，此刻必須批判吉田內閣在戰犯問題上的「怠惰」。於是在一九五二年六月，日本參眾兩院達成了釋放戰犯的決議（此外參眾兩院至一九五五年七月為止，共計有九回通過戰犯相關決議）。

關於一九五二年六月十二日眾議院決議，此處整理三個要點：

一：雖然釋放戰犯的決議由自由黨、改進黨、左右兩社會黨[16]共同提案，但與自由黨與改進黨主張的政治性戰犯審判否定論相對，兩社會黨則抱持對乙丙級戰犯的人道同情訴求，在各自意向上有所不同。

二：出獄後活動於戰犯援護運動的笹川良一，為了促使國會提出要求釋放戰犯的決議案，穿梭於在自由、改進兩黨幹事長以及左右兩社會黨書記長之間進行遊說。（佐藤誠三郎《笹川良一研究》）

三：在西德也有先例，根據美國高級專員官府於一九五二年二月十二日提的報告書，西德聯邦議會通過了「釋放全部在傳統意義的犯罪中不會遭判刑的戰犯」與要求儘速辦理減刑的決議。（美國國務院《美國對外關係》一九五二－一九五四，第五卷）

◎對重生抱持希望

如上述一般，釋放戰犯在日本主權獨立後，便被定位成「重大國內問題」。兩位遭監禁於菲律賓的戰犯死囚，因想念祖國日本而做詞譜曲了一首〈啊～文珍俞巴夜闌珊〉，由渡邊濱子主唱後在一九五二年下半年成為暢銷曲（同年十月改編成上原謙主演的電影）。當時的日本國民，如同在一九五二、五三年的大選中並不支持「再軍備論」[17]一般，也不至於都是國家主義的支持者。只是對「勝者的審判」下出現的「犧牲者」，寄予一種質樸純粹的同情而已。

正好在國會通過決議之前的一九五二年五月十九日，接受盟軍最高司令官總司令部（GHQ）天然資源局的局員阿爾文·可恩（Alvin R. Cahn）博士指導的白井義男，參加了拳擊的世界頭銜爭奪賽（蠅量級），在後樂園球場特別設置的擂臺上進行比賽。擂臺一側坐著高松宮、三笠宮崇仁親王、白井的遠親淺沼稻次郎（右派社會黨書記長），在全場四萬名大量觀眾的守護下，白井對決美國的達多·馬力諾（Dado Marino）並獲得判定勝，成為日本人首位獲得世界拳王榮冠者。這不僅代表白井站上了拳擊運動的金字塔頂，也是主權獨立後給予日本人「自信」與「對重生抱持希望」

的重大歷史事件。（順帶一提，西德國民也在一九五四年為世界杯瑞士大賽中獲得奇蹟般的首勝而狂喜不已。）

此外，一九五二年十一月，明仁親王舉行「立太子禮」而引起皇太子熱潮，隔年也因皇太子外遊而造成報導狂熱，此時天皇的戰爭責任問題已經不是一般大眾所關心的事情了。而且自一九五三年十月白井的拳擊冠軍頭銜防衛戰之後，人們站在街頭熱衷電視實況轉播的景況，也變成一種日常風情，日本社會已經靜候著即將開始的經濟高度成長期。

在這種環境下，戰犯被視為「戰爭與占領的殘滓」的意見也逐漸增強。

---

01 謝里夫．巴西奧尼（**M. Cherif Bassiouni**）：德保羅大學（DePaul University，又譯帝博大學）名譽教授。專業領域為國際刑法與戰爭犯罪專家，曾擔任許多美國政府部門顧問。

02 柳家小桑（1915-2002）：發音為Yanagiya Kosan。本名小林盛夫，日本知名的落語世家，至今已傳至第六代。一九五一年戰犯們所觀看的，推測應該是第五代「柳家小桑」率領的演出。

03 藤山一郎（1911-1993）：本名增永丈夫，日本歌手、聲樂家、作曲家、指揮家。

04 美空雲雀（1937-1989）：本名加藤和枝，日本知名歌手、女演員，長期活躍於歌謠曲、電影、舞台界，被稱為「歌謠界女王」，也是第一位接受國民榮譽賞的女性。

05 長谷川一夫（1908-1984）：日本知名演員，以「時代劇」（古裝劇）演員著稱。

06 辰巳柳太郎（1905-1989）：本名新倉武一，活躍於昭和時期的男明星，與島田正吾同為「劇團新國劇」的台柱，主演過不少電影與電視劇。

07 柳家金語樓（1901-1972）：本名山下敬太郎，日本喜劇演員、落語家、落語作家、腳本家、陶藝家。除身為知名落語家外，也演出過不少電影與電視劇。

08 二世市川猿之助（市川猿翁，1888-1963）：本名喜熨斗政泰，日本歌舞伎界明星。

09 恩赦：確定的刑罰全部或一部分消滅。由日本內閣決定、天皇認證，包含大赦、特赦、減刑、免除刑之執行與恢復權利等五種。

10 此三者日文原文為：同盟國（Allied Powers）、提攜國（Associated Powers）、連合國（United Nations）。

11 為國家機關所為之解釋，擁有一定拘束力，又稱機關解釋、法定解釋或強制解釋。包括有立法解釋、行政解釋與司法解釋。

12　原文即採用雙重否定的句型，帶有以很委婉的方式表達肯定之感。

13　使用日文原來的名稱。意思接近「戰爭受刑人關照會」、「戰爭受刑人照料會」。

14　藤原銀次郎（1869-1960）。日本實業、政治家，二戰前三井財閥中心人物之一，任職富岡製絲場與王子製紙社長，人稱「製紙王」。之後獲勅選為貴族院議員，歷任米內內閣商工大臣、東條內閣國務大臣、小磯內閣軍需大臣等職。

15　總力戰：總體戰。無分前線後方，全國總動員式的戰爭。

16　日本社會黨一直存有左右兩派路線的爭議，一九五一年針對《舊金山和約》與《日美安保條約》等議題內爭激化，分裂成為左右兩社會黨，直至一九五五年十月底又再次統合為一。

17　再軍備論：指重新恢復軍隊、軍備之主張、言論。戰後日本接受《波茨坦公告》解除了軍隊，並依照《日本國憲法》第九條放棄軍備，以和平與民主主義國家重新出發。但因二戰之後冷戰態勢逐漸明確，一九四九年中華人民共和國成立，一九五〇年韓戰爆發，盟軍最高司令官總司令部的麥克阿瑟轉而肯定日本擁有自衛權，指示吉田首相設置警察預備隊。一九五一年舉行舊金山和會並締結和約，日本與美國也簽署《日美安保條約》，成為太平洋地區美國盟友，而警察預備隊也從保安隊改稱為自衛隊，沿用至今。

第八章

為何甲級戰犯獲得釋放

於巢鴨監獄舉辦的全體戰犯出獄慶祝會（一九五八年六月二十一日）。列席者左側列，面向鏡頭左側第三人是有田八郎，旁邊為荒木貞夫，隔一個人則是星野直樹。列席者右側列，從前方數去第二人為谷正之。荒木等人背後站著愛知揆一、賀屋興宣。

1．展開赦免建議

◎兩種釋放論

《對日和平條約》生效的同一天，也就是一九五二年四月二十八日，公布施行了「依《和平條約》第十一條執行其刑及赦免等相關法律」（法律第一〇三號）。這是日本恢復主權後，統攝戰犯受刑人管理及赦免的日本國內法。

因為是法務府在盟軍最高司令官總司令部（GHQ）法務局的「指導」下立案的法律，因此承襲了「回覆第五號」（同日廢止）中的行為優良優待制度與假釋制度。法務府外局的中央更生保護委員會（一九五二年八月改組為法務省中央更生保護審查會）提出的赦免建議，會透過法務大臣、外務大臣遞交相關國家，只不過是否認可則端視對方政府的判斷。

日本的省廳之間也存有認知上的差異。首先，屬於舊軍人的復員局，對戰犯的不滿相當敏感的法務省中央更生保護審查會等，都訴求於「釋放急進論」。可以視為法務省文書的一九五三年八月十四日「戰犯解消方策（提案）」中，強調「日本全國民的強烈期望」，提出了官方民間重要人士派遣外國等各種施政策略，並假設若在戰後十周年問題問題尚且無法解決，甚至設計了採取「家庭服刑」或「條約第十一條廢止宣言」等「果斷措施」的想法。對「急進論」者而言，戰犯是一個獨立國家不應該擁有的「戰爭與占領的殘滓」。

另一方面，知道各國態度嚴厲的外務省與吉田首相則站在「釋放漸進論」的立場。吉田認為戰犯處理必須較「普通刑事犯人」更加慎重，需小心不招致國內外的「任何疑慮」。但是，即便抱持這種想法的吉田，面對人選之際，仍被迫要出示具體行動。一九五二年六月，吉田指示官房長官保利茂開始向各國交建議。根據外務大臣岡崎勝男的電報，要求釋放戰犯，特別是乙丙級戰犯的「輿論持續高升，政府先將主力傾注於乙丙級戰犯的假釋與赦免……關於甲級戰犯的建議牽涉各種細緻的考量，需要更加慎重研究」。（第十四回公開《外交記錄》）因此，外務省於一九五二年六月下旬開始提出乙丙級戰犯假釋建議。

中央更生保護審查會更進一步於一九五二年十月，配合「立太子禮」也提出甲級戰犯全員「赦免」（＝大赦）的建議。該會以戰犯已然服刑七年，且戰犯家人也窮困潦倒為訴求，以作為國民「深刻同情」的證據，提交了前述的國會決議以及「一千萬

一九五二年七月八日，法務總裁木村篤太郎、外務大臣岡崎勝男、官房長官保利茂（面對鏡頭由左至右）接見了提出六百萬人署名戰犯減刑請願書的代表團。

人」署名的釋放請願書。

吉田內閣對於甲級戰犯赦免建議，經過慎重審議後做出閣議決定。此時的社會背景正是「閃電解散」[01]眾院後，一九五二年十月眾議院大選時議員定額（共四百六十六席）中約三成都是由「追放解除組」[02]組成的情況。年底眾議院本會議上，當犬養法務大臣報告「建議」的達成實際業績時，獲得如雷掌聲，而各報社也肯定甲級戰犯赦免建議，可以說日本主權獨立之後的「建議」，主要都是對日本國內的一種宣傳展示。

饒富深意的是，東京審判前首席檢察官基南（一九五四年十二月過世）也站在「急進論」的立場。他在一九五二年四月時，認為東京審判的「主要目的」——也就是讓日本人知道戰爭的真實情況——已經達成，所以也贊成釋放戰犯。（末次一郎《「戰後」的挑戰》）

雖然如此，但對甲級戰犯的批評也並未就此消失。一九五三年七月三十日的參議院本議會上，左派社會黨的成瀨幡治對於恢復戰犯恩給[03]的「恩給法部分修正法律案」提出異議，他表示對乙丙級戰犯「不勝同情」，但「僅以甲級戰犯者非國內法管轄的理由，故無法明確釐清戰爭責任的說法，讓人感到萬分遺憾」。

無論何種主張，日本若胡亂引起騷動，肯定會刺激各審判國的輿論。因此美國國務院遠東局才要求日本政府抑制大眾媒體，英國外交大臣安東尼・艾登（Robert Anthony Eden）也對剛因「造船疑獄」[04]的影響而辭去自由黨幹事長的佐藤榮作，提出「不要大聲張揚」的忠告。

◎各國政府的對應

《舊金山和約》生效之後，對乙丙級戰犯採取迅速對應政策的，便是美國政府。杜魯門總統在一九五二年九月四日，設置了由國務院、國防部、司法院各派出三位代表的「戰犯赦免假釋委員會」，委員長為前國務院法律顧問助理康納．史諾（Conrad E. Snow）。這是負責審查日本赦免建議，並對美國總統提出意見的機關。因美國認為不問犯罪情狀均給予赦免的「大赦」屬「政治性解決」，所以採取否定的態度。但能維持美國「正義」的司法性個人審查，也就是「釋放漸進論＝司法性解決」則可接受，美方也因而採用這樣的原則。

至於一九五二年八月五日生效的《中日和平條約》，因為國民黨政權與北京的關係，所以將戰犯處理委任於日方，也就是事實上給予日方大赦的權限。如此一來與國民黨相關的乙丙級受刑人全部獲釋。菲律賓於一九五三年十二月，以獲取賠償金為目標，將乙丙級戰犯全員恩赦。法國於一九五三年六月為了支援吉田內閣大赦乙丙級戰犯，至隔年的四月二十二日為止，已全員釋放。基於各自實際利益考量的結果，國民黨政權、菲律賓、法國的乙丙級戰犯問題屬於較早解決的部分。

另一方面關於甲級戰犯，基本上對如何處理日本方面提出的建議，《舊金山和約》上並未規定審查機制。甲級戰犯的假釋必須要遠東國際軍事法庭構成國的「過半數同意」，但對於未於《舊金山和約》上簽署用印的蘇聯、國民黨政權、印度，以及未批准的菲律賓應該如何處理？而由印度分離出來的巴基斯坦，是否也包含在規定內？

這些問題經國英美兩國協議，一九五三年二月各相關國家之間同意了如下的手續。由美國國務院召開「非官方」會議，邀請美國、英國、法國、荷蘭、加拿大、澳大利亞、紐西蘭、巴基斯坦等合計八國的駐美代表，各自帶著本國政府的決定與會，經過票決，再由各國駐日大使館向日本政府各自通報「承認」或「否認」——八國政府中的五個政府——的過半數決定。身為非《舊金山和約》當事國的蘇聯、國民黨政權、印度，以及未批准和約的菲律賓則遭排除於決定過程之外。

接受了過往同盟國的處理方式，日本政府於一九五三年四月首先提出了超過七十歲的畑、南、荒木之假釋建議。進而到隔年為止，完成甲級戰犯全員的假釋建議。

相關政府於一九五三年十一月五日，檢討最初的三位名單。畑因為在殘虐行為的起訴理由55上遭判有罪，因此除了美國之外的其他七國都希望繼續審議。南與荒木皆因全面性共謀的起訴理由1與遂行九一八事變的起訴理由27有罪，卻獲得四對四的票數（贊成假釋的是美國、法國、巴基斯坦、荷蘭，反對的是英國、加拿大、澳大利亞、紐西蘭）。

贊成派所持的正當理由是對「高齡」與「患病」的「人道性考量」。但美國有自己一套的冷靜判斷。艾森豪總統共和黨政權（一九五三年一月成立）下的國務卿杜勒斯主張，甲級戰犯假釋與「對日關係」的穩定有所關連，面對蘇聯的「和平攻勢」——蘇聯於一九五三年暗示將釋放一千二百七十四名「戰犯」，讓他們返回日本——這將可以成為一種對抗策略。雖然如此，像南與荒木這種高齡戰犯的假釋案仍遭駁回，杜勒斯擔心這會導致各種責難都集中到美國上，而且還會讓日本的中立主義者與共產主義者利用作為宣傳。

另一方面，反對派的大英國協四國都注目於甲級戰犯受刑人的罪狀。英國非常重視荒木的侵略責任，澳大利亞則受到國內激進反日輿論的牽制。

◎為了不使日本變得「反美化」

對日本首相吉田茂而言，戰犯釋放並非他的首要考量。

吉田茂認為大赦或者儘早解決戰犯問題相當困難，反倒是不希望戰犯問題搞壞了日本的對美關係，也就是站在「漸進論」的立場上，因此只停留在「人道」訴求的必要最小限度要求，並且順其自然。來自戰爭受刑者世話會的鮎川義介（一九五三年當選參議院議員）等人與吉田直接談判後，吉田只說「事情處理有所謂的時機問題，還

得考慮對手的問題」，讓鮎川覺得「毫無熱情……根本是個沒有眼淚的人」，因而倍感失望。（《鮎川義介文書》）

即便如此，當昭和天皇轉達吉田希望釋放戰犯時，吉田便於一九五四年一月的所信表明演說[05]上，表示希望解決充滿「戰爭記憶與瘡痍」的戰犯問題。同年五月也對美國駐日大使約翰．艾利森表示，戰犯存在是一個「重大的國家性問題」，將會減損日本與「國際協調的熱情」。同年九月起，吉田前往歐美各國訪問，也在各國遊說促進假釋戰犯的進行。

「最初的變化」發生在一九五四年左右。該年一月美國駐日大使艾利森向國務院訴求乙丙級戰犯大赦與大量假釋。國務院東北亞事務局也認為戰犯問題煽動反美情緒，將妨礙日本的「獨立心」與身為「西方同盟國一員的自覺」，且戰犯問題與日美防衛問題或沖繩歸還問題不同，是個可以即時解決的爭議，因而全面支持艾利森的主張。艾利森與東北亞局站在對日關係的觀點上，訴求「釋放急進論」。

就在此時，三月一日靜岡的捕鮪魚漁船在比基尼環礁發生了遭美國氫彈試爆輻射波及的第五福龍丸事件，引起日本全國規模的禁止核氫彈試爆運動與高漲的反美情緒。為此擔心日本將改採取中立化政策的艾利森，於五月時以更強硬的語調要求國務卿杜勒斯，趁吉田訪美之際大量假釋乙丙級戰犯。「吉田訪美之際，由美方提出解決戰犯問題不僅有利於我方，同時可能也是從日本人手中奪回遭他們利用的爭議事項的最後機會。」亦即認為釋放戰犯是吉田訪美時的「便宜贈禮」。（國務院文書）艾利森繼續考慮包含甲級戰犯在內的大赦，但首先還是希望進行不需國際合意的乙丙級戰犯假釋，以期儘早獲得成果。

◎假釋的「十年規則」新政策

對於艾利森的提案，美國國務院的法律顧問室、歐洲事務局、戰犯赦免假釋委員會、國防總部、司法部等皆從「漸進論」的立場出發，齊聲大加反對。他們畏懼於議會與輿論的反彈、戰犯審判的「正義」可能就此崩壞，以及西德也會援例提出戰犯釋放要求。

但主張日美關係優先論的東北亞事務局，在六月以戰犯問題會給日本防衛力增強帶來心理上的惡劣影響為由，提出一個將原本假釋資格需服刑十五年改縮短為「九年」的解決提案——這仍是艾利森的發想提案——提交給了戰犯赦免假釋委員會。這展現了一個封鎖大赦論調，以替代策略提前假釋的方法。

當時的艾森豪政權企圖採用將陸上兵力轉由同盟國家負擔，藉此減低國防預算的「新展望戰略」（New Look Strategy），從前一年夏天以來的《日美相互安全保障法》（MSA，Japan-U.S. Mutual Security Act）交涉，已經迫使日本增強防衛能力。日本反美情緒的高漲，使得東北亞事務局從防衛問題著眼的「急進論」觀點更為有力。

在這樣的背景下，戰犯赦免假釋委員會將乙丙級受刑人獲得假釋資格的規則變更為須服刑滿「十年」（以下稱「十年規則」），並提出修正提案。一九五四年七月十二日獲得艾森豪總統承認，於隔月實施。日本方面也接獲通知，於八月九日公布實施了基於「十年規則」的政令二三八號。透過這個新政策，一九五七年底——舊規則得等到一九六一年——所有刑期超過三十年的乙丙級戰犯，全員都可獲得申請假釋的資格。

這便是美國「司法性解決」政策所發生之「最初的變化」。但，這至多也只是給予假釋申請的「資格」而已，並不意味著一定能獲得假釋。實際上，個人對戰犯問題抱持關心的艾森豪總統，對戰犯赦免假釋委員會的建議寄予「強烈的情感」，但偶爾也會行使否決權，阻止過於性急的釋放。

這段期間中，南（七十九歲）的醫療假釋獲得全會一致認可通過，並於一九五四年一月三日透過日本外務省通知此一結果，南因此得以返回自宅。但關於荒木（當年七十七歲）仍處於贊成與反對各半的膠著狀態，英國與相關國家一致將假釋門檻提高到一九五六年，使美國的交涉陷入泥沼中。對美國而言，與相關各國的協議顯然是個相當困難的關卡。

◎中蘇的「和平攻勢」

對美國來說，幸運的是國際情勢發生了變化。一九五四年七月史達林死後，蘇聯利用日本的反美輿論，向訪問蘇聯的日本議員團傳達將為日本戰犯「減刑」的意圖。北京政府也赦免了四十七名「戰犯」，到十月也約定將送還一千六十九名的「戰犯」嫌疑人。接著還進一步發表中蘇共同聲明，呼籲與日本恢復正常國交關係。

東側國家的行動成為一種觸媒，西方諸國懼於日本人可能被中蘇「和平攻勢」所迷惑，因此改從對日關係的觀點重新審視甲級戰犯問題。具體而言，英國對甲級戰犯的醫療假釋做出讓步，澳大利亞也追隨英國作法，並將自己國家民眾的反彈情緒導向英國，紐西蘭也採取同樣的步調進行。

結果，一九五四年十月，畑（七十五歲）與岡（六十四歲）皆獲得醫療假釋。至於剩下的九名甲級戰犯，美國務院的負責官僚對駐美大使井口貞夫私下表示，「將來再找機會諮詢相關國家」，顯示出美方的積極態度。

此處先說明特殊的中蘇「戰犯」。首先，蘇聯在一九四九年宣稱拘留日本人中的「約一萬名」是「戰犯」嫌疑人，其中推估「約三千名」於一九四八年至五一年間遭以「戰犯」罪名起訴。大部分的罪狀是因間諜行為、反蘇聯行為而遭問責，指稱他們違反了蘇聯刑法第五十八條。

舉某補充兵的例子來說，被軍事法庭起訴後，還在尋思自己何時才會受到調查時，便突然被告知已遭判處當時最重刑的二十五年徒刑。在蘇聯獨特的「文件審判」方法下，「既沒有公開審判，也沒有辯護律師」，只要花費幾分鐘便可超迅速審結判決。（《戰後強制拘留史》第五卷、志田行男《質問西伯利亞拘留》）

審判之迅速，在前大本營參謀瀨島龍三的例子也可見一斑。瀨島僅透過東京審判的證詞，就突然於一九四九年五月被逮捕並監禁於內務監獄，七月八日遭起訴，十八日即遭判處二十五年徒刑。

◎中國共產黨的對日政策

另一方面，中國共產黨的情況是，據說二戰甫結束後，八路軍的「民眾審判」處刑了許多日本人；中華人民共和國建國後除了自國的「戰犯」嫌疑人一百四十名（監禁於山西省太原戰犯管理所），一九五〇年七月又從蘇聯引渡了九百六十九名嫌犯（監禁於遼寧省撫順戰犯管理所），中國對這些人以「認罪」與「學習」的名義企圖進行思想改造。

其內容大致可以從愛新覺羅．溥傑的日記中知悉。當時溥傑與其兄溥儀一同遭監禁於撫順戰犯管理所。一九五四年五月二十日，「所內召開大會，最初古海忠之（前滿洲國總務廳次長，一九六三年歸國）向我國人民認罪。……詳細說明了思想鬥爭的經過。……完全就是血與淚與憤怒的告發大會。而反抗檢舉的廣瀨三郎（前陸軍中佐）則被銬上手銬帶走。中國人民政府的公平無私……過往的敵人也被感化，檢舉、暴露、認罪」。隔年一月二十六日「看了日本人戰犯表演的日本舞與音樂劇，內容全部都是我們人民解放軍如何慰勞人民……將反對核爆戰爭的日本人民鬥爭做成實際的例子。日本犯人之中也有邊流淚、邊反對美國帝國主義獨占核能者，感謝我人民政府寬大政

策的人也不在少數。」（《溥傑自傳》）

中國共產黨政治局於一九五五年三月一日的對日政策文書中，著眼於與日本外交關係正常化、反對「日本軍國主義復活」、確立拉攏日本人民作為「伙伴」等原則，具體的課題則可解決「戰犯」問題。因此，政治局於年底採用了周恩來的提案，亦即僅處罰少數「戰犯」，並且不判處死刑與無期徒刑。（毛里和子《日中關係》）

一九五六年六月九日至七月二十日，代表性的日本人「戰犯」——軍人、滿洲國官僚、憲兵等等，在瀋陽（三十六名）與太原（九名）由最高人民法院的特別軍事法庭判刑。犯罪嫌疑包括殘虐行為、細菌戰與間諜行為等。起訴狀的成立則由周恩來監督，前東京審判法官梅汝璈則針對法律面進行檢討。

四十五名被告做出了自我檢討的供述之後遭判處有期徒刑（八年至十二年），但自一九五六年起在刑期未滿的狀況下便依序獲得赦免，最後三名也於一九六四年四月九日返國。這些公開審判本身可說就帶有批評日本軍國主義的意義。

另一方面，剩下一千零一十七名，於一九五六年六月至八月分三次「起訴免除，即日釋放」，很快就被當作「和平攻勢」的實例遣返日本。（秦郁彥《現代史的對決》、新井利男資料保存會編《中國撫順戰犯管理所職員的證詞》）

2・「釋放急進論」的抬頭

◎「醫療假釋」的真相

至此為止，同盟國容許甲級戰犯受刑人假釋的，只有最容易理解的「人道性」醫療假釋而已。例如英國駐美大使館於一九五五年二月做出如下表示：「根據醫師報告書，嶋田苦於無法醫治的心臟病，加上高齡因素，身體健康狀況全面惡化。加上他患有白內障……。此種狀況下，（英國）外交部認定與南、畑、岡具有相同之特別醫療假釋條件（釋放僅限於療養期間），同意嶋田儘速出獄。」（國務院文書）

不過筆者向當時相關人士打聽的結果，嶋田繁太郎似乎症狀沒有如此嚴重。一九五五年四月嶋田（時年七十一歲）離開巢鴨監獄時的新聞報導雖然說明「因為高血壓與眼睛疾病惡化之故」，但另一方面也記錄著「以七十一歲的高齡來說，腳步相當穩健」。（《朝日新聞》一九五五年四月八日晚報）

而畑俊六也於一九五四年十月，在巢鴨監獄收到法務省顧問原忠一私下通報決定假釋的消息，並且被告知要「自今夜起立刻去住院」。（小宮山登編《元帥畑俊六獄中獄外日誌》）果然，至少不是處於重病的狀態。

南次郎則是在一九五一年七月秘密於飯田橋的日大病院入院。「會面與飲食都很自由……好友也送來清酒，喜歡的前橫綱雙葉山、鏡里等等相撲力士……部下輪流地來慰問，因此健康狀況也逐漸恢復」，至少也看不出重病的狀況，但「內臟的機能日益衰減」，在假釋隔年的一九五五年十二月過世。（御手洗辰雄編《南次郎》）

日本方面的建議能獲得舊同盟國唯一認可的「醫療假釋」之便，而同盟國方面大概也不特別加以追究病情是否屬實。這種方式一直使用到一九五五年六月的荒木（七十八歲），至於這些戰犯「醫療假釋」後的檢討——從制度而言只要健康狀況恢復就得重新收監——都被意圖性的避開了。

先前提到的「十年規則」，對甲級戰犯的假釋具有重大意義。如果甲級戰犯也適用此一新規則，那麼最慢受到逮捕的佐藤賢了，也只要到一九五六年三月便可取得假釋資格。因此美國於一九五四年秋天起，向相關各國詢問甲級戰犯可否適用「十年規則」提案，之後還著眼於一九五五年夏天外務大臣重光葵訪美之際，美方更加積極提案，詢問相關各國是否甲級戰犯受刑人能於服刑十年後自動假釋。

法國特別以橋本欣五郎為假想對象，附加假釋後禁止參與政治活動條件，之後於一九五四年十月贊成甲級戰犯適用「十年規則」。這也是因為對中蘇方面的宣傳性「戰犯」赦免刺激了法國的警戒心之故（一九五五年夏天也同意了美國的提案）。

荷蘭也在一九五四年十二月表示，甲級戰犯的假釋是相關各國的集團責任，因此相信能向議會與國民解釋其中道理，並表現出樂觀的態度。但是對於乙丙級戰犯，因為戰爭時期存在日軍對荷蘭人的拘留問題，在未能獲得補償之前，絕不應允加速假釋。

◎鳩山一郎內閣改變了什麼

就在因為「造船疑獄」搖撼日本政治界的一九五四年十一月，鳩山派與岸派脫離了自由黨，與改進黨、日本自由黨合流，成立了「反吉田」的日本民主黨。十二月，吉田內閣在輿論的一片批評聲中退場，接著成立了第一次的鳩山一郎內閣（日本民主黨政權）。

鳩山內閣的外務大臣兼副總理為重光葵。前甲級戰犯嫌疑人的前外務大臣谷正之，也在一九五四年十二月就任外務省顧問（一九五六年擔任日本駐美大使）。身為「重光御三家」[06]之一的谷正之，誇稱擁有「裁決文書上如果沒有谷顧問的簽名，也絕對拿不到總理大臣的蓋章」程度的實力。（齋藤鎮男《外交》）此外執政黨的民主黨幹事長是由前甲級戰犯嫌疑人岸信介擔任。第三次鳩山內閣[07]中，則由前東京審判辯護律師清瀨一郎（民主黨眾議院議員）擔任文部省大臣。

這些人身為東京審判的相關人士，對於戰犯問題自然無法置身事外，更何況巢鴨監獄中還聽得到仇恨不滿的言論。此外，因為民主黨政權強調日本「自主獨立」，所以也必須處理吉田時期因「對美從屬外交」政策而妨害戰犯釋放運動的問題。

如此一來，鳩山內閣的主軸便轉移至「釋放急進論」這邊，積極要求各國儘早赦免日本戰犯。外務大臣重光葵甫上任的一九五五年一月，即在與美國參謀長聯席會議（JCS）主席亞瑟・雷德福（Arthur W. Radford）上將、艾利森大使的對談中以激昂的口吻訴求說明，戰犯監禁將阻撓日美合作，中蘇方面宣傳的「戰犯」釋放只會有利於左翼陣營，因此更應當「忘卻過去」、療癒「戰痍」。

另外，趁一九五五年二戰結束十周年的機會，日本眾議院於七月十九日採納了「關於戰爭受刑者即時釋放請求決議」，訴求「我國民情感已經達到極限，無法再容忍今後繼續監禁戰犯」的「急進論」主張，該提案的旨趣如下：

本次大戰的戰爭審判，如同帕爾法官的無罪論以然闡明的一般，當站在世界史的觀點審視時仍留有大量的疑問。……正如使用原子彈轟炸……世界上的輿論已經明白將此舉視為違反人道的問題，現今應找回各國國民的情感平靜，戰勝國單方面的戰爭審判是否真符合國際法理論上的正當性，仍有疑義。（拍手）……朝鮮動亂的止息，法屬印度支那動亂結束之際，相關國家無法再舉行戰爭審判，我們必須指出這正好暴露出戰爭審判的合理性根據極度薄弱。（拍手）

關於各種國家施政的議院決議，只不過是一種對政府的意思表明，雖說如此，這般露骨地全面否定戰犯審判，仍然值得注目。中央更生保護審查會也決定，為了「以十年為界走出劃時代的一步，清算過去重新出發」，將提出甲、乙丙級戰犯全員赦免建議。

◎「比學習院的宿舍還有趣」

巢鴨監獄為了緩解受刑人情緒，開始推展「實質性釋放」措施。例如利用「依《和平條約》第十一條執行其刑及赦免等相關法律」的「暫時出獄」制度，讓受刑人得以返鄉或秘密返家。暫時出獄的規定，依照往例離開與返回的移動日不計，除此之外修正法案使受刑人在外時間得延長到五至十五天（最長三十天），法務省對修正法案有「對外關係的顧慮」，因此透過議員立法通過，才於一九五三年一月二十二日施行。雖然也收到了美國大使館的正式抗議，但也僅止於此。

因此，一九五四年初，在有人正好回家的巢鴨監獄中，要見到甲級戰犯全員到齊的情況反而稀奇。

木戶幸一如此回想：

巢鴨啊，大約從日本政府管轄之後開始，實際上就變得相當歡樂呀，包括生活上啦，而且也能回家。……最初的時候仍然不准許在外過夜……不過一段時間後，外宿個三、四天也行……回監獄住一晚，隔天又出去什麼的，都這麼幹。比學習院[08]的宿

舍還輕鬆快樂許多。（多田井喜生《決斷之男・木戶幸一的昭和》）

木戶似乎認為，此處已經不再具有「圍牆內外」的分隔意義。

此外，一九五三年日本政府以監獄法的「職業輔導」名目，非正式地承認受刑人到外界就職，某乙丙級戰犯受刑人每天都到山一證券「通勤」。（實松讓《巢鴨》）同年，鮎川義介向吉田首相要求希望提供戰犯薪餉，吉田一笑置之表示：「巢鴨監獄最近不是都能出外就職，給家裡寄送薪水了嗎？」美國大使館也表示，「只要大報不寫也就罷了」，似乎等於默認此種狀況。（西田俊一〈成為亡靈的巢鴨戰犯〉）

荒木貞夫等人獲得假釋後，還在一九五五年十一月號的《文藝春秋》有如下露骨描述：

早上，出了巢鴨各自去工作，傍晚再回到巢鴨。什麼問題都沒有，巢鴨不過就像是睡覺用的公寓。……就算說裡頭有人開酒吧，有人開小鋼珠店，又有誰會責備呢？

這則暴露內幕的報導確實引起各國外交官的一陣慌亂，但戰犯的「執行其刑」，確實不斷演變成一場鬧劇。

◎甲級受刑人的假釋

美國於一九五五年四月九日決定的對日政策「NSC五五一六／一」，是從警戒日本中立化的觀點，針對強化日本政治力、經濟力而祭出的方針，關於戰犯問題則以假釋迅速化為目標，期望至一九五六年初為止能解決此問題。

一九五五年五月十六日，艾森豪總統承認以下的妥協策略，也就是將總統的假釋決定權限委任給戰犯赦免假釋委員會以達成迅速化的目的。

這是美國政策的「第二次變化」。三個月後，外務大臣重光葵訪美並與國務卿杜勒斯會談。在一九五五年八月三十一日的共同聲明中，重光葵「要求儘早釋放」戰犯，而杜勒斯僅在「描述問題複雜性的同時，表明宗旨必須持續且加緊檢討戰犯釋放問題」。對照同一天裡討論防衛問題時的冷淡，杜勒斯說明雖然因為美國國民的反彈，全面釋放大概無法辦到，但美方仍會朝向釋放戰犯的方向繼續努力，並直接表明甲級戰犯問題將會在近期解決。（另外，重光葵在日本剛加入聯合國後的一九五七年一月便遽然而逝。）

一九五五年九月七日，與東京審判相關的八個國家以維持逐一「重審」案件的形式——因為荷蘭反對自動取得假釋的方式——全體與會國一致同意假釋服刑十年的甲級戰犯受刑人。同時，全會也一致決定假釋橋本欣五郎、賀屋興宣、鈴木貞一（於九月十七日假釋），剩下四名也全數同意於服刑十年後「重審」＝假釋。就像英國外交部一方面懼怕對美關係惡化與遭孤立，又想與他國藉施恩予日本以超越蘇聯一樣，這些都是西方諸國在冷戰國際環境下為了配合他國步調，下了一番苦心後所形成的合意。

在這樣的情況下，星野直樹於一九五五年十二月十三日、木戶幸一與大島浩於同月十六日領到假釋證書，離開了巢鴨監獄。這是自由民主黨在「保守合同」[09]下成立政黨大約一個月後的事情。最後一位甲級戰犯佐藤賢了則於一九五六年三月三十一日獲得假釋。

◎關於戰犯的「雙重標準」

大約與此同時，假釋中的荒木、鈴木與橋本卻一點都不安分，上廣播節目闡述「必須討回日本的光榮。戰爭責任不在我們身上，而在國民全體。如果國民不想要戰爭，過去就應該反對我們」等言論，宛如「一億總懺悔」[10]般的說詞，這些過往的國家指導者竟在廣播媒體上暢所欲言如此不當的說法。《讀賣新聞》直指「（荒木等人）應在服刑期間悔悟並向國民謝罪」，嚴詞批判這些人的論述。

然而，這並非只是荒木等人的論述。保守合同下組成最初的自民黨政權中，擔任第三次鳩山內閣文部大臣的清瀨一郎也把太平洋戰爭當作解放亞洲的「聖戰」，重新提起「自衛戰爭」[11]論的歷史認識。

美國國務院對日本這種傾向大為惱怒，透過媒體說明「日本的大報應該淋漓發揮此種常識（指《讀賣新聞》對荒木的批判），不能因為少數焦躁老人說的話便批評了全體日本國民」，以迂迴的方式對此等言論進行牽制。（《讀賣新聞》一九五六年四月二十五日）

此外，畑在假釋之前也曾有過前往銀座的關東煮店家光顧的心得，他說：「我是第一次來到夜晚的銀座。霓虹燈光閃爍華美，彷彿就像浮誇的美國殖民地氣氛。」（〈元帥畑俊六獄中獄外日誌〉）對他們這些人而言，戰後的日本看來就像「美國的殖民地」，是不可原諒無法接受的。

一九五六年七月，橋本在假釋期間成為參議院選舉全國區無黨派候選人。然而曾於一九四二年翼贊選舉中在福岡四區以第一高票當選過的橋本，此時卻因既無準備也無資金而落選，之後旋即發現罹患肺癌，並於隔年死去。（田田宮英太郎《橋本欣五郎一代》）

此處得說明，一九五〇年施行的公職選舉法中有規定，若遭判禁錮以上的刑罰，將成為停止參政權的事由。既然如此為何巢鴨的受刑者們可以行使選舉權，而假釋中的橋本還能成為候選人呢，那是因為戰犯並不被視為國內法上的「犯罪者」之故。

何況重光與賀屋成為候選人都是在服刑期滿之後，而前甲級戰犯嫌疑人的青木一男、鮎川義介、後藤文夫皆於一九五三年當選參議院議員，岸信介也於同年當選眾議院議員，阻止他們參與公職的障礙，只有盟軍占領期的「公職追放」而已。

關於此點，法務府當初於日期一九五〇年七月八日的通牒中說明：「依據同盟國軍事審判遭判刑者，與在日本法院遭判處相當刑罰者，權益上以同等方式處理。」然而這僅是限定在盟軍占領期間的一種政策性判斷，日本主權恢復後，法務總裁便於日期一九五二年五月一日的通牒中表明，上述通牒之效力隨《對日和平條約》生效，「可

視為相當於已遭撤回之規定」。（《井上忠男資料》）

如此一來，所謂的日本戰犯，對外是「國際法上的犯罪者」，對內則為「國內法上的非犯罪者」，受到「雙重標準」的待遇，使他們成為一種前所未見的特異存在。

◎心理上的爭議點

原因全都出在「占領」這個例外的情況。對主權獨立後的日本而言，正好是區別對內、對外「雙重標準」的大好時機。

第一章提及甲級戰犯的靖國神社合祀，便是一個可以放在此問題延伸線上思考的狀況：從重視國際關係的立場來看是必須批判的對象——這也是筆者所採取的立場——另一方面僅就特殊化的國內關係立場來看，這種雙重標準的出現也是必然出現的狀況，可以當作一種值得肯定的行為。這其實不必然是一種「黑或白」能夠一刀兩斷切割清楚的事情，但站在對戰犯保持惻隱之心，又把重心放在「國際關係」上時，便不得不採取一種批判性的立場。

前天皇侍從卜部亮吾雖於二〇〇一年七月的日記中寫下「甲級戰犯合祀不合天皇

御意」，（《卜部亮吾侍從日記》第五卷）但實際上昭和天皇的立場也並非單純的二元論可區別。我們只能這麼解釋：昭和天皇其實是在複雜的心思與懊惱之中選擇重視「國際信義」，之後才有這種想法產生。問題反而是在「雙重標準」這個戰後日本強制納入的複雜思考與判斷，似乎已經使用殆盡了。

釋放戰犯，同時刺激著日本國民的民族主義情感與舊同盟國各國國民的懲罰情感，成為一個難解的心理爭議點。

因此，日本於一九五〇年代中期出現了醒目的「急進論」動向。

從另一方美國的視角來看，也就是從保護「審判的正當性」、避免被自己國內輿論攻擊的立場，並無法答應戰犯釋放要求。但這麼一來對日本的關係將惡化，日本或許將不會留在西方陣營裡頭。除此之外，若日本方面的國家主義思潮再度抬頭，也會成為冷戰結構下的一個障礙。總而言之，只有「第二次世界大戰理論」與「冷戰理論」兩者間交乘出來的兩難困境，才能說明戰犯釋放問題的特質。

結果，美國在堅持「司法性解決」的原則下，仍致力於甲級戰犯的假釋。此舉能獲得急速進展的主要原因，可以試著歸納為以下四點。

一：如九州大學活體解剖事件及其他殘虐行為，才是美國認為「真正應該厭惡的犯罪」，因此即便套用「十年規則」，面對施行過殘虐行為的乙丙級戰犯時仍有其限制。然而在甲級戰犯的場合，並沒有這樣的限制，因而仍能在「司法性解決」的框架內進行假釋。又，聯合國已經在一九五四年十二月十四日停止檢討「紐倫堡諸原則法典化」，此讓國際舞台上「反和平罪」規範消失在彼方，為甲級戰犯的假釋提供了一個更好的機會。

二：甲級戰犯的場合因為高齡或健康等「人道性的考量」，更容易將假釋正當化。

三：因為甲級戰犯的假釋採多數決，這使得各國得以分散責任，因此能減輕各國國內的輿論批判壓力。

四：在對日關係上，能透過最小限度的「釋放」來獲得最大效果的最佳選擇，就是受到眾人注目的甲級戰犯。

◎「終身刑」的政治性優點

然而，紐倫堡國際軍事法庭的受刑人在柏林郊外的史班道接受四大國的國際管理——每個月輪替，由四國輪流派出刑務官（獄警）——與監禁，釋放時需要包含蘇聯在內的國際合意，此與日本的狀況有所不同。因此，史班道的七名受刑人之中，在服刑期滿之前因重病獲得醫療假釋者，僅有一九五四年的康斯坦丁・馮・諾伊拉特（Konstantin von Neurath，十五年徒刑，於兩年後過世）、一九五五年的埃里希・雷德爾（Erich Johann Albert Raeder，終身刑，五年後過世）、一九五七年的瓦爾達・芬克（Walther Emanuel Funk，終身刑，三年後過世）三名而已。

另外卡爾・鄧尼茨（Karl Dönitz，十年徒刑）、阿爾伯特・斯佩爾（Berthold Konrad Hermann Albert Speer，二十年徒刑）、巴爾杜爾・馮・席拉赫（Baldur Benedikt von Schirach 二十年徒刑）則是服刑期滿出獄。而從了一九六六年起，魯道夫・赫斯（終身刑）便成了「史班道唯一的囚犯」，一九八七年以九十三歲之齡過世，結束了大約四十六年的獄中生活。可見紐倫堡的情形正好與日本相反，「冷戰理論」反而成為「阻礙釋放的主要原因」。

無論如何，至一九五六年為止，日本人甲級戰犯受刑人十三名全員都獲得假釋，從這樣事實看來，不禁會使人重新思考東京審判的死刑。筆者並非「死刑廢止論者」，但只要與「做為國際政治展演場的東京審判」相關時，便會為「死刑」感到惋惜。因為執行死刑這種無法回頭修正的刑罰，其冷峻程度只會被當作「勝者的審判」，而且必然會刺激戰敗一方的怨恨。

將最高刑度訂在「終身刑」，從政治上而言，會是同盟國較高明的作法。如此一來，甲級戰犯的生存者，即便是東條，大概也會在一九五〇年代中期獲得假釋。理由在於只要美國還想強調司法系統「公平」，就難以單獨留下東條接受死刑。

此外，甲級戰犯死刑執行約兩周後，梅津病逝，半年後白鳥病逝，幾乎無人回頭思考這些戰犯就算在服刑中死去，也遠比「來自戰勝者的死刑」衝擊小些。可以推想，光是避開死刑，多少便能減輕「勝者的審判」這種惡名。

3．在東京審判之後

◎遭遺落的美國

原本應該領導戰犯釋放的美國，卻於一九五六年陷入同盟國當中最為不利的位置，這實在是相當諷刺。事由如下：

一：在日本國內，甲級戰犯的大人物們獲得釋放，但乙丙級的下層士兵卻仍被迫過著痛苦的牢獄生活，對美國採行「雙重標準」的責難聲浪很高。

二：荷蘭、澳大利亞、英國等三國於一九五五年面對美國政策變化時也感受到那份焦躁，因而加速了乙丙級戰犯的釋放。帶來的結果是，一九五六年末，巢鴨監獄一百一十五名乙丙級戰犯中，有八十五名都是與美國有關的犯人。

荷蘭以拘留問題的補償作為交換，一九五六年八月十五日假釋了最後的乙丙級戰犯。英國方面，最後兩名受刑人在一九五七年一月一日因減刑的服刑期滿而獲得釋放。澳大利亞在一九五七年四月十一日，由訪問日本的孟席斯首相向岸信介首相傳達釋放乙丙級戰犯的意思，接著又有日本與澳大利亞締結貿易協定的影響，同年七月四日為止，澳大利亞已經赦免所有戰犯並加以釋放。

三：抑制日本戰犯釋放的德國因素也產生了變化。因為美英法三國個別成立了戰犯赦免的審查組織，美國於一九五三年十月二十七日設置並開始運作由軍方、高級專員管轄、統整處理戰犯的「暫行假釋赦免委員會」（包含美方委員三名、西德方面委員兩名）。一九五五年五月五日，隨著《巴黎協定》生效，西德的國家主權恢復；同年八月英美法共同組成「混成假釋赦免委員會」（美英法委員各一名，西德方面委員三名），美國的「暫行假釋赦免委員會」也因而取消。此時美國國務院也開始思考，從西德重建軍隊與加盟北大西洋公約組織（NATO，North Atlantic Treaty Organization）的角度來看，繼續監禁戰犯恐怕會產生危險。

加上原本德國人戰犯就比日本乙丙級戰犯人數來得少、刑期也較短，在一九五六年三月這段時間，與美國有關的日本乙丙級戰犯尚有一百三十六名，而德國的非主要受刑人已經減少至三十餘名。

四：因為日蘇恢復邦交。當蘇聯共黨第一書記赫魯雪夫（Nikita Sergeyevich Khrushchev）於一九五六年二月二十四日的共產黨大會上報告「史達林批判」後，七月二十五日告知日方，將在「刑滿前釋放」第一批包括瀨島龍三等「戰犯」，而載運這批人的歸國船隻，也於八月十九日從日本舞鶴進港上岸。

接著於十月十九日簽署（十二月十二日生效）的《日蘇共同宣言》第五項，記有釋放「所有受有罪判決的日本人」，條約生效後的十二月二十六日，蘇方歸還遭拘留者與全部「戰犯」。至此，就連蘇聯的腳步也都超越了美國。

◎以一九五八年十二月二十九日為期

一九五七年二月二十五日岸信介內閣成立時，面對的即是上述這種背景環境。在內閣成立前的一月三十日，群馬縣美軍演習場發生了美軍威廉・吉拉德（William Girard）射殺日本農家主婦的「吉拉德事件」（Girard Accident），引起日本人激烈的不滿情緒（受美國大使館委託辯護的，是前東京審判辯護律師林逸郎與三文字正平）。不過岸信介巧妙利用這股反美情緒，等到訪美結束後隔月的五月一日，便向新任的駐日美國大使道格拉斯・麥克阿瑟二世（Douglas MacArthur II，麥克阿瑟的外甥）要求「儘早假釋乙丙級戰犯」與「甲級戰犯減刑」。

此處所謂的「甲級戰犯減刑」，是指將刑期減少到指定日期為止，超過該指定日的刑期，當作減刑部分折予受刑人。岸信介這樣做其實是為了賀屋興宣——下一屆大選時預定要成為自民黨候選人的盟友。會這樣做，是因為即便賀屋興宣在假釋期中應該也能如橋本欣五郎一般成為候選人，但大概是考量到在制度上仍屬受監視觀察，在社會中服刑的假釋身分，對賀屋來說仍太過屈辱之故。

國務卿杜勒斯承諾了這項甲級戰犯減刑案，更進一步提案將乙丙級戰犯假釋審查業務也委託日本執行、審查結果再由美國同意的新手續程序，此案也於一九五七年六月十八日獲得美國總統認可。換言之，此案即是保留司法審查的形式下，從「司法性解決」轉換為實際上的「政治性解決」方案。

這是美國政策「最後的變化」。隔日起的日美會談中，雙分也對此方針取得彼此諒解。第一：美國身為最後一個仍監禁戰犯的國家，帶有一定的焦躁感；第二：還有支援岸信介來協助日本政治安定化的意圖。雖然說是因為上述兩項因素而進行政策轉換，但其實已經等於是必然的結論。

美國務院針對甲級戰犯減刑案向相關各國詢問意見時，狀況又是如何的呢？法國因擔心會連帶影響釋放德國人戰犯等因素而一時有所躊躇——美英法至一九五八年為止將德國非主要戰犯全員假釋或釋放——加上菲律賓（於前一年七月也批准了《對日和平條約》）相關九國於一九五八年三月七日，同意了十名甲級戰犯（南於一九五五年，橋本於一九五七年過世）的減刑措施。

如此一來，甲級戰犯受刑人在一九五八年四月七日，獲得「至同日服刑時間點為止的減刑」，終於服刑「期滿」。四月二十八日「東京審判辯護律師團解散儀式」於日比谷的松本樓舉行。賀屋於五月二十二日成為「保守合同」後首次大選的自民黨候選人，在東京三區以第一位當選（一九六三年七月起大約一年左右，擔任池田勇人內閣的法務大臣）。

乙丙級戰犯的部分，透過前述的新手續，在一九五八年五月三十日，最後與美國相關的十八名戰犯也獲得假釋，六月二十一日歸國援護局次長美山要藏出席了巢鴨監獄的「閉所儀式」。但，若照原先規定終身刑的刑滿得等到一九八〇年，乙丙級戰犯的剩餘刑期也與甲級戰犯相同，都減刑至一九五八年十二月二十九日便算期滿。以此日為界，所有的戰犯刑期都告結束。完成所有戰犯釋放，是岸信介內閣潛藏的一項政績。

◎「戰犯」變成脫離現實的詞彙

那麼，日本國民對甲級戰犯的假釋又抱持什麼樣的想法。關於這個問題，社會學者日高六郎曾寫道：「甲級戰犯的釋放、『公職追放』的大量解除……之際，國民表現出來的是一種給予肯定的反映。」（《現代意識形態》）一九五〇年代日本人認可包含甲級戰犯在內的戰犯釋放。但是如果觀察今日的思潮，對甲級戰犯其實抱持著「惡」

的感覺，那麼在五〇年代之後，國民輿論的趨勢又從何處轉變成相反的角度？

關於此點，饒富深意的是一九七〇年九月佐藤榮作首相曾做出「（大阪）萬國博覽會已經既不是安保也不是反安保了」的發言。（《楠田實日記》）原來一九五〇年代的日本與一九七〇年代的日本，有著巨大的差異。而處於中間的六〇年代日本，又發生過什麼樣的變化？

第一：日本的社會與國民出現了變化。日本國民隨著經濟高度成長有八成以上的民眾獲得更「富饒」的資源，自覺成為社會的「中產階級」，不僅恢復自信，也肯定了現狀。根據英國記者西塞爾．提爾曼（Hessell Tiltman）表示，一九六〇年代日本人追求「物質性的安樂」，愛國心的內容也轉變成對「國土的開發、工業的發展、技術的進步……期待提升日本作為一個和平繁榮國家的威信」。（《日本報導三十年》）一九六〇年代中葉起，日本的居民運動也開始擴大。

在大阪萬國博覽會開幕十天之後的一九七〇年三月二十四日——也就是在「淀號劫機事件」[12]的一周前，在文京區音羽的講談社講堂為劇畫[13]《明日之丈》[14]的登場人物力石徹舉行了告別式。力石確實是具有崇高魅力的漫畫角色，但為現實世界中不存在的劇中人物舉行葬禮，也被認為明確表現出了「經濟大國」日本的精神。

如此看來，佐藤看出變化的契機就在大阪萬國博覽會，對當時的時代狀況是一種很精確的認識。當時，單純為了娛樂而集結到大阪的日本人——這是一個非常特別的全民運動，連小學生都可以堂堂向學校請假去參加——除了肯定「戰後」的既得權益，內心也忌諱著對「戰前」、「軍事」、「國家」等的感受。在這個過程中，與這些過往密不可分的「戰犯」，逐漸變成一個脫離現實的詞彙，又受下述第二點的影響，轉而變成單純帶有負面印象的單詞。

◎宛如腹部重擊一般

第二：對戰爭的評價兩極化。

一九六〇年代日本言論界對太平洋戰爭相關的評價，興起了一陣議論風潮，例如東京審判的爭論交點，就分裂成「侵略戰爭」論與「自衛戰爭」論兩派。

日本遺族會等戰犯援護勢力也在一九六〇年代後半加入讚揚「自衛戰爭」論派，這個脈絡便與戰犯的靖國神社合祀連接一起。

但多數派的論述，則屬前者的「侵略戰爭」論。（波多野澄雄〈遺族的迷走〉）「侵略戰爭」論算是站在和平問題談話會（參考第五章第二節）的戰爭忌避論與東京審判肯定論的延長線上，這類「和平主義」的立場若能反映於歷史教育上，逐漸便可展現出效果。東京審判的判決雖然在同一時代並未見到立即效果，但反而向拳擊的腹部重擊一般，隨著時間經過反而逐漸顯現出效果。

如果將時間稍微往後推些，還能看出國際政治也有影響。一九七〇年前後，鄰近各國開始非難「經濟大國」日本的戰爭責任。中國領導人對「日本財富的增加與充滿自信的態度」感到威脅，不斷反覆批判「日本軍國主義」的「侵略」。（麥可・謝勒《所謂「日美關係」究竟為何》）日本右派受到這些非難的刺激，對「侵略戰爭」發起反論。另外一九七一年出版的兒島襄《東京審判》與邁尼爾《勝者的正義》，兩者採取的東京審判否定論，都對日本右派的「自衛戰爭」論——與邁尼爾本人的主觀意識無關——起到了一定的鼓舞效果。

透過上述諸要因複合後所產生的結果，可以說便是大部分的日本國民對整體「戰犯」觀念逐漸轉換成以負面印象來處理。

◎作為日本國內問題，永遠無法完結的東京審判

所謂的赦免，可以說是為了繼續前進而採行之「制度化的忘卻」，但相反的，也有批評這是「合法性地忘卻帶來困擾的事物」，是一種有損「正義」的制度。（瑪莎・米諾《復仇與寬恕之間》）這是一個非常困難的思辯，然而一九五九年一月五日的《朝日新聞》認同消除「戰犯」這個「不祥之名」，以「時至今日就算討論戰勝國以軍事法庭審判戰爭責任的是非對錯……也不會對任何事情起到幫助」這樣的論述，祝福戰犯全數獲得釋放。

確實，國際政治上透過戰犯審判而能獲利的時期已經過去。日本的國家主權恢復後，戰犯成為主權國家之間「不平等關係」的象徵，因此必須被解除。就這樣，在逮捕東條英機後大約十三年，被稱為東京審判的這種國際政治局勢終於迎向完結，戰犯問題也被視為已達「最終解決」。

對日本政府而言，何時巢鴨監獄能不再有受刑人，這個結果本身才是重要的，無論「假釋」也好、「大赦」也好，形式不拘。日本外交達成了設定目標，自然值得讚許，但這也無法單純以「日本外交勝利」這種「成功故事」的價值觀來進行還原。舊日的

諸同盟國政府對日本固執的請求，以及非常識性地優待受刑人之舉一直感到苦楚，但為了對應國際政治的現實面，也只能允許釋放戰犯。

此處應該注目的一點，是對日本行為採取最寬大態度的美國，直到最終仍不承認直接抹消犯罪的「大赦」，即便只是表面上的「司法性解決」，美方仍堅持此點絕不退讓。

理由相當明白，美國是為了守護「正義」。這樣的基本態度，恐怕現在仍然存在。冷戰時期的美國，無論日本方面如何趁機強要釋放戰犯，為了「西方集團的團結」這個現實面需求而停止追究日本戰爭責任，也認可了日本釋放戰犯，但冷戰之後，此種思路便不再通用。正因為如此，此點才是我們日本人必須用心思索的。因為，東京審判雖是國際問題，然而做為日本國內問題的部分，卻永遠不可能完結。

01 閃電解散：日語原文為「抜き打ち解散」。一九五二年八月二十八日吉田首相突然解散國會，使政爭中的同黨鳩山派政敵措手不及，導致十月一日眾議院議員大選時自由黨鳩山派只獲得三十五席，而吉田派獲得一百九十九席，然而自由黨全體議席也大為減少。

02 遭禁止擔任公職的「公職追放」者，因《舊金山和約》簽署後解除此禁令，故稱「追放解除」。

03 恩給：國家依據恩給法發給具資格的退休公務員、舊軍人、軍屬及其遺族的一次性津貼或者年金。

04 造船疑獄：亦稱「造船醜聞事件」，一九五三至五四年間發生的收賄醜聞事件。因日本國內造船計畫的融資分配而牽扯到海運、造船業界以及自由黨之收賄事件。法務大臣犬養健靠「指揮權發動」停止搜查，因而沒有逮捕到自由黨幹事長佐藤榮作，整起事件在未觸及核心的狀況下結束，但此事件也導致第五次吉田內閣下台。

05 所信表明演說：特別國會或臨時國會開始前，首相親自陳述各種國家施政方針的演說。

06 重光御三家：指重光葵側近的三位外交官僚：加瀨俊一、谷正之、太田三郎。

07 第三次鳩山內閣：一九五五年十一月二十二日至一九五六年十二月二十三日為止。

08 學習院：二戰結束前主要是提供日本華族（皇族、貴族）子弟就學的學校，由宮內省而非文部省管轄。二戰之後華族制度廢止，改制為學校法人學習院。

09 保守合同：指一九五五年，日本民主黨與自由黨合併，形成保守政黨「自由民主黨」。

10 一億總懺悔：此為一九四五年東久邇宮稔彥王擔任內閣首相時的發言，說明「情狀至此當然政府政策有不妥之處，而國民的道義有所缺損亦是原因之一。值此之際，我認為軍官民、國民全體必須徹底反省與懺悔，全國國民總懺悔是我國重建的第一步，我相信這是我國國內團結的第一步。……」字面意思可直接理解為全日本人都要懺悔，但對此懺悔卻也出現了不同角度的解釋：一、戰爭責任由全日本國民承擔，全民皆有錯，不將責任歸到指導人身上，在某種意義上也解除了日本天皇的責任；二、當一億總懺悔時，等於把罪責推給「一億」這個看似龐大卻觸摸不到的集體上，個體責任就此被解消，造成「總懺悔」等於「沒懺悔」、「不懺悔」；三、參考東久邇宮稔彥王力主「承詔必謹」、「國體護持」說法，努力維持天皇制的思想體系，也可以解釋成一億日本國民應為日本敗戰向天皇懺悔、謝罪。無論從哪一種方向解釋，因為演說脈絡中並未說明「向誰」「懺悔什麼」，可以說是一段相當曖昧的表達。本文作者應該是採取較批判的角度來理解此詞語。

11 自衛戰爭：泛指國家為了維持、防衛自國主權而行使自衛權進行的戰爭。為了主張發動戰爭的正當性，此論述或概念常有被擴大解釋的傾向，也多用被於對國民的戰爭宣傳。

12 淀號劫機事件：一九七〇年三月三十一日，日本共產主義者同盟赤軍派策畫的日本航空三五一號班機劫機事件，劫匪於劫機後四天成功流亡朝鮮後投降。劫機犯曾發表一句聲明說：「我們是明日之丈。」

13 劇畫：由辰巳嘉裕所提倡，為了與給兒童看的漫畫做出區隔而使用的名稱，劇畫作品表達出更深刻深沉的內容。此名稱從劇畫工房出現後帶出了劇畫風潮而廣為人知。

14 《明日之丈》：又稱《小拳王》，為高森朝雄（梶原一騎）原作、千葉徹彌所繪的拳擊漫畫，原作名《あしたのジョー》。

後記

最後，關於東京審判，在此想要簡潔說明一下筆者的觀點。

筆者的立場既不屬於傳統的「審判肯定論」也不屬於「審判否定論」。較之於東京審判的「意圖」，筆者更想評價做為一種政策，究竟帶來了什麼樣的「結果」。而探討之際，只有透過審視「同盟國方面的觀點」、「日本方面的觀點」，這種改變觀點的作法是更有效的。

在二戰後的日本，較之於東京審判當時，日本人的屈辱感反而隨著時間的流逝而增幅，對於審判的意見也激烈分化。東京審判在外交上算是危險的政策，估計也不是什麼賢明的做法。

然而，全面否定東京審判大概也是不對的。筆者從另一方的「日本方面觀點」來看，算是戰敗國在不得已之下作為一種犧牲，而承認了東京審判。在不以理想主義觀點給予東京審判過高評價的意義上，這也與傳統的「肯定論」有所不同。

一：戰敗的日本不可能避免一定程度的責任追究與苦痛。日本人為了避免「由自己來追究責任」，便只好承認「讓他者來追究責任」。在這種情況下這當然也是一種選擇，筆者並沒有特別想要非難之類的意思，然而東京審判代表荷蘭的法官羅林曾說過，比起完全不起訴，不如由戰勝國「單方面進行起訴」還好一些。特別是在日本的政治文化環境中，這樣的點明確實不容忽視。無須提升到《不擴散核武器條約》（NPT，Treaty on the Non-Proliferation of Nuclear Weapons）這種等級，人們也都能知道在國際政治上「不公平」是種常態。

二：吉田茂以「軍國主義者退場」以及「與英美合作」的觀點來看待東京審判。筆者也從同樣的理由認同審判的意義。沒有資源的戰敗國日本，為了確保「透過自由貿易的發展」與「安全」，和美國的合作不可或缺。東京審判是同盟國對日本「民主化」政策的前提條件，在此條件下戰後日本外交更容易轉換成對美合作的態勢。換言之，接受東京審判，對日本方面而言是一種「安全保障」政策，幫助了日本順利轉入戰後的政治體制與外交上對美合作態勢。

屢屢被提及的所謂「東京審判史觀」，雖然筆者並不特別認為這是一個學術性的概念，不過與東京審判相同，一般都將此詞彙理解成一種全面性把「戰前期」日本評價為「惡」的看法。與此種立場相對者，例如有辯方鵜澤團隊所採取的，以「自衛戰爭」論或東京審判否定論來進行反駁，此種論調只是在日本國內的思想層次上重現東京審判的法庭審理而已。當然議論的水準較審判當時更為提升，但仍舊脫離不了此種侷限。相反的，在持續以批判性觀點檢討東京審判時，我們也得認識到，必須從認同國際關係的觀點、日本國家利益的觀點出發不可。

想討論東京審判的缺陷，無疑是議論不完的。但以有缺陷的理由便否定審判，則不符合現在日本的利益。當然，戰爭責任問題會有損日本的國力。在這種情況下，透過東京審判裁罰戰爭領導者，乙丙級審判中懲罰了「四千八百五十五名」戰犯，（厚生省援護局編《歸國與援護的三十年步伐》）因為有了這些犧牲的事實，便可不卑屈也無須自虐般地反省，只要堂堂堅毅地面對國際即可。

無論如何，以上只是表達作者的看法，並沒有妄尊自大想要得到大多數人的同意。但作為一種類似本書想傳達的訊息，那就是「應該更冷靜地思考東京審判」。很可惜的，今天日本的東京審判論，仍必須從此處開始。

因為如此，本書嘗試從盡可能冷靜與客觀的態度，來處理「東京審判的政治史」。

如此說來，永井荷風於一九三五年六月十六日的日記中，對英國外交官恩尼斯特・薩道義爵士（Sir Ernest Mason Satow）著作《在日本的外交官》（A diplomat in Japan）寫下高度的評價：「他的觀察，單純只是極端率直地記錄下事實，閱讀之中體會時代的變遷，讓人宛如佇立大河沿畔凝望流水一般。這是在國人著書當中絕不可見的。記述維新變革的國人著作中，必然會寫入眾許多悲憤慷慨的文字，對薩長志士的行動只有肯定讚揚，只是把他們當作英雄來崇拜。與此相反，西洋人的文學中鮮少有偏狹的道德判斷，以事件為主是忠實記載事實，讀後印象甚為鮮明，給人的感慨也反而更為深刻。」（永井荷風《摘路斷腸亭日乘》上卷）永井的陳述至今仍然適用。

德富蘇峰也如此點明：「歷史的重點在於，不是只有羅列事實，而必須觀察其關係、因緣、原因、結果，並公平而忠實地陳述。」（德富蘇峰《德富蘇峰・終戰後日記》Ⅳ）

任何一點都難以實現，但也因此具有價值。本書當然無法迄及荷風或蘇峰所說明的水準，但仍盡力排除東京審判論中的各種「悲憤慷慨」或「道德性判斷」，而且也專心致力於「忠實」陳述「事實」。至少，有這份心意朝此方向努力。

——

本書係基於筆者前作《東京審判的國際關係》（木鐸社，二〇〇二年）以更平易閱讀的方式加以整理，並補充資料、敘述，再追加有關戰犯釋放的第七章與第八章而成。引用文為求容易閱讀，原文片假名的部分改為平假名，舊體字改為新體字，並視情況加入句逗點。難讀漢字旁也加上平假名發音。引用文中也使用括弧註記作者。

關於更詳細的資訊與分析，以及敘述未明示參考文獻出處的地方，希望讀者能參考《東京審判的國際關係》、〈「正義」與「慈悲」〉。（美國學會編《美國研究》第三五號，二〇〇一年）此外檢討戰犯釋放過程的第七章與第八章，是二〇〇一至二〇〇四年度科學研究費補助金基盤研究（C）2及二〇〇五至二〇〇八年度同補助金基盤研究（C）成果的一部分。

前作以學術書籍付梓後，收到來自各界人士的建議，希望能以更廣泛的讀者群為對象，寫一本討論東京審判的書籍。已故的坂本多加雄老師對此事特別抱持熱忱期望。天川晃老師也告知書中年表製作的必要性以及其他貴重建議。本書原稿寫就，暫時能對這些老師們的期望有所交代，心中略感踏實。

此外，撰寫本書期間，獲得在松下政經塾出身者研究會（座長・野田佳彥眾議院議員）發表的機會。諸位職業政治家們的議論，讓我重新思考現代日本「歷史」問題中「生存」的意義，那是一次非常貴重的經驗，本書受此影響頗深。

本書由現代新書出版部（當時）的青山遊氏所企畫。前作出版之後不久便接到青山氏的聯絡，熱情建議筆者撰寫本書。雖然我迅速答應撰寫此書，當時正是青山氏與現代新書出版部部長（當時）上田哲之氏在銀座的運動座談最興盛的時期，只是隨著時間經過，青山氏也調動至其他單位。對青山氏雖然感到抱歉，但藉此書的完成也希望能報答他的恩情。

接手編輯此書，以精巧手腕與強力後援引導此此書的，是現代新書出版部副部長橫山建城氏。橫山本身也是學政治的人，經常鼓勵筆者，也提供了筆者一個令人心情愉悅的工作狀態。此外，對筆者行文下筆經常流於生硬的拙稿，他也提出確切的建言，為作者與讀者架起一道橋樑。如果本書有變得稍微更容易閱讀，那都是因為橫山氏的建議起了莫大作用。

感謝講談社各位相關人士的照顧，對於筆者的任性給予寬容，在此致上由衷的最高謝意。

二〇〇七年十一月　日暮吉延

簡稱一覽表

縮寫	中文名稱	原名
CIC	（美國太平洋陸軍）反間諜部隊	Counterintelligence Corps
CIE	（盟軍最高司令官總司令部）民間情報教育局	(GHQ) Civil Information & Education Section
FEAC	遠東顧問委員會、遠東諮詢委員會	Far Eastern Advisory Commission
FEC	遠東委員會	Far Eastern Commission
FRUS	美國對外關係、美國外交文件	Foreign Relations of the United States
GHQ	盟軍最高司令官總司令部、盟軍最高司令部	General Headquarters
G2	（盟軍最高司令官總司令部）參謀二部	(GHQ) G2
GS	（盟軍最高司令官總司令部）民政局	(GHQ) Government Section
ICC	國際刑事法院	Internatioanl Criminal Court
ICJ	國際法院	International Court of Justice
INA	印度國民軍、印度國軍	Indian National Army
IPS	（盟軍最高司令官總司令部）國際檢察局	(GHQ) International Prosecution Section
JAG	美國陸軍軍法署	Judge Advocate General's Corps
JCS	美國參謀長聯席會議	Joint Chiefs of Staff
LS	（盟軍最高司令官總司令部）法務局	(GHQ) Law section
NSC	美國國家安全會議	National Security Council
PPS	美國國務院政策計畫處	Policy Planning Staff
SCAP	駐日盟軍總司令	Supreme Commander of the Allied Powers
SFE	〔國務—陸軍（戰爭）—海軍協調委員會〕遠東小委員會、遠東小組委員會、遠東附屬委員會	(SWNCC) Subcommittee for the Far East
SWNCC	（美國）國務—陸軍（戰爭）—海軍協調委員會、部際協調委員會	the State-War-Navy Coordinating Committee
UNWCC	盟國戰爭犯罪委員會	United Nations War Crimes Commission

參考文獻

- Allison, John M., Ambassador from the Prairie, Boston: Houghton Mifflin, 1973.
- Bird, Kai, The Chairman: John J. McCloy, New York: Simon & Schuster, 1992.
- Buscher, Frank, The U.S. War Crimes Trial Program in Germany, 1946-1995, New York: Greenwood Press, 1989.
- Cotler, Irwin, ed., Nuremberg Forty Years Later, Montreal: McGill-Queen's University Press, 1995.
- Davidson, Eugene, The Trial of the Germans, Columbia: University of Missouri Press, 1997.
- Department of Defense (III) file, Army Headquarters, Correspondence files, 1943-1951, Dept. of Army, 1945-1957, File No. 22/431/33, Australian Archives, Victoria.
- Department of State, Foreign Relations of the United States, The Conferences at Malta and Yalta: 1945, Washington D.C. U.S. Government Printing Office, 1955; 1949, Vol. III, 1974; 1950, Vol. VI, 1976; 1951, Vol. III, 1981; 1951, Vol. VI, pt. 1977; 1952-1954, Vol. V, 1983; 1952-1954, Vol. VI, 1986; 1952-1954, Vol. VII, 1986.
- Fisher, Louis, Military Tribunals & Presidential Power, Kansas: University Press of Kansas, 2005.
- Foreign Office Papers, FO 371/76250-76253, FO 371/84032-84035, FO 371/99509, Lord Chancellor Office Papers, LCO 2/2992, National Archives of the UN (Public Record Office), Kew, London.
- GHQ/SCAP Records, IPS Papers, AG Papers, GS Papers, G2 Papers, LS Papers, FEC Papers.（国立国会図書館憲政資料室所蔵複製版、以下簡稱、国会憲政複製版）
- Goldensohn, Leon, Nuremberg Interviews, New York:

Alfred A. Knopf, 2004.
- Greene, Joshua M., Justice at Dachau, New York: Broadway Books, 2003.
- Kay, Robin, ed., Documents on New Zealand External Relations, Vol. 3, Wellington: Government Printer, 1985.
- Kesaris, Paul, ed., Documents of the National Security Council, University Publications of America, 1980, microfilm.
- Maga, Tim, Judgment at Tokyo, Lexington: The University Press of Kentucky, 2001.
- Maogoto, Jackson N., War Crimes and Real-politik, London: Lynne Rienner Publishers, 2004.
- Mendelsohn, John, “War Crimes Trials and Clemency in Germany and Japan,” Robert Wolfe, ed., American as Proconsuls, Illinois: Southern Illinois University Press, 1984.
- Millis, Walter, ed., The Forrestal Diaries, New York: Viking, 1951.
- Minow, Martha, Between Vengeance and Forgiveness, Boston: Beacon Press, 1998.
- Nandy, Ashis, The Savage Freud and Other Essays on Possible and Retrievable Selves, Princeton: Princeton University Press, 1995.
- Papers of Eleanor Bontecou, Harry Truman Library Documents, microfiche.（国会憲政複製版）
- Papers of General Douglas MacArthur, Blue Binders, War Crimes, MacArthur Memorial Archives, Norfolk, Virginia, microfilm.（国会憲政複製版）
- Records of the Office of the Judge Advocate General (JAG, War), RG 153, War Crimes Branch Papers: General and Administrative Records 1944-1949, entry 145, National Archives and Records Administration (NARA), Archives II, College Park, Maryland.
- Records of the U.S. Department of State, RG 59 1950-1954, Decimal files, 194.0024-0026, Boxes 3020-3022, NARA.
- Records of the U.S. Department of State, United

States Political Relations of Japan 1955-1959, RG 59 Decimal File, 694.0024, microfilm, Delaware: Scholarly Resources.
- Records of the U.S. Department of State, United States Political Relations with Japan, 1950-1954, 1955-1959, RG 59 Decimal file 166.94 (611.9424), microfilm, Delaware: Scholarly Resources.
- Rix, Alan, ed., Intermittent Diplomat, Carlton: Melbourne University Press, 1988.
- Rölling, B. V. A. et al., The Tokyo Trial and Beyond, Cambridge: Polity Press, 1993.
- Smith, Jean E., ed., The Papers of General Lucius D. Clay: Germany, Vol.2, Bloomington: Indiana University Press, 1974.
- Sutton, David N., "The Trial of Tojo," American Bar Association Journal, Vol.36, February 1950
- Taylor, Telford, The Anatomy of the Nuremberg Trials, London: Bloomsbury, 1993.
- Taylor, Telford, Final Report to the Secretary of the Army on the Nuremberg War Crimes Trials under Control Concil No.10, New York: William S. Hein, 1997.
- 《鮎川義介文書》（国立国会図書館憲政資料室所蔵）
- 愛新覚羅溥儀《わが半生》全二巻、小野忍ほか訳、筑摩書房、一九七七年
- 愛新覚羅溥傑《溥傑自伝》丸山昇監訳、河出書房新社、一九九五年
- 朝日新聞取材班《戦争責任と追悼》朝日新聞社、二〇〇六年
- 朝日新聞社法廷記者団編《東京裁判》全三巻、東京裁判刊行会、一九六二年
- 安部源基《巣鴨日記》展転社、一九九二年
- 阿部公房〈裏切られた戦争犯人〉（《改造》一九五三年四月号）
- 荒敬編《日本占領．外交関係資料集》全十巻、柏書房、一九九一年
- 新井利男資料保存会編《中国撫順戦犯管理所職員

の証言》梨の木社、二〇〇三年
• 荒木貞夫〈スガモ断腸の記〉（《文芸春秋》一九五五年十一月号）
• 栗屋憲太郎《東京裁判論》大月書店、一九八九年
• 栗屋憲太郎《東京裁判への道》全二巻、講談社、二〇〇六年
• 井口治夫〈太平洋戦争終結を巡る歴史論争〉（細谷千博ほか編《記憶としてのパールハーバー》ミネルヴァ書房、二〇〇四年）
• 石田勇治《過去の克服》白水社、二〇〇二年
• 板垣正《靖国公式参拝の総括》展転社、二〇〇〇年
• 伊藤隆ほか編《続重光葵手記》中央公論社、一九八八年
• 伊藤隆監修《佐藤栄作日記》第一巻、朝日新聞社、一九九八年
• 稲垣武《革命家チャンドラ・ボース》新潮社、一九八六年
• 《井上忠雄資料》靖国偕行文庫所蔵
• 入江曜子《溥儀》岩波新書、二〇〇六年
• 植松慶太《極東国際軍事裁判》人物往来社、一九六二年
• 牛島英彦《ノンフィクション天皇明仁》河出文庫、一九九〇年
• 牛田久美訳〈ウェーク島会談録〉（《正論》二〇〇六年一二月号）
• 牛村圭《「勝者の裁き」に向きあって》ちくま新書、二〇〇四年
• 牛村圭《再考「世紀の遺書」と東京裁判》PHP研究所、二〇〇四年
• 牛村圭《日本を弁護したアメリカ人は『反逆者』か》（『諸君！』二〇〇六年一二月号）
• 牛村圭・日暮吉延・仲正昌樹〈『東京裁判』の“光と闇”〉（二〇〇七年五月号）
• 江藤淳《もう一つの戦後史》講談社、一九七八年
• NHKスペシャル〈パール判事は何を問いかけたのか〉（二〇〇七年八月十四日放映）
• 「NHK報道の記録」刊行委員会《NHK報道の50

年》近藤書店、一九八八年
・ジョン・エマーソン《嵐の中の外交官》宮地健次郎訳、朝日新聞社、一九七九年
・大川周明顕彰会編《大川周明日記》岩崎学術出版社、一九八六年
・大野勝巳《霞が関外交》日本経済新聞社、一九七八年
・緒方竹虎伝記刊行会編《緒方竹虎》朝日新聞社、一九六三年
・大佛次郎《大佛次郎敗戦日記》草思社、一九九五年
・織田文二《巣鴨戦犯刑務所特有語辞典》清風、一九八六年
・織田文二《看守が隠し撮っていた巣鴨プリズン未公開フィルム》茶園義男監修、小学館文庫、二〇〇〇年
・外務省編《外交記録》第七回公開〈対日平和条約関係準備作業関係〉(B,4,0,0,2)、〈対日講和に関する本邦の準備対策関係『講和資料』綴〉(B,4,1,0,14) 外務省外交史料館所蔵
・外務省編《外交記録》第十四回公開(〈講和条約発効後における本邦人戦犯取扱関係雑件〉、〈A級戦犯取扱関係〉ほか D,1,3,0,3) 外務省外交史料館所蔵
・外務省条約局法規課《平和条約の締結に関する調書》全六巻、一九六七年、外務省外交史料館所蔵
・加藤俊作《国際連合成立史》有信堂高文社、二〇〇〇年
・加藤典洋編《日本の随筆　別巻98》作品社、一九九九年
・神島二郎《日常性の政治学》筑摩書房、一九八二年
・賀屋興宣《渦の中》非売品、一九七九年
・川上悍〈巣鴨プリズン報告書〉(《文芸春秋》一九五五年一二月号)
・川辺虎四郎《市ヶ谷台から市ヶ谷台へ》時事通信社、一九六二年
・岸信介ほか《岸信介の回想》文芸春秋、一九八一

年
・北博昭《軍律法廷》朝日新聞社、一九九七年
・北岡伸一《「普通の国」へ》中央公論新社、二〇〇〇年
・北岡伸一《日本の自立》中央公論新社、二〇〇四年
・〈木戸幸一関係文書〉《木戸家文書》国立歴史民俗博物館所蔵、国会憲政複製版
・木戸日記研究会編《木戸幸一日記》下巻、東京大学出版会、一九六六年
・木戸日記研究会編《木戸幸一日記　東京裁判期》東京大学出版会、一九八〇年
・ジョン・ギャディス《歴史としての冷戦》赤木完爾ほか訳、慶応義塾大学出版会、二〇〇四年
・共同通信社社会部編《沈黙のファイル》共同通信社、一九九六年
・清瀬一郎《秘録東京裁判》読売新聞社、一九六七年
・アレクセイ・キリチェンコ〈東京裁判へのクレムリン秘密指令〉（川村秀訳、《正論》二〇〇五年七月号）
・楠田實《楠田實日記》中央公論新社、二〇〇一年
・アーサー・クロック《回想》八木勇訳、早川書房、一九七〇年
・郡司信夫《改訂新版ボクシング百年》時事通信社、一九七六年
・高坂正堯ほか《歴史の転換点で考える》講談社、一九九四年
・厚生省引揚援護局総務課記録係編《続・引揚援護の記録》厚生省、一九五五年
・厚生省援護局庶務課記録係編《続々・引揚援護の記録》厚生省、一九七七年
・国立国会図書館調査及び立法考査局編《新編靖国神社問題資料集》国立国会図書館、二〇〇七年
（電子版 http:// www.ndl.go.jp/jp/data/publication/document2007.html）
・児島襄《東京裁判》全二巻、中公文庫新版、二〇〇七年

- 児玉誉士夫《芝草はふまれても》新夕刊新聞社、一九五六年
- 〈国会会議録〉（電子版 httP://kokkai.rdl.go.jp/）
- 小宮山登編《元帥畑俊六獄中獄外の日誌》非売品、一九九二年
- 斎藤鎮男《外交》サイマル出版会、一九九一年
- 坂本一哉〈平和条約と『東京裁判受諾』論争が欠く外交史的視点〉（《正論》二〇〇五年九月号）
- 坂本多加雄《象徴天皇制度と日本の来歴》都市出版、一九九五年
- 坂本多加雄《歴史教育を考える》PHP新書、一九九八年
- 坂本多加雄《問われる日本人の歴史感覚》勁草書房、二〇〇一年
- 佐木隆三編《日本の名随筆　別巻91》作品社、一九九八年
- 笹川良一《巣鴨日記》中央公論社、一九九七年
- 佐藤賢了《大東亜戦争回顧録》徳間書店、一九六六年
- 佐藤誠三郎《笹川良一研究》中央公論社、一九九八年
- 実松譲《巣鴨》図書出版社、一九九二年
- 沢邦夫〈東京裁判は敗者への報復だった〉（《正論》二〇〇六年二月号）
- 沢田二郎〈敗戦から帰国まで〉（季刊《中帰連》創刊号、一九九七年
- 三文字正平〈極東軍事裁判〉（保科善四郎ほか《語りつぐ昭和史》第三巻、朝日文庫、一九九〇年）
- 重松一義編《巣鴨プリズンの遺構に問う》槇書房、一九八一年
- 重光葵《巣鴨日記》《続巣鴨日記》文芸春秋社、一九五三年
- 志田行男《シベリア抑留を問う》勁草書房、一九八七年
- 島内龍起《東京裁判》日本評論社、一九八四年
- 島村三郎《中国から帰った戦犯》日中出版、一九七五年
- 下田武三《戦後日本外交の証言》上巻、行政問題

研究所出版局、一九八四年
・マイケル・シャラー《「日米関係」とは何だったのか》市川洋一訳、草思社、二〇〇四年
・衆議院法務委員会《戦犯関係資料》第一巻
・アレクシス・ジョンソン《ジョンソン米大使の日本回想》増田弘訳、草思社、一九八九年
・白井義男《ザ・チャンピオン》東京新聞出版局、一九八七年
・進藤栄一ほか編《芦田均日記》第二巻、岩波書店、一九八六年
・末次一郎《「戦後」への挑戦》歴史図書社、一九八一年
・巣鴨法務委員会編《戦犯裁判の実相》復刻版、不二出版、一九八一年
・菅原裕《東京裁判の正体》時事通信社、一九六一年
・杉本健《海軍の昭和史―提督と新聞記者》文春文庫、一九八五年
・瀬島龍三《瀬島龍三回想録　幾山河》扶桑社、一九九六年
・戦後強制抑留史委員会編《戦後強制抑留史》第五巻、平和祈念事業特別基金、二〇〇五年
・戦争受刑者世話会《業務報告》非売品、刊行年不詳
・総理府恩給局編《恩給制度史》大蔵省印刷局、一九六四年
・高木清寿《東亜の父石原莞爾》たまいらぼ、一九八五年
・「高松宮宣仁親王」伝記刊行委員会編《高松宮宣仁親王》朝日新聞社、一九九一年
・竹前栄治《GHQの人々》明石書店、二〇〇二年
・竹山道雄《昭和の精神史》新潮社、一九五六年
・田尻愛義《田尻愛義回想録》原書房、一九七七年
・多田井喜生《決断した男　木戸幸一の昭和》文芸春秋、二〇〇〇年
・田々宮栄太郎《橋本欣五郎一代》芙蓉書房、一九八二年
・田中伸尚ほか《遺族と戦後》岩波新書、一九九九

年
・田中伸尚《靖国の戦後史》岩波新書、二〇〇二年
・田中隆吉《敗因を衝く》中公文庫、一九八八年
・多谷千香子《戦争犯罪と法》岩波書店、二〇〇六年
・茶園義男編《BC級戦犯横浜裁判資料》不二出版、一九八五年
・角田順校訂《宇垣一成日記》第三巻、みすず書房、一九七一年
・中国帰還者連絡会翻訳編集委員会訳編《覚醒―撫順戦犯管理所の六年》新風書房、一九九五年
・ヘッセル・ティルトマン《日本報道三十年》加瀬英明訳、新潮社、一九六五年
・東京裁判研究会編《共同研究パル判決》全二巻、講談社学術文庫、一九八四年
・東郷和彦〈首相の参拝にモラトリアムを〉（《論座》二〇〇六年九月号）
・東郷茂徳《時代の一面》中公文庫、一九八九年
・東郷茂彦《祖父東郷茂徳の生涯》文芸春秋、一九九三年
・徳川義寛ほか《侍従長の遺言》朝日新聞社、一九九七年
・徳富蘇峰《徳富蘇峰　終戦後日記》全四巻、講談社、二〇〇六年～二〇〇七年
・戸部良一〈昭和天皇と臣東条英機〉（《諸君》二〇〇四年七月号）
・冨永正三《あのB、C級戦犯の戦後史》水曜社、一九七七年
・豊田隈雄《戦争裁判余録》泰生社、一九八六年
・豊田隈雄〈敗走記〉（《中央公論》一九九六年九月号）
・ジョセフ・ナイ《国際紛争［原書第五版］》田中明彦ほか訳、有斐閣、二〇〇五年年
・内藤雅雄〈パール判事《異議判決》虚構〉（東京外国語大学印パ会《印パ会会報》第十六号、二〇〇六年）
・A・M・ナイル《知られざるインド独立闘争》河合伸訳、風濤社、一九八三年

- 永井荷風《摘録断腸亭日乗》全二巻磯田光一編、岩波文庫、一九八七年
- 中島岳志《パール判事》白水社、二〇〇七年
- 楢橋渡《激流に棹さして》翼書院、一九六八年
- 西田俊一〈亡霊となつた巣鴨戦犯〉（《改造》一九五四年二月号）
- 西村熊雄〈サンフランシスコの思い出〉（《中央公論》一九五七年五月号）
- 21世紀日本フォーラム編《戦後を超える》嵯峨野書院、一九九五年
- 新田満夫編《極東軍事裁判速記録》全十巻、雄松堂書店、一九六八年
- 野村正男《裁かれた日本》角川書店、一九五六年
- 萩原徹《講和と日本》読売新聞社、一九五〇年
- 秦郁彦ほか監修《世界戦争犯罪事典》文芸春秋、二〇〇二年
- 秦郁彦《現代史の対決》文芸春秋、二〇〇三年
- 波多野澄雄〈遺族の迷走〉（前掲《記憶としてのパールハーバー》二〇〇四年）
- ユージン・バード《囚人ルドフル・ヘス》笹尾久ほか訳、出帆社、一九七六年
- セバスチャン・ハフナー《ヒトラーとは何か》赤羽龍夫訳、草思社、一九七九年
- アレグザンダー・ハミルトンほか《ザ・フェデラリスト》斎藤真ほか訳、福村出版、一九九一年
- 原彬久編《岸信介証言録》毎日新聞社、二〇〇三年
- サティアブラタ・パル〈孫が明かす東京裁判パール判事の気概〉（田川康吾、《正論》二〇〇六年十二月号）
- ラダビノード・パル《日本無罪論——真理の裁き》田中正明編、太平洋出版社、一九五二年
- ラダビノード・パール《戦史を破る——日本は無罪なり》吉松正勝編訳、日本書籍印刷東京支社、一九五二年ラダビノード・パール《平和の宣言》田中正明編、東西文明社、一九五三年
- ラダビノード・パール《東京裁判原典・英文版パール判決書》国書刊行会、一九九九年

• 春名幹男《秘密のファイル》上巻、共同通信社、二〇〇〇年
• ハンキー卿《戦犯裁判の錯誤》長谷川才次訳、時事通信社出版局、一九五二年
• 日暮吉延〈パル判決再考〉（伊藤隆《日本近代史の再構築》山川出版社、一九九三年）
• 日暮吉延〈「文明の裁き」が遺した怨恨〉（《This is 読売》一九九八年十月号）
• 日暮吉延〈「正義」と「慈悲」――講和後の戦犯釈放と日米関係〉（アメリカ学会編《アメリカ研究》第三十五号、二〇〇一年）
• 日暮吉延《東京裁判の国際関係――国際政治における権力と規範》木鐸社、二〇〇二年
• 日暮吉延〈東京裁判記録の公刊問題（一）（二）〉（《法律時報》二〇〇三年三月号、四月号）
• 日高六郎《現代イデオロギー》勁草書房、一九六〇年
• 《秘録大東亜戦史》第六巻、富士書苑、一九五四年
• 廣田弘毅伝記刊行会編《廣田弘毅》復刻版、葦書房、一九九二年
• ロバート・フィアリ《日本占領》太平洋問題調査会訳、弘文堂、一九五一年
• 藤山一郎《藤山一郎自伝》光人社、一九九三年
• 藤原岩市《F機関》原書房、一九六六年
• アーノルド・ブラックマン《東京裁判――もう一つのニュルンベルク》日暮吉延訳、時事通信社、一九九一年
• イアン・ブルマ《戦争の記憶》石井信平訳、TBSブリタニカ、一九九四年
• 法務大臣官房司法法制調査部《戦争犯罪裁判史要》法務省、一九七三年
• 保阪正康《昭和史七つの謎》講談社文庫、二〇〇三年
• 保阪正康《「靖国」という悩み》毎日新聞社、二〇〇七年
• 細谷千博《サンフランシスコ講和への道》中央公論社、一九八四年

- 細谷千博ほか編《東京裁判を問う》講談社、一九八四年
- 細谷千博監修《日本とアメリカ》ジャパンタイムズ、二〇〇一年
- リチャード・マイニア〈パール判決の意義〉（《みすず》一九七五年十一月号、Richard H. Minear, "In Defense of Radha Binold Pal," The Japan Interpreter, Vol. XI, No.3, 1977）
- 松谷誠《日本再建秘話》朝雲新聞社、一九八三年
- 松村謙三《三代回顧録》東洋経済新報社、一九六四年
- 松本重治《昭和史への一証言》毎日新聞社、一九八六年
- 御厨貴《天皇と政治》藤原書店、二〇〇六年
- 御厨貴ほか監修《徳川義寛終戦日記》朝日新聞社、一九九九年
- 御厨貴ほか監修《卜部亮吾侍従日記》第五巻、朝日新聞社、二〇〇七年
- 水野徹雄《遥かなる平和に》刀江書院、一九五二年
- 御手洗辰雄《南次郎》非売品、一九五七年
- 三井高陽〈キーナン検事の家主〉（《文芸春秋》一九五二年六月臨時増刊号）
- 美山要蔵《廃墟の昭和から》甲斐克彦編、光人社、一九八九年
- 武藤章《軍務局長武藤章回想録》上法快男編、芙蓉書房、一九八一年
- 毛里和子《日中関係》岩波新書、二〇〇六年
- 百瀬孝《事典昭和戦後期の日本》伊藤隆監修、吉川弘文館、一九九五年
- 矢部貞治日記刊行会編《矢部貞治日記　欅の巻》読売新聞社、一九七四年
- 山田宗睦ほか《現代の発見》第六巻、春秋社、一九六〇年
- 山本茂《カーン博士の肖像》ベースボール・マガジン社、一九八六年
- 横田喜三郎《私の一生》東京新聞出版局、一九七六年

- 横田喜三郎〈東京裁判の解剖〉（日本管理法令研究会編《日本管理法令研究》第26号、大空社、一九九二年）
- 吉浦亀雄《スガモ・プリズン界隈》非売品、一九五六年
- 吉田茂《日本を決定した百年》中公文庫、一九九九年
- 淀川長治《淀川長治自伝》上巻、中公文庫、一九八八年
- 読売新聞戦争検証委員会《検証戦争責任》全二巻、中央公論新社、二〇〇六年
- フランク・リール《山下裁判》全二巻、下島連訳、日本教文社、一九五二年
- ジョン・ルース《スガモ尋問調書》日暮吉延監修・山田寛訳、読売新聞社、一九九五年
- 若槻礼次郎《古風庵回顧録》改訂版、読売新聞社、一九七五年
- 渡部一英《巨人中島知久平》鳳文書林、一九五五年

- 『附記』以上為長文引用之文獻與本書固有之參考文獻。關於其他參考文獻請參照日暮吉延《東京裁判の国際関係》（木鐸社）卷末的「參考文獻」。

1954.04.22. 法國相關乙丙級戰犯受刑人釋放完畢
1954.10.30. 畑俊六、岡敬純醫療假釋（畑於 1962.05.10. 過世、岡於 1973.12.04. 過世）
1954.12.10. 第一次鳩山一郎內閣成立
1955.04.08. 嶋田繁太郎醫療假釋（1976.06.07. 過世）
1955.04.09. 美國國家安全會議決定「FSC 5516 ／ 1」（假釋儘速化方針）
1955.05.05. 《巴黎協定》生效（西德恢復國家主權）
1955.06.18. 荒木貞夫醫療假釋（1966.11.02. 過世）
1955.09.07. 東京審判相關八國，同意甲級戰犯服刑 10 年後假釋
1955.09.17. 橋本欣五郎、賀屋興宣、鈴木貞一假釋（橋本於 1957.06.29. 過世、賀屋於 1977.04.28. 過世、鈴木於 1989.07.15. 過世）
1955.12.13. 星野直樹假釋（1978.05.29. 過世）
1955.12.16. 木戶幸一、大島浩假釋（木戶於 1977.04.06. 過世、大島於 1975.06.06. 過世）
1956.03.31. 佐藤賢了假釋（1975.02.06. 過世），甲級戰犯全數假釋完畢
1956.06.09. 北京政府的日本人「戰犯」特別軍事法庭開庭（至 07.20. 結束）
1956.10.19. 簽署《日蘇共同宣言》（12.12. 生效）
1956.12.26. 與蘇聯相關的日本「戰犯」、拘留者全數返國
1957.01.26. 重光葵過世
1957.02.25. 第一次岸信介內閣成立
1957.12.24. 大川周明過世
1958.04.07. 甲級戰犯受刑人 10 人，因減刑而刑滿出獄
1958.05.30. 與美國相關乙丙級戰犯計 18 名獲得假釋
1958.12.29. 乙丙級戰犯受刑人，因減刑而刑滿出獄

1949.03.31. 遠東委員會採納「FEC 314 ／ 15」（結束乙丙級審判建議）
1949.06.03. 白鳥敏夫於服刑中過世
1949.09.06. GHQ 審判，豐田副武獲判無罪
1949.10.19. 美國的橫濱審判結束
1949.12.20. 美國對德國戰犯受刑人實施行為優良優惠
1949.12.25. 蘇聯開始伯力審判（12.30. 宣判）
1949.12.25. 盟軍最高司令官總司令部發表施行行為優良優惠與監禁優惠
1950.03.07. 盟軍最高司令官總司令部發布「盟軍最高司令官回覆第 5 號」（導入假釋制度）
1950.07.23. 東鄉茂德於服刑中過世
1950.11.03. 小磯國昭於服刑中過世
1950.11.21. 重光葵假釋（甲級戰犯受刑人中首位獲釋者，1951.11.07. 刑滿）
1951.01.31. 高級專員麥克洛伊對紐倫堡後續審判受刑人實施減刑
1951.04.09. 澳大利亞曼奴斯島審判結束（對日戰犯審判完全結束）
1951.09.08. 簽署《對日和平條約》
1952.04.24. 成立戰犯援護團體「戰爭受刑者世話會」
1952.04.28. 《對日和平條約》生效（巢鴨監獄管理權完全移交日本）
1952.06.12. 日本眾議院採納最初的戰犯釋放決議
1952.08.05. 《中日和平條約》生效，國民政府乙丙級戰犯受刑人釋放完畢
1952.08.22. 平沼麒一郎於服刑中過世
1952.09.04. 杜魯門總統設置對日「戰犯赦免假釋委員會」
1953.01.20. 艾森豪當選美國總統
1953.10.27. 美國的對德「暫訂假釋赦免委員會」成立
1953.12.30. 菲律賓相關乙丙級戰犯受刑人釋放完畢
1954.01.03. 南次郎醫療假釋（1955.12.05. 過世）
1954.04.01. 厚生省歸國援護局成立（歸國援護廳關閉）

1948.01.13. 檢方反駁舉證開始
1948.01.30. 辯方再度反證開始
1948.01.31. 美國陸軍部對麥克阿瑟傳達「第二次甲級審判」放棄方針
1948.02.11. 檢方最終論告開始（至 03.02.）
1948.02.17. 美國陸軍部聲明迴避「第二次國際審判」
1948.03.02. 辯方最終辯論開始
1948.03.10. 蘆田均內閣成立
1948.04.15. 檢方最陳述終意見
1948.04.16. 東京審判審結
1948.05.31. 第一與第二復員省改組為歸國援護廳復員局
1948.07.26. 法官團決定一部分的判決（判決文翻譯開始）
1948.07.29. 紐西蘭在遠東委員會提出對日戰犯審判終結政策「FEC 314」提案
1948.10.09. 美國國家安全會議決定「NSC 13／2」（戰犯審判儘早結束方針）
1948.10.15. 第二次吉田茂內閣成立
1948.10.19. GHQ 審判中，起訴豐田副武、田村浩
1948.11.12. 遠東國際軍事法庭，宣告罪刑（11.04. 開始朗讀多數判決）
1948.11.22. 麥克阿瑟召集盟國判決諮詢會議
1948.12.09. 聯合國大會採納《防止及懲治危害種族罪公約》（Convention on the Prevention and Punishment of the Crime of Genocide）
1948.12.23. 執行東條英機等 7 人之死刑
1948.12.24. 岸信介等甲級戰犯嫌疑人共 17 名獲不起訴，釋放
1948.01.08. 梅津美治郎服刑中過世
1949.02.23. GHQ 審判，宣告田村浩需服重度勞役刑 8 年
1949.02.24. 遠東委員會採納「FEC 314／8」（決定結束甲級審判），遠東國際軍事法庭關閉

1946.04.03.　遠東委員會決定「FEC007 ／ 3」（天皇不起訴合意）
1946.04.13.　蘇聯代表團抵日
1946.04.29.　東京審判起訴狀提出
1946.05.03.　東京審判開庭
1946.05.04.　東京審判日本人辯護律師團成立
1946.05.06.　被告的罪狀否認手續
1946.05.17.　印度法官帕爾法庭登場
1946.05.22.　第一次吉田茂內閣成立
1946.06.04.　檢方開始舉證（基南擔任開頭陳述）
1946.06.13.　菲律賓法官哈那尼拉法庭登場
1946.06.27.　松岡洋右於公審期間過世
1946.07.04.　菲律賓獨立
1946.10.01.　紐倫堡審判宣告判決、判刑
1946.12.09.　美國獨自繼續的紐倫堡審判開庭（1945.04.14. 審結）
1946.12.11.　聯合國大會，採納將紐倫堡諸原則法典化的建議 95（Ⅰ）
1947.01.05.　永野修身於公審期間過世
1947.01.24.　檢方舉證結束
1947.01.27.　辯護方提出停止公訴動議（02.03. 駁回）
1947.02.24.　變方開始反證（清瀨一郎擔任開頭陳述）
1947.04.09.　放棄對大川周明的審判
1947.05.24.　片山哲內閣成立
1947.08.15.　印度獨立
1947.08.29.　美國相關單位暫時同意避免「第二次國際審判」
1947.08.30.　甲級戰犯嫌疑人中 23 名獲不起訴釋放
1947.10.09.　英國通知美國，不參加「第二次國際審判」
1948.01.12.　辯方反正結束

相關年表

1919.06.28.　《凡爾賽條約》簽署
1941.10.25.　英國首相邱吉爾聲明，處罰納粹戰犯是戰爭目的之一
1943.11.01.　英美蘇，發表《莫斯科宣言》
1944.01.18.　盟國戰爭犯罪委員會（UNWCC）正式啟動（1948.03.31. 解散）
1945.04.12.　英美中，發表《波茨坦公告》
1945.08.08.　英美法蘇，簽署《倫敦協定》（附國際軍事法庭憲章）
1945.08.14.　日本決定接受《波茨坦公告》
1945.08.17.　鈴木貫太郎內閣總辭，東久邇宮稔彥王內閣成立
1945.08.29.　盟國戰爭犯罪委員會採納對日政策建議
1945.08.30.　盟國最高司令官麥克阿瑟命令製作甲級戰犯名單
1945.09.02.　《降伏文書》簽署
1945.09.11.　逮捕東條英機（戰犯嫌疑人第一次逮捕指令）
1945.10.02.　決定對日戰犯審判的基本政策「SWNCC 57 ／ 3」
1945.10.08.　山下奉文審判開庭（1945.12.07. 判決絞刑）
1945.10.09.　幣原喜重郎內閣成立（1946.05.22. 總辭）
1945.10.18.　紐倫堡審判，起訴狀提出
1945.11.13.　美國對德非主要戰犯審判（達豪審判）開庭（至 1948.08. 審結）
1945.11.14.　日本戰犯嫌疑人開始收容於巢鴨監獄
1945.11.20.　紐倫堡審判（國際軍事法庭）開庭
1945.12.01.　第一復員省（舊陸軍省）、第二復員省（舊海軍省）成立
1945.12.06.　基南等美國檢察官群抵日
1945.12.08.　麥克阿瑟於盟軍最高司令官總司令部內設立國際檢察局（IPS）
1945.12.18.　美國的橫濱審判（乙丙級審判）開庭
1946.01.19.　麥克阿瑟設置遠東國際軍事法庭，公布《法庭憲章》
1946.02.02.　英國檢察官群抵日
1946.04.01.　東京審判美國人辯護律師團成立

東京審判

作者｜日暮吉延　譯者｜黃耀進、熊紹惟
總編輯｜富察　責任編輯｜洪源鴻　校對協力｜張乃文
企劃｜蔡慧華　封面設計｜虎稿．薛偉成　內頁排版｜虎稿．薛偉成

社長｜郭重興　發行人兼出版總監｜曾大福
出版發行｜八旗文化／遠足文化事業股份有限公司
地址｜新北市新店區民權路 108-2 號 9 樓　客服專線｜0800-221029
信箱｜gusa0601@gmail.com　傳真｜02-86671065
Facebook｜facebook.com/gusapublishing　Blog｜gusapublishing.blogspot.com
法律顧問｜華洋法律事務所／蘇文生律師　印刷｜成陽印刷股份有限公司

出版｜2017 年 3 月　初版一刷
2021 年 8 月　初版三刷
定價｜520 元

國家圖書館出版品預行編目（CIP）資料

東京審判
日暮吉延著／黃耀進、熊紹惟譯
新北市／八旗文化／遠足文化／ 2017.03
ISBN 978-986-93844-7-6（平裝）
1. 國際軍事裁判　2. 第二次世界大戰
579.499　105024078